언론을
상대하는 법

언론을
상대하는 법

신상진 지음

HOW TO DEAL WITH THE PRESS

언론사 출신 변호사가 알려 주는
언론 피해자를 위한 법 안내서

이담북스

머리말

언론은 어렵습니다. 기사를 읽고 뉴스를 볼 때는 잘 느끼지 못하지만, 내가 그 보도의 대상이 되어 언론을 마주하는 상황이 되면 무엇을 바로잡아야 할지, 어떻게 말해야 할지 막막하다는 생각이 듭니다.

언론은 반드시 필요한 존재입니다. 권력을 감시하고 사회의 어두운 면을 밝히는 역할은 곧 언론의 사명이자 건전한 여론 형성에 기여하는 순기능이기도 합니다. 그래서 언론은 폭넓은 표현의 자유를 보장받습니다. 하지만 언론에 피해를 본 사람의 관점에서 보면, 그 보장은 언론을 마주하는 또 하나의 어려운 벽으로 느껴지기도 합니다.

언론사의 사내 변호사로 많은 언론 사건을 보고 겪으면서, 생각보다 많은 분이 언론을 마주하는 데 이런 막연함을 느끼고 있다는 걸 알 수 있었습니다. 그리고 그 막연함의 이유는 다름 아닌 '잘 알지 못해서'였습니다. 기사가 잘못 나간 건 맞는데 어디에 문제를 제기해야 하는지, 무엇을 요구해야 하는지, 어떤 방법으로 말해야 하는지 정보를 얻기가 어렵습니다. 흩어져 있는 정보를 모으기도 쉽지 않습니다. 게다가 언론을 상대하는 방법의 뼈대는 결국 '법'인지라, 찾아낸 정보를 제대로 풀어내기도 만만치 않습니다.

언론인을 위한 방패는 눈에 잘 띄지만, 안타깝게도 나를 위한 창은 어쩐지 잘 보이지 않습니다.

그래서 잘 정리된 안내서를 하나 써보고자 했습니다. 법이라는 '뼈대'에 흩어져 있던 정보의 '살'을 말랑하게 붙여, 언론을 마주하는 데 막연함을 헤쳐 낼 수 있는 길잡이를 만들어 보고자 하였습니다.

부족한 글이지만 이 책이 언론을 상대하는 많은 분에게 좋은 설명서가 되었으면 합니다. 한편으로는 언론인에게도, 온당한 기사를 지켜내기 위한 유용한 팁으로서 의미를 갖길 바라봅니다.

《유튜법》에 이어 많은 도움 주신 이담북스 관계자분들, 출간을 응원해 준 우리 지음 법률사무소 식구들께 감사 말씀드립니다.

그리고 집필의 노력과 고민을 함께 해준 아내에게 존경과 사랑의 마음을 전합니다.

이 책은 이렇게
쓰였습니다

이 책은 크게 언론 대응을 위한 '지식'과 '실전'으로 나누어져 있습니다. 1장에서 3장까지의 '지식' 부분은 언론 대응을 위해 알아 두어야 할 이론으로, 실제 판결 사례를 최대한 많이 소개하여 이해를 높이고자 하였습니다. 4장과 5장 '실전' 부분은 실제 언론에 대응하기 위한 기술과 관련된 내용입니다. 누구에게 어떤 방법으로 대응해야 하는지 필요한 정보를 담았습니다. 부록 부분에서는 도움 되는 사이트와 법 조항, 질문을 통해 내용을 찾아볼 수 있는 색인을 두었습니다.

이 책에 소개된 기사와 방송 화면은 출처를 표기하고 해당 기사나 화면을 직접 확인할 수 있는 인터넷 링크 주소를 함께 실었습니다. 판결 사례는 법제처 국가법령정보센터와 언론중재위원회 공식 간행물, 언론 기사를 통해 공개된 것으로서 판결이 확정된 사례를 담았으며, 아직 판결이 확정되지 않았다면 주석에 별도로 이를 명시하고자 하였습니다. 원출처에 공개가 되어 있거나 언론사 등 공적 존재로 볼 수 있는 대상은 가급적 이름을 공개하였습니다.

특히, 이 책은 법원 판례 문구를 많이 소개하였습니다. 판례는 법리 자체를 이해하는 데 중요하기도 하지만, 언론을 상대하는 방식으로 소개한 언론중재위원회 조정, 민사 소송, 형사 고소 모두에 있어 유용하게 이용될 수 있습니다. 판례 문구를 그대로 제시하면서 주장하거나 문서를 작성하는 것이 도움이 되므로, 본문 또는 각주를 통해 중요한 문구를 그대로 제시하였습니다.

언론 대응에 대한 전체적인 이해를 높이기 위해서라면 '지식', '실전' 순서로 보시는 것을 추천합니다. 실제 대응에 직면한 상황이라면 실전 부분을 먼저 보시고, 대응 수단부터 정리하는 게 도움이 될 수 있겠습니다. 단편적인 지식이나 팁을 얻고자 할 때는 부록 3 '질문으로 찾아보기'를 활용하시길 추천합니다.

지식
1장
잘못된 기사 상대하기

실전
5장 방식별 대응하기

:

잘못된 기사
상대하기

1. 틀린 기사를 바로잡는 정정보도 청구

정정보도 청구는 진실이 아닌 기사로 피해를 본 자가 그 기사를 바로잡도록 할 수 있는 권리입니다. 법은 「언론중재 및 피해구제 등에 관한 법률」(약칭 「언론중재법」) 제14조, 제15조를 통해 이 권리와 그 행사를 보장하고 있습니다. 허위 기사로 피해를 봤다면 언론사에 직접 정정보도를 청구할 수 있습니다. 만약 언론사가 응하지 않는다면, 법원에 소송을 제기하는 방식으로 정정보도를 받아낼 수 있습니다.*

언론중재법에 따른 정정보도 청구의 가장 큰 장점은 언론사의 고의나 과실, 위법성을 전혀 따지지 않는다는 것입니다. 명예훼손을 이유로 한 손해배상 청구 등 다른 구제 수단과 달리, 이 정정보도 청구는 언론사가 일부러 또

---

* 정정보도 청구, 후술하는 반론보도 청구는 민법에 근거해서도 가능합니다. 민법 제764조는 명예를 훼손한 자에게 "명예회복에 적당한 처분"을 구할 수 있다고 규정하며, 그 처분의 하나로 정정보도, 반론보도가 가능합니다.

는 실수로 허위의 기사를 작성한 것인지 묻지도 따지지도 않습니다. 꼭 기사가 위법해야 하는 것도 아닙니다. 기사가 잘못되었다는 사실 하나만 밝히면 청구가 인정될 수 있습니다. 소송이 부담스럽다면 언론중재위원회의 조정을 통해 신속하게 정정을 받아낼 수도 있기에, 권리를 잘 활용하기만 한다면 잘못된 기사를 바로잡는 가장 확실하고 효과적인 대응책이 될 수 있습니다.

우선, 기사를 고치는 데 앞서 잘못된 기사에 대해 사과를 받아낼 수 있는지 간단히 살펴보고, 정정보도 청구가 무엇인지 자세히 알아보겠습니다.

② 잘못된 기사, 사과받을 수 있을까?

> 언론사는 잘못된 기사에 대해 사과할 법적 의무가 없고, 실제로 사과받기도 매우 어렵습니다. 기사를 삭제해 피해를 줄이고 잘못된 부분을 교정하는 것이 더 현실적인 해결책일 수 있습니다.

정정보도 청구를 살펴보기에 앞서, 우선 '사과'부터 생각해 봅시다. 언론에서 나에 관해 잘못된 기사를 내보냈습니다. 제보자의 거짓 제보를 믿고 나를 극악무도한 사업주로 표현하는 저녁 뉴스가 전국으로 방송됐습니다. 너무나 억울하고, 무엇보다 제대로 사실 확인도 하지 않은 채 저런 뉴스를 내보낸 언론사가 정말 괘씸합니다. 거짓 제보라는 사실을 밝힐 뚜렷한 증거도 가지고 있습니다. 자, 이제 언론사로부터 제대로 된 사과를 받아낼 수 있을까요?

정답은 '모른다'입니다. 위와 같은 상황에서 기사의 틀린 부분을 고치는 정정보도를 받아낼 수 있는가를 묻는다면, 대답은 '그렇다'로 분명합니다. 그러나 사과를 받을 수 있을지는 알 수 없습니다. 아무리 잘못된 기사라 하더라도

'사과'를 강제할 수 없기 때문입니다. 사과할지 말지는 전적으로 언론사의 뜻에 달려 있습니다. 과거에는 언론사에 사과를 강제할 수 있었습니다. 방송사가 심의규정 등을 위반하면 방송통신위원회는 방송사에 '시청자에 대한 사과'를 명령할 수 있었고,[1] 명예를 훼손한 신문 기사에 대해서는 법원에 청구하여 '사죄광고'를 싣도록 판결을 받아낼 수 있었습니다. 그러나 헌법재판소는 이러한 방식의 사과 강제에 대해 모두 헌법에 어긋난다는 결정을 내린 바 있습니다. 잠시 헌법재판소가 언급한 이유를 살펴보면 아래와 같습니다.

> 사죄광고의 강제는 양심도 아닌 것이 양심인 것처럼 표현할 것의 강제로 인간 양심의 왜곡·굴절이고 겉과 속이 다른 이중인격 형성의 강요인 것으로서 침묵의 자유의 파생인 양심에 반하는 행위의 강제금지에 저촉되는 것이며 따라서 우리 헌법이 보호하고자 하는 정신적 기본권의 하나인 양심의 자유의 제약(법인의 경우라면 그 대표자에게 양심표명의 강제를 요구하는 결과가 된다.)이라고 보지 않을 수 없다. […] 따라서 사죄광고 과정에서는 자연인이든 법인이든 인격의 자유로운 발현을 위해 보호받아야 할 인격권이 무시되고 국가에 의한 인격의 외형적 변형이 초래되어 인격 형성에 분열이 필연적으로 수반되게 된다. 이러한 의미에서 사죄광고제도는 헌법에서 보장된 인격의 존엄과 가치 및 그를 바탕으로 하는 인격권에 큰 위해도 된다고 볼 것이다.[2]

즉, 국가가 사람의 의사와 상관없이 도의적인 표현을 강제하는 것은 양심의 자유를 크게 해치기 때문에 그렇게 해서는 안 된다는 것이지요.

이처럼 사과가 법적 의무는 아니지만, 그렇다고 언론사가 그 어떤 경우에도 사과하지 않는다는 의미는 아닙니다. 방송 사고나 시청자에게 큰 불편을 초래하는 표현을 사용했을 때 언론사가 사과하는 경우는 어렵지 않게 찾을 수 있습니다. 기사 자체에 대해 사과하는 경우도 분명히 있습니다. 《조선일보》는 일부 지역에 발행된 신문 기사에서 사실관계 확인을 충분히 거치지 않은 부정확한 기사가 실린 데 대하여 조국 전 장관의 자녀, 연세대 의료원에 직접 사과하는 기사를 실은 바 있습니다. KBS 역시 채널A 당시 기자와 한동훈 당시 법무연수원 연구위원이 총선을 앞두고 특정인에 대한 의혹 제기를 공모한 정황을 보도하였으나, 다음날 "기사 일부에서 정확히 확인되지 않은 사실이 단정적으로 표현된 점 사과드립니다"라며 사과방송을 한 바 있습니다.*

조민씨·연세대 의료원에 사과드립니다

바 로 잡 습 니 다

28일 일부 지역에 배달된 본지 A10면에 〈조민, 세브란스병원 피부과 일방적으로 찾아가 "조국 딸이다, 의사 고시 후 여기서 인턴하고 싶다"〉는 기사가 실렸습니다. 이 기사는 사실 관계 확인을 충분히 거치지 않은 부정확한 기사였습니다. 본지 취재 윤리규범은 '확인된 사실을 기사로 쓴다. 사실 여부는 공식적인 경로나 복수의 취재원을 통해 확인한다'고 명시하고 있습니다. 본지는 제작 과정에서 해당 기사가 이 규범을 위반한 것으로 판단해 즉시 삭제했습니다. 그럼에도 일부 지역에 해당 기사가 게재된 신문이 배달돼 독자 여러분께 그 경위를 설명드리고 사과드리겠습니다.

본지는 27일 '조민씨가 세브란스병원 피부과를 찾아가 인턴 지원을 했다'는 제보를 받았습니다. 이 제보 내용을 취재하던 기자는 "26일 저녁 서울 강남의 한 식당에서 연세대학교 의료원 고위 관계자와 외부인 등 4명이 식사를 했다. 이 자리에서 조민씨가 세브란스병원을 찾아가 피부과 A교수를 면담했고 그에 따른 의료원 측 고충을 토로하는 대화가 오갔다"는 이야기를 해

당 모임 참석자로부터 들었습니다. 실제로 해당 저녁 모임이 그 식당에서 있었으며 참석자 면면도 일치한다는 사실을 확인했습니다. 이 증언자 외 또 한 명의 모임 참석자도 "비슷한 내용의 대화가 오갔다"고 했습니다.

이를 토대로 해당 기사가 작성됐고, 일부 지역 배달판에 게재됐습니다. 그러나 이 기사는 직접 당사자인 조민씨나, 조민씨가 만났다는 A교수에게 관련 사실 확인을 거치지 않고 작성된 것입니다. 해당 기사는 당사자인 1차 취재원이 아닌, 2차 취재원의 증언만을 토대로 작성됐습니다.

본지는 첫 지방판 인쇄 직후 이 기사를 재검증하는 과정에서 2차 취재원의 증언만으로 해당 내용을 보도하는 것은 문제가 있다고 판단해 다음 인쇄판부터 해당 기사를 삭제했습니다. 그럼에도 일부 지역에는 첫 인쇄판 신문이 배달됐습니다. 28일 세브란스병원 피부과 간부들과 조민씨의 부친 조국 전 법무부 장관은 모두 "조민씨가 세브란스병원 피부과를 찾아가 교수를 면담한 사실이 없다"고 부인했습니다. 이 기사로 피해를 입은 조민씨와 연세대 의료원 관계자들께 깊이 사과드립니다. 독자 여러분께도 사과드립니다.

《조선일보》의 사과 기사[3]

---

* 다만 해당 방송은 기사 대상을 지칭하며 사과하진 않았습니다. 전체 내용상 이는 특정인에 대한 사과라기보다는 시청자에 대한 사과로 보입니다.

《KBS 뉴스 9》 사과 방송[4]

그러나 언론사가 이처럼 기사에 대해 사과하는 일은 상당히 드뭅니다. 특정인에 관한 기사에 있어선 사례를 찾기 더욱더 어렵습니다. 언론사에 있어 객관성만큼이나 중요한 것이 곧 대중에 대한 이미지입니다. 어느 언론사도 사과할 만한 잘못을 반복하는 매체로 독자, 시청자에게 기억되길 원하진 않을 것입니다. 사과는 언론사의 이름을 걸고 나가는 것이고, 단순히 기사를 고치는 데서 나아가 온 대중 앞에서 잘못했다는 의사를 표하는 행위입니다. 더군다나 법적 의무가 없다면, 부정적인 이미지를 강화하는 부담을 선택하는데 있어선 아무래도 소극적일 수밖에 없습니다. 그것이 과연 옳은지 여부를 떠나, 피해자가 기대하기에는 현실적인 벽이 높다는 뜻입니다.

앞서 본 것처럼, 그럼에도 언론사가 기사에 대해 사과할 때가 있습니다. 이런 사례들을 살펴보면 다음과 같은 공통점을 찾아볼 수 있습니다. 첫째, 오보임이 아주 명백하고, 둘째, 보도 대상자의 피해가 크며, 마지막으로 가장 중요한 셋째, 대중의 관심이 (혹은 비난이) 굉장히 컸다는 점입니다. 이런 경우에도 언론사의 사과는 쉽게 이루어지는 것이 아니라, 내부적으로 사과할지 말지에 대한 치밀한 검토를 거친 끝에 결정된 것으로 생각해야 합니다.

결국, 기사에 대한 사과를 언론사에 기대하기는 매우 어렵습니다. 나에 관한 기사가 위의 세 가지 조건에 모두 맞는지 깊이 고민해 보고, 그에 맞지 않다면 앞으로 소개하는 권리를 기반으로 신속하게 기사를 삭제하거나 고치는 것이 실리적일 수 있습니다. 그래도 피해 회복을 위해 언론사의 사과가 꼭 필요하다면, 합의나 언론중재위원회의 조정 과정에서 사과 문구를 합의서에 명시하는 방식을 고려해 볼 수 있겠습니다. 대중에 나가는 사과 기사보다는 부담이 적어 상대적으로 언론사가 수용할 가능성이 있습니다. (다만, 사과 문구에 대해 비공개 조건을 요구하는 언론사도 있습니다.)

⨀ 무슨 내용이든 바꿀 수 있을까?

> 잘못된 사실관계를 담은 기사에 대해 청구할 수 있습니다. 기사에서 의견이나 평가에 해당하는 부분에 대해서는 청구할 수 없습니다. 사소하게 틀리거나 다소 압축·과장한 정도의 표현에 대해서도 정정은 인정되기 어렵습니다.

먼저, 정정은 진실이 아닌 사실관계를 담은 기사 부분에 대해 할 수 있습니다.

당연한 이야기로 들릴 수도 있지만, 여기서 당연하지 않은 부분이 바로 '사실관계'입니다. 「언론중재법」은 정정보도 청구에 대해 "사실적 주장에 관한 언론보도"가 대상이라고 규정하며(제14조 제1항), 이때의 사실적 주장이란 "증거에 의하여 그 존재 여부를 판단할 수 있는 사실관계에 관한 주장"이라고 정의합니다(제2조 제14호). 쉽게 말하면, 참인지 거짓인지 알아볼 수 있는 어떤 사실관계에 대해 잘못된 주장을 하는 기사일 때만, 정정을 구할 수 있습니다.

예를 들어, 청렴한 시장 박청렴 씨에 관한 어느 기사가 "박청렴 시장은 공사업자 김 모 씨에게 3억 원의 뇌물을 받았다"란 내용을 담았다고 합시다. 박 시장은 이에 대해서 정정보도 청구를 할 수 있습니다. 그러나 같은 기사에 "박청렴 시장의 올해 시정 활동은 기대에 못 미친다"라는 내용이 있더라도, 이에 대해선 정정보도 청구를 할 수 없습니다. 박청렴 시장이 정말 뇌물을 받았는지 밝혀지든 안 밝혀지든, 뇌물수수는 '참'과 '거짓'을 분명히 가를 수 있는 사실관계의 이야기입니다. 그러나 시정 활동이 기대에 미치는지 못 미치는지는 '참'과 '거짓'의 문제가 아닌, 사람에 따라 다른 말을 할 수 있는 의견이나 평가의 영역입니다. 같은 시정 만족도에 관한 이야기라도 "박청렴 시장이 시민을 대상으로 한 시정 만족도 조사에서 최하점을 받았다"라는 내용과는 전혀 다른 차원입니다.

이런 의견, 평가 영역의 기사 부분에 대해서는 정정을 구할 수 없습니다. 법이 주고자 하는 권리는 틀린 사실을 바로잡을 권리이지, 기사를 다른 생각으로 바꿔 쓰게 할 권리가 아닙니다. 인격권을 침해하는 모욕적인 언사가 아닌 한 누구든 자유롭게 의견을 말하고 평가할 수 있는 표현의 자유를 누려야 하며, 이는 언론사도 마찬가지입니다. 특히나 언론은 그 공적인 기능 때문에 그런 자유를 더 폭넓게 보장받기도 합니다.

사실과 의견, 평가를 구분하기는 언뜻 어렵지 않아 보입니다. 그러나 실제 재판이 다루는 쟁점들을 살펴보면 결코 그렇지 않습니다. 실례를 하나 들어 보겠습니다. 채널A의 시사 프로그램에 출연한 한 패널이 사단법인 민주언론시민연합(이하 민언련)에 대해 '종북從北'이라는[5] 표현을 사용하였습니다.

이에 대해 민언련은 정정보도 등을 구하는 소송을 제기했는데요. 대법원은 '종북'이란 표현은 그 의미가 다양하며, 시대적, 정치적 상황에 따라 그 개념과 포함하는 범위도 변한다고 하면서, 패널의 발언은 "자신들이 의미 있다고 주목하였던 나름의 몇 가지 사정에 근거하여 원고가 그동안 취해 온 행보나 정치적 입장 등에 관한 의문을 제기하고 이를 비판하기 위한 것으로 이를 사실의 적시로 평가하기보다는 의견의 표명이라고 봄이 타당"하다고 판단했습니다.[6]

그런데 이 대법원 판결 이전에 있었던 2심 판결에서 서울고등법원은 정반대의 판단을 내렸습니다. 서울고등법원은 패널이 '종북'이라는 표현을 "북한 정권의 외교방침을 추종하거나 그들의 이해관계를 철저하게 대변한다는 의미로 사용한 것"으로 보고, 그렇다면 이 표현은 "증거에 의하여 그 존재 여부를 판단할 수 있는 사실관계이므로… 구체적인 사실의 적시 또는 사실적 주장에 해당"한다고 하였습니다.[7]

이렇듯 법원의 판단이 뒤집히는 경우가 있을 정도로, 사실에 관한 것인지, 아니면 단순한 의견이나 평가인지를 구분하기가 어려운 표현들이 있습니다. 이런 표현들이 정정보도의 대상인지 아닌지를 가늠하기란 쉽지 않은 게 사실입니다. 그러나 '맛이 없다'와 '유해한 첨가물이 들어 있다'의 차이가 명확하고, '제품 사용이 불편하다'와 '제품 사용 중에 사고가 났다'의 차이가 명확하듯이, 참과 거짓의 문제임을 비교적 쉽게 파악할 수 있는 표현들 역시 분명 존재합니다. 법원은 사실과 의견의 구별에 대해 기사의 객관적인 내용뿐 아니라 사용된 어휘의 의미, 기사 전체 흐름과 문구 연결 방법, 배경이 되는 사회적인 흐름, 독자에게 주는 전체 인상까지 함께 살펴야 한다는 기준을 제시하고 있습니다. 또한, 이러한 사항들을 살필 때는 일반 독자가 기사를 접하는 보통의 방법으로 보아야 한다고도 하였습니다.[8]

정정보도 청구를 하기에 앞서 일반적인 독자의 눈에서 기사를 바라보고, 기사의 표현뿐 아니라 전체 내용과 배경을 함께 읽으며 고민한다면, 문제 제기의 범위를 명확히 좁혀 효율적인 대응을 할 수 있습니다.

다음으로, 정정은 사소하게 틀리거나 다소 과장한 정도의 표현에 대해서는 좀처럼 받아들여지지 않습니다.

진실과 다른 기사는 누군가에게 피해를 줄 수 있으며, 그 자체로 잘못된 여론을 만들어 냅니다. 법은 이런 잘못된 정보를 시정하여 올바른 여론을 형성하려는 목적으로 정정보도 청구권을 두고 있습니다. 그렇다면 기사의 모든 오류에 대해 정정보도 청구를 인정하는 게 옳을까요? 기사도 결국은 사람이 만든 결과물입니다. 취재와 편집 과정에 실수가 있을 수 있고, 그래서 핵심 내용과 관계없는 사소한 오류가 기사에 담길 수 있습니다. 이런 오류에 대해서까지 정정보도 청구가 인정된다면, 언론사는 큰 부담을 안습니다. 기사를 내는 과정 자체가 상당히 경직될 수도 있습니다.

그래서 법원은 정정보도 내용, 원래 기사 내용이 기사 핵심 내용에 관련되지 않고 사소한 것에 불과할 때에는 정정보도를 구할 정당한 이익이 없다는 판단을 내립니다.[9] 즉, 정정보도 청구권을 행사하기 어렵다고 봅니다. 앞서 언급한 박청렴 시장을 예로 들어보죠. 실제로 박 시장이 공사업자 김 모 씨에게 3억 원의 뇌물을 받지 않았다면, 그 기사는 반드시 정정이 이루어져야 합니다. 그래야 박청렴에 대한 잘못된 정보가 바로잡히고, 시민들이 올바르게 그에 대해 토론하고 평가할 수 있습니다.

그런데 이 기사가 지난 총선에서 42%의 득표율로 당선된 박청렴 시장에 대해 "41%의 득표로 당선된 바 있다"라고 썼다면 어떨까요? 또는, 박청렴 시장은 정말로 뇌물을 받은 게 맞지만, 3억 원이 아니라 3억 1천만 원을 받았다면 어떨까요? 기사의 핵심으로 꼭 알려져야 할 내용은 박청렴 시장이 뇌물을 받았는지입니다. 배경 설명에 불과한 부분이거나 주요 내용이라 하더라도 사소한 오류라면, 이를 교정한들 기사의 핵심 사실에 별다른 영향이 없습니다.

오히려 이 부분을 정정하기 위해 언론사가 "박청렴 시장이 받은 뇌물은 3억 원이 아니라 3억 1천만 원이다"란 별도 기사를 지면에 싣거나 방송으로 내보내야 한다면, 정작 그 지면과 시간에 할애할 수 있었던 유익한 정보가 버려질 수 있을 것입니다.

과장도 마찬가지입니다. 물론 지나친 과장은 기사의 본질적인 내용을 혼동시키거나 왜곡할 수 있습니다. 그러나 기사의 핵심 내용에 크게 영향을 미칠 정도가 아니라면, 위에서 살펴본 기사의 사소한 부분과 같은 식으로 평가하는 것이 올바른 여론 형성에 이익이 될 수 있습니다. 법원은 이에 대해 "세부에 있어 진실과 약간 차이가 나거나 다소 과장된 표현이 있더라도 무방하고, 또한 복잡한 사실관계를 알기 쉽게 단순하게 만드는 과정에서 일부 특정한 사실관계를 압축, 강조하거나 대중의 흥미를 끌기 위하여 실제 사실관계에 장식을 가하는 과정에서 다소의 수사적 과장이 있더라도 전체적인 맥락에서 보아 보도내용의 중요 부분이 진실에 합치한다면 그 보도의 진실성은 인정된다고 보아야 한다"라고[10] 합니다. 쉽게 말해, 기사 핵심 내용이 맞는다면 내용을 압축하거나 표현을 조금 과장하더라도 정정 대상은 아니라는 것입니다.

2005년 KBS는 술에 취해 거리에 쓰러진 40대 남성이 4년 동안 정신병원에 강제 입원했고, 엉터리 이름과 주민등록번호로 관리되었다는 소식을 보도했습니다. "강제 수용", "멀쩡한 사람도 재수가 없으면", "영화 속의 올드보이", "엉터리" 등 다소 단정적이거나 과장된 표현을 사용하면서 말입니다. 법원은 실제 위 남성의 의사에 반하는 입원이 이루어졌고 다른 사람의 이름 및 구청 관리번호로 관리되었던 점을 지적하면서, 남성이 그렇게 관리된 데 병원의 사정이 있기는 하지만 보도에서 정신보건법령 제도의 문제점을 부각하기 위해 사실관계를 단순화하거나 강조한 내용이라는 이유로 정정을 인정하지 않았습니다.[11]

ⓠ 어떤 내용으로 바로잡을 수 있을까?

> 기사에서 진실과 다른 부분을 진실한 내용으로 고쳐 알리도록 할 수 있습니다.
> 다만, △ 상업적인 광고 목적의 내용 △ 위법한 내용 △ 이미 언론사가 정정해서
> 알린 내용으로 고칠 수는 없습니다.

정정보도는 진실과 다른 부분을 진실하게 고치며 이루어집니다. 「언론중재법」은 "언론사 등이 하는 정정보도에는 원래의 보도내용을 정정하는 사실적 진술, 그 진술의 내용을 대표할 수 있는 제목과 이를 충분히 전달하는 데에 필요한 설명 또는 해명을 포함하되, 위법한 내용은 제외한다"라고 규정합니다(제15조 제5항). 통상 정정의 내용을 담은 '정정보도문'을 새롭게 내달라는 식으로 청구가 이루어지는데, 고정적이진 않지만 법원에서 언론사에 판결로 내리는 정정보도문은 방송과 신문에 따라 보통 아래와 같은 형식이 많습니다. 박청렴 시장을 예로 간단히 들어보겠습니다. 방송의 경우라면 이를 뉴스 프로그램에서 자막과 함께 앵커가 읽는 형태일 것이고, 신문이라면 지면에 보도문을 신거나 홈페이지에 게시하는 형태일 것입니다.

> **✓예시 | 방송 정정보도문**
>
> **박청렴 시장 관련 정정보도문**
> 본 방송은 ○○○○년 ○○월 ○○일 방송한 ○○○ 프로그램에서 "박청렴 시장 뇌물수수 의혹"이라는 제목으로, 박청렴 시장이 김 모 공사업자로부터 3억 원의 뇌물을 받았다는 내용을 보도한 바 있습니다.
> 그러나 사실 확인 결과, 박청렴 시장은 모 공사업자로부터 뇌물을 받은 사실이 없는 것으로 밝혀져 이를 바로잡습니다.

박청렴 시장 관련 정정보도문

본 신문은 ○○○○년 ○○월 ○○일 자 A1면에서 "박청렴 시장 뇌물수수 의혹"이라는 제목으로, 박청렴 시장이 김 모 공사업자로부터 3억 원의 뇌물을 받았다는 내용을 보도한 바 있습니다.*

그러나 사실 확인 결과, 박청렴 시장은 모 공사업자로부터 뇌물을 받은 사실이 없는 것으로 밝혀져 이를 바로잡습니다.

"바로잡습니다"라는 말은 곧 정정보도문의 목적을 담고 있습니다. 즉, 그것은 원 기사의 잘못된 내용을 정정하려는 것입니다. 따라서 정정하려는 내용과 상관이 없거나 다른 목적이 있는 내용은 정정보도에 포함되기 어렵습니다.

박청렴 시장은 뇌물수수 기사로 실추된 자신의 이미지를 빨리 회복하고 싶습니다. 또한, 언론사에 잘못된 정보를 제보한 사람은 비위 행위로 징계를 받아 자신에게 앙심을 품은 전직 시청 공무원 이 모 씨라는 사실도 알게 되었습니다. 그렇다면, 정정보도문 뒷부분에 "박청렴 시장은 항상 청렴한 자세로 시정에 임해왔고 앞으로도 시민을 섬기며 일할 것입니다"라는 내용을 넣어 달라 요청할 수 있을까요? "허위 사실을 제보한 전직 시청 공무원 이 모 씨는 비위 행위로 징계받은 쓰레기 같은 사람입니다"라는 내용도 함께 보도해 달라고 할 수 있을까요?

사실관계를 바로잡는 데 필요 없는 내용은 정정보도로 요청하기 어렵습니다. 박청렴 시장처럼 자기 홍보가 목적인 내용은 물론이고, 상업적인 성격의 광고라면 더더욱 인정되기 어려울 것입니다. 공무원 이 모 씨에 관한 내용처럼 그 자체로 제3자의 인격권을 침해할 수 있는 내용도 마찬가지입니다. 정정에 관련성이 있다면 피해 회복을 도울 수 있는 내용 정도는 인정될 수도 있지만, 기본적으로

---

* 인터넷 신문이라면 보통 "본 인터넷 신문은 ○○○○년 ○○월 ○○일 '박청렴 시장 뇌물수수 의혹'이라는 제목으로…"와 같이 기재합니다.

정정의 목적을 벗어난 범위의 내용은 받아들여지기 어렵다고 보면 되겠습니다.

상업적인 광고라는 이유로 받아들여지지 않은 실제 판례를 하나 살펴봅니다. 《일요신문》은 연예계 비리 사건을 둘러싼 화제를 다루면서 한국방송프로듀서연합회(PD연합회)의 문서 변조 의혹을 보도하였습니다. 이에 대해 PD연합회는 정정보도를 청구했는데, 법원은 그중 "PD연합회는 금년 초 이른바 연예계 비리 사건이 보도된 직후부터 소속 회원 중 일부 PD의 혐의사실에 대하여는 분노와 자성의 뜻을 표하면서 위 사건을 계기로 보다 질 좋은 프로그램의 개발과 제작으로 국민들의 영상문화를 고양시키는 데 진력하며 연예계 비리를 낳게 할 수도 있는 제작환경의 개선을 위해 많은 노력을 해왔다"라는 부분에 대해선 받아들이지 않았습니다. 그리고 그 이유 중 하나로 해당 내용은 "PD연합회의 자정 노력 등에 관한 상업적인 광고 목적만을 목적으로 하는 내용"임을 들었습니다.[12]

또한, 이미 언론사가 사실관계를 정정하는 보도를 했다면, 그 내용으로 재차 정정보도를 내달라고 하긴 어렵습니다. 단, 언론사의 그 정정보도는 원래 보도와 균형을 이룰 만큼 충분히 이루어졌어야 합니다. 박청렴 시장의 예를 봅시다. 박 시장에게 항의받은 방송사가 다음날 뉴스 말미에 "박청렴 시장이 억울하다는 입장을 전해 왔다"라는 멘트를 덧붙이거나, 사람들이 잘 보지도 않는 홈페이지 어느 게시판에 정정보도문을 하루 정도만 띄워 놓는다면, 충분한 정정보도를 했다고 볼 수 있을까요? 이런 경우 여전히 제대로 된 정정보도를 청구할 수 있습니다. 박청렴 시장으로서는 여전히 예시와 같은 내용의 정정보도문을 방송 뉴스로 내보내야 한다고 충분히 주장할 수 있는 것입니다.*

---

* 사실 정정보도 내용은 기사에서 잘못된 부분을 짚고 이를 교정하는 내용으로 이루어지기 때문에 비교적 명확한 청구가 이루어집니다. 언급한 문제들이 발생할 가능성은 크지 않죠. 이런 문제는 이후 살펴볼 반론보도에서 많이 발생합니다. 해당 부분에서 실제 사례와 함께 알아보도록 하겠습니다.

실제 언론사 정정보도 사례를 몇 개 더 소개합니다. 각각 《KBS 뉴스 9》, 《MBC 뉴스투데이》, 《한국일보》입니다. 앞선 예시처럼 이들 모두가 대상 보도와 관련 내용을 지칭한 후 이를 직접 바로잡고 있단 걸 알 수 있습니다.

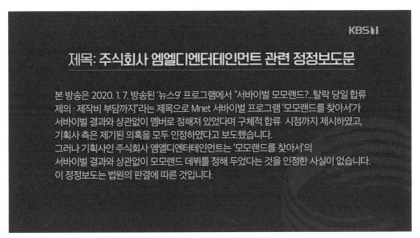

《KBS 뉴스 9》 정정보도문[13]

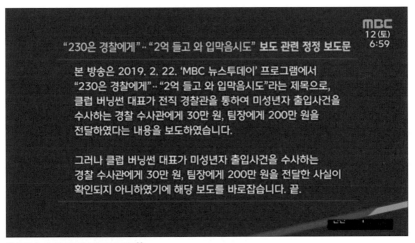

《MBC 뉴스투데이》 정정보도문[14]

한국일보

[정정보도] '軍 용산 벙커 뚫렸다… 한미 연합사 군사기밀 해킹' 관련

입력 2022-05-14 00:00

본보 2022년 4월 29일자 '軍 용산 벙커 뚫렸다… 한미연합사 군사기밀 해킹' 제하 보도에서 서울 용산 지하벙커 내에서 한미연합군사령부 지휘통제체계(센트릭스-K) 관련 보안이 뚫렸다는 것은 사실이 아니며, 군사안보지원사령부는 센트릭스-K 관련 군 관계자를 군사비밀보호법 위반 혐의로 구속한 적이 없음이 확인돼 바로잡습니다. 또 국방부는 "군 정보자산이 센트릭스-K를 통해 이적단체로 유출된 사례는 없다"고 밝혀왔습니다.

이 보도는 언론중재위원회의 조정에 따른 것입니다.

《한국일보》의 정정보도문(온라인)[15]

⟨🔍⟩ 언제까지 청구할 수 있을까?

기사 보도를 안 날로부터 3개월 이내면서, 보도가 있은 날로부터 6개월 이내에 할 수 있습니다. 다만 기사가 명예를 훼손하는 내용이라면, 보도를 안 날로부터 3년 이내면서, 보도가 있은 날로부터 10년 이내에 할 수 있습니다.

정정보도 청구를 할 때 특히 주의해야 할 점은 제기할 수 있는 기간이 정해져 있다는 것입니다. 잘못된 기사 보도를 자신이 알게 된 날로부터 3개월 이내면서, 또한 보도가 있은 날로부터 6개월 이내이어야 합니다(「언론중재법」 제14조 제1항). 위의 두 기간 중 어느 하나라도 넘는다면, 정정보도 청구는 어렵습니다. 즉, 법원에 소송을 제기하거나 언론중재위원회에 조정을 신청하더라도 모두 '각하'되어 어떠한 판단도 받아볼 수 없습니다.

기사에 관한 대응책을 고민하거나 문제를 제기하는 과정 자체에 부담을 느껴, 별다른 조치 없이 기사를 내버려 두었다가 이 기간을 넘기게 되는 경우가 많습니다. 앞서 언급한 것처럼, 언론중재법상 정정보도 청구는 언론사의 고의, 과실, 위법성 여부와 관계없이 인정되는 등 다른 청구권에 비해 피해자에게 유리한 면이 있습니다. 일단 기간 안에 법원에 소송을 접수하기만 하면 되므로, 처음부터 완벽하게 반박 내용을 갖춰야 하는 부담도 없습니다. 따라서 청구권의 이점을 살려 청구 기간을 놓치지 않도록 신경 써야만 합니다.

청구 기간을 정하는 데 시작점이 되는 '보도가 있은 날'은 파악하기 어렵지 않습니다. 방송 기사라면 뉴스가 나간 날, 신문 기사라면 몇 일 자 신문에 났는지를 보면 되고, 인터넷 기사라도 대부분 기사에 게시일이 나와 있습니다. 다른 시작점인 '보도를 알게 된 날'은 피해자가 그 보도를 알게 된 날을 의미하는데, 이와 관련해 언론사 쪽에서 문제를 제기하더라도 그것은 언론사가 주장을 입증해야 합니다.

예를 들어 박청렴 시장에 관한 뇌물수수 기사가 2022년 1월 1일에 있었고, 박청렴 시장은 이로부터 4개월이 지난 5월 1일에 정정보도 청구 소송을 법원에 접수했다고 합시다. '보도가 있은 날'로부터 6개월 이내이기 때문에, 별다른 문제가 없으면 재판이 열리고 판결도 받아볼 수 있습니다. 그런데, 언론사에서 기사가 나간 다음 날인 1월 2일, 박 시장이 직접 기자에게 문자를 보내 기사 내용에 문제가 있다고 항의했고 통화도 했다며 법원에 문자 메시지를 제출했습니다. 이렇게 박청렴 시장이 '보도를 안 날'을 언론사가 입증하고, 따라서 '보도를 안 날'로부터 3개월이 지난 청구라는 점이 밝혀지면, 이 청구는 받아들여지지 않습니다.

그러므로 만약 기사가 난 후 기자에게 연락했거나 언론사에 민원을 넣는 등 자신이 '기사를 안 날'이 밝혀질 만한 사정이 있다면, 신속하게 정정보도 청구를 진행하는 게 좋습니다. 기사가 난 날로부터 6개월 이내로 여유를 두어 진행했다가 박청렴 시장과 같은 일을 겪을 위험이 있기 때문입니다.

그런데 안타깝게도 기사가 난 것 자체를 나중에 알게 될 때가 있습니다. 나에 대한 허위 내용을 담은 기사를 발견했는데, 기사 날짜를 보니 이미 6개월이 지나 버렸습니다. 이럴 때는 기사를 정정하기가 절대로 불가능할까요?

해당 기사가 진실하지 않은 정도를 넘어 나의 명예까지 훼손하고 있다면, 보도를 안 날로부터 3년, 보도가 있은 날로부터 10년간 정정보도 청구가 가능합니다. 정정보도 청구는 언론중재법에 따라 가능하지만 민법에 따라서도 가능한데,[16] 민법에 따라 청구하는 정정보도 청구에는 '보도를 안 날'로부터 3개월, '보도가 있은 날'로부터 6개월 같은 짧은 기간 제한이 없습니다. 대신 일반적인 민법상의 다른 청구권들과 같은 소멸시효*의 적용만 있을 뿐입니다. 따라서 「민법」 제766조에 따라 불법행위 "손해 및 가해자를 안 날"(즉, 명예훼손 기사를 알게 된 날)로부터 3년간, "불법행위를 한 날"(즉, 기사가 나온 날)로부터 10년간 권리를 행사할 수 있는 것입니다.

민법에 따라 정정보도를 구하기 위해서는 우선 이 보도가 명예훼손에 해당하는 위법한 보도라는 점을 주장, 입증해야 합니다. 이런 기사를 작성하는 데 언론사가 고의 또는 과실이 있다는 점도 밝혀내야 합니다. 기사가 진실이 아니라는 점만 밝히면 되었던 언론중재법상의 정정보도 청구에 비하면 목적을 이루기 위한 난이도가 높아지게 되는 것입니다. 기사를 전혀 몰랐던 경우라면 분명 안타까운 점이 있습니다. 다만, 사실과 다른 기사라면 그만큼 명예훼

---

* 법적으로 권리가 있는 사람이 일정 기간 자기 권리를 행사하지 않을 경우 그 권리가 소멸하도록 하는 제도를 말합니다.

손에 해당하게 될 가능성도 있기 때문에, 여전히 정정보도 청구가 가능하다는 사실 자체는 피해자에게 다행인 점이라 할 수 있겠습니다.

⓺ 누구나 할 수 있을까?

기사 내용과 직접적인 연관성이 있는 피해자가 청구할 수 있습니다. 법인, 단체, 지방자치단체나 행정부처, 그 산하기관도 가능합니다.

정정보도 청구는 진실하지 않은 기사로 인해 피해를 입은 자가 할 수 있습니다(「언론중재법」 제14조 제1항). 이때 '피해를 입은 자'를 법원은 이렇게 말합니다.

그 보도내용에서 지명되거나 그 보도내용과 개별적인 연관성이 있음이 명백히 인정되는 자로서 자기의 인격적 법익이 침해되었음을 이유로 그 보도내용에 대한 반론 내지 반박을 제기할 이익이 있는 자[17]

즉, 기사로 인해 추상적으로 피해를 입은 사람이 아니라 그 기사에서 지칭한 사람, 또는 지칭하지는 않더라도 보도 대상으로 다루고 있거나 기사 내용과 직접적이고 개별적으로 이해관계가 있는 사람이 정정보도를 청구할 수 있는 것입니다.

박청렴 시장의 뇌물수수 기사를 다시 예로 들어봅니다. 시장이 뇌물을 받았다는 잘못된 기사가 난 후, 회사 사람들로부터 탐욕스러운 도시에 산다고 놀림을 받은 시민 박깨끗 씨, 우리 도내 소속 시장에 관한 기사 때문에 덩달아 나쁜 이미지를 갖게 될까 봐 걱정되는 최성실 도지사, 평생 자식을 올바르게 키웠다고 자부하던 박청렴 시장의 아버지 김교육 씨, 이분들도 기사를 바로잡아달라고 할 수 있을까요? 예시의 인물은 모두 기사의 보도 대상이 아닙니다. 기사와 직접적이고 개별적인 이해관계가 있다고 보기도 어렵습니다. 잘못된 보도로 인한 피해는 꼭 회복되어야 하지만, 그렇다고 구제 대상을 한정 없이 넓힐 수는 없습니다. 제도의 취지에 맞도록 실제 정정을 구할 이익이 있는 사람에게 그 권리가 보장되어야 합니다. 이런 취지로 보면, 회사 대표의 개인사에 문제를 제기한 기사에 대해 회사 법인이 정정보도를 구하거나, 규모가 큰 단체에 문제를 제기한 기사에 대해 개인 소속원의 청구가 가능하다고 생각하긴 어려울 것입니다.*

　정정보도 청구는 개인만 할 수 있는 것은 아닙니다. 잘못된 보도로 피해를 보았다면, 법인 또는 사단이나 재단도 할 수 있습니다. 특히 정정보도 청구권은 언론 피해구제의 취지에 발맞춰 손해배상 청구권 같은 다른 민사상 청구보다 당사자가 될 수 있는 범위를 더 넓게 인정하고 있습니다. 국가, 지방자치단체, 기관 또는 단체의 장은 자신들의 업무에 대해 기관, 단체를 대표해서 정정보도를 청구할 수 있고(「언론중재법」 제14조 제3항), 보도와 직접적인 이해관계가 있다면 하나의 생활 단위를 구성하는 정도의 집단만 되어도 정정보도 청구가 가능합니다(「언론중재법」 제14조 제4항). 예를 들어 통일부, 국방부와 같은 정부 부처, 그 산하에 있는 청, 실, 국, 과 같은 단위도 청구할 수 있습니다.

---

* 단, 회사 대표의 개인사 문제가 회사 법인의 업무와 밀접하게 관련되거나, 단체의 구성원이 적을 때는 청구가 가능할 수 있겠습니다.

2. 내가 하고 싶은 반박을 싣는 반론보도 청구

기사의 진실 여부를 떠나, 피해를 본 자가 그 기사에 대한 반박을 실을 수 있도록 하는 권리가 반론보도 청구입니다. 「언론중재법」 제16조가 보장하는 이 권리 역시 정정보도와 마찬가지로 언론사에 직접 청구할 수 있고, 언론사가 응하지 않는다면 법원에 소송을 제기할 수 있습니다. 또는 언론중재위원회에 조정을 신청하는 것도 가능합니다.

정정보도를 하려면 기사가 허위라는 걸 밝혀내야 합니다. 피해자인 내가 증거를 내서 이를 입증해야 하는데, 결코 쉽지만은 않은 일입니다. 애초부터 사실관계가 불명확한 일도 있습니다. 이때 대안으로 고려할 만한 것이 바로 반론보도입니다. 반론보도 청구는 정정보도 청구와 마찬가지로 언론사의 고의 과실과 위법성을 따지지 않고, 나아가 기사가 허위라는 점을 밝힐 필요도 없습니다. 실을 수 있는 내용도 정정보도에 비해 좀 더 폭넓게 인정될 수 있습니다. 정정이 어렵다면, 내가 하고 싶은 반박을 담아 시청자와 독자가 치우치지 않은 시각으로 사건을 볼 수 있게끔 하는 유용한 대안이라 할 수 있겠습니다.

⊙ 무슨 내용을 반박할 수 있을까?

피해를 주는 사실관계를 담은 기사에 대해 청구할 수 있습니다. 단, 기사에서 의견이나 평가에 해당하는 부분, 사소한 부분에 대해서는 인정되지 않습니다.

정정보도 청구와 마찬가지로 반론은 의견이나 평가가 아닌 사실관계, 즉 사실적 주장에 관한 언론보도에 대해 청구할 수 있습니다. 기사의 사소한 부분에 불과한 내용에 대해서는 청구가 어렵습니다. 이는 앞서 정정보도 청구에서 설명한 내용과 같습니다.

중요한 것은 반론보도가 기사의 진실성 여부를 따지지 않는다는 점입니다. 헌법재판소는 반론보도 청구권의 취지를 이렇게 밝히고 있습니다.

첫째, 언론기관이 특정인의 일반적 인격권을 침해한 경우 피해를 받은 개인에게도 신속·적절하고 대등한 방어수단이 주어져야 함이 마땅하며, 특히 공격내용과 동일한 효과를 갖게끔 보도된 매체 자체를 통하여 방어 주장의 기회를 보장하는 반론권제도가 적절하고 형평의 원칙에도 잘 부합할 수 있다는 점이다.
둘째, 독자로서는 언론기관이 시간적 제약 아래 일방적으로 수집 공급하는 정보에만 의존하기보다는 상대방의 반대주장까지 들어야 비로소 올바른 판단을 내릴 수 있기 때문에 이 제도는 진실발견과 올바른 여론 형성을 위하여 중요한 기여를 할 수 있게 된다는 점이다.[18]

반론 제도는 보도내용의 진실 여부나 허위성의 인식 여부를 가리기 위하여 장황하고 번잡한 사실 조사에 시간을 낭비케 함이 없이 신속하고 대등하게 반박문 공표의 기회를 부여하려는 데에 그 취지가 있다 할 것이다. 그리고 이러한 반론보도의 내용이 허위일 위험성은 불가피하게 뒤따르게 되지만 이는 반론보도 청구권을 인정하는 취지에 비추어 감수하여야 하는 위험이다.[19]

즉, 반론보도 청구는 언론사의 기사에 대해 피해자에게 대등하고 신속한 방어수단을 제공하고자 보장된 제도이므로, 엄격하게 허위 여부를 가리거나 조사할 필요 없이 청구가 인정될 수 있습니다. 앞서 박청렴 시장의 예에서 그가 뇌물을 받았다는 사실은 공사업자 측의 일방적인 말이지만, 당장 박청렴 시장에겐 반대 사실을 입증할 방법이 없을 수 있습니다. 혹은 공사업자에게 받은 돈의 성격이 뇌물인지 아닌지 법적 평가가 엇갈리는 상황이 발생할 수도 있습니다. 이럴 때 박 시장에게 기사의 허위성을 입증할 것을 엄격히 요구한다면, 그리고 대응 방법이 그것밖에 없다면, '뇌물수수 시장' 딱지를 영영 떼지 못할 수도 있습니다. 이런 안타까운 상황을 막을 수 있도록, 피해자가 그 언론사의 방송을 (또는 지면을) 통해 충분한 반박을 실을 수 있도록 보장하는 방법이 곧 반론보도 청구입니다.

⑦ 어떤 내용을 실을 수 있을까?

> 반박하려는 내용과 연관된 사실관계, 그것을 명확하게 전하는 데 필요한 설명까지 실을 수 있습니다. 다만 △ 상업적인 광고 목적의 내용, △ 위법한 내용, △ 이미 언론사가 반박을 알린 내용, △ 명백히 진실이 아닌 내용을 알리는 것은 불가능합니다.

우선, 반론보도에는 반박하고 싶은 내용과 연관된 사실관계와 그것을 명확히 전달하는 데 필요한 설명을 실을 수 있습니다.[20] 박청렴 시장의 뇌물수수 기사라면, 뇌물을 받은 사실이 없다거나, 뇌물이 아니라 정상적인 금전 거래였다는 식의 내용이 되겠지요.

내가 반박하고 싶은 내용이 꼭 기사에 명시적으로 나와 있어야만 하는 것은 아닙니다. 어떤 내용을 전달하는 건 분명한데 표현만 에둘러 하거나, 직접 표현하고 있지 않다는 이유만으로 청구를 받아들이지 않는다면 피해구제 범위가 지나치게 좁아질 수 있습니다. 그렇기에 법원은 기사에서 직접 표현한 내용은 물론, 전체 기사 취지와 경위 등을 통해 간접적으로 표현된 내용도 반론보도의 대상이 된다고 봅니다.[21] 정정보도도 마찬가지로, 바로잡으려는 내용이 간접적으로 표현되거나 암시되어 있어도 청구 대상이 된다고 봅니다.

내가 반박할 내용 및 그에 필요한 설명 역시, 정확히 원래 보도에 반대되는 사실관계만 실어야 하는 것도 아닙니다. 원래 보도를 보충하거나 불명확한 부분을 명확히 하는 내용, 반론 보도를 위해 필요한 증거가 되는 새로운 사실관계 등도 포함될 수 있습니다.[22] 이런 청구 내용에 대해 법원은 전체 반론의 취지에 벗어나지 않는 범위에서 피해자의 권리가 최대한 회복될 수 있도록 적절히 수정해 청구를 받아들이게 됩니다.

실제 언론사가 낸 반론보도를 살펴보면 이해에 도움이 될 것입니다. 몇 가지 실례를 살펴봅시다. 《한겨레》의 반론보도는 반대되는 사실관계만을 간략히 담고 있습니다. 《경인일보》처럼 수 건의 연속 기사에 대해 필요한 설명을 담아, 비교적 긴 내용의 반론을 싣는 예도 참고할 만합니다. 마지막은 《YTN 뉴스특보》에서 텍스트가 화면에 직접 나오지 않고 진행자가 낭독한 반론보도로, 1개 보도의 여러 부분에 대한 반론을 모아 보도한 사례입니다.

사회 사회일반

[반론보도] 살처분 가축 불법 매립 의혹 관련

등록 :2020-10-29 17:54

본지는 지난 9월17일 살처분 가축 불법 매립 의혹 관련 기사에서 천안시의 ®산업이 가축 사체를 멸균처리 등 필요한 조치를 하지 않고 경북 성주 등 전국 곳곳에 무료퇴비로 속여 묻었다는 등의 내용을 보도하였습니다. 이에 대해 ®산업은 "매몰지에서 발굴한 가축 사체는 모두 렌더링 방식으로 정상 처리하였으며, 법령을 위반해 살처분 가축을 불법매립한 사실은 없다"고 밝혀왔습니다. 이 보도는 언론중재위원회의 조정에 따른 것입니다.

《한겨레》의 반론보도(온라인)[23]

천재교육 관련 반론 보도문

　　본지는 2019. 7. 3. <교과서 점유율 1위 천재교육 '총판 갑질' 의혹>, 2019. 7. 4. <'반품 20% 제한' 총판 옥죈 천재교육> 및 <이자놀이?출고제한 조치… "본사서 채무 잘못산정" 목청>, 2019. 7. 8. <불공정관행 근절 외치던 공정위, 천재교육 갑질알고도 '침묵'>이라는 각 제하의 기사에서 천재교육이 총판업자에게 갑질을 하였다고 보도하였습니다. 이에 대하여 천재교육은 현재 각 총판당 평균 판촉물 비용은 연 평균 500여만원 수준으로 판촉비용이 많게는 수억원씩 밀려있다는 보도는 사실이 아니며, 반품 시 재판매가 어려운 일부도서에 한하여 반품물을 20%로 제한하고 있고 그 비율은 천재교육 총매출의 30%, 발행도서 종수 기준

5.7%에 해당하며, 총판업자의 재고는 총판업자의 출고량 판단 미숙 또는 판매실적 부진 때문이지 반품물 제한 때문이 아니라고 알려왔습니다. 또한 천재교육은 채무가 과다한 일부 총판업자에 대하여 사전 협의 후 주문금액 중 일부를 기존 채무 변제에 사용하고 나머지에 해당하는 출판물을 제공한 것이지, 총판업자의 채무를 기준으로 출판물 공급을 늦추거나 축소 지급 등 부당한 출고제한 조치를 한 사실이 없다고 알려왔습니다. 한편 천재교육은 공정거래위원회와 아무런 관계가 없으므로 본지가 보도한 일부 총판의 유착 의혹 제기는 전혀 근거가 없다고 알려왔습니다. 이 반론보도는 법원의 판결에 따른 것입니다. 끝.

《경인일보》의 반론보도[24]

'4년간 발암물질 닭꼬치 수입' 반론 보도

YTN은 지난 2월 27일 이브닝 뉴스에서 '4년간 발암물질 수입해도 나 몰라라'라는 제목으로 부산의 한 식품회사가 발암물질인 항생제가 들어 있는 닭꼬치를 중국에서 들여오다 지난 4년 동안 4차례나 적발되어 중국으로 반송된 수량이 410톤에 이르고 2012년에는 프레스햄으로 신고해 농림수산식품부의 검사를 통과해 수입량 가운데 95톤이 유통됐다고 보도했습니다.

이에 대해 해당 업체는 적발된 횟수가 4차례는 안 되고 2012년에는 축산물위생관리법상 닭꼬치가 프레스햄으로 재분류돼 이에 따라 신고하여 적법하게 농림수산식품부 검사를 통과했으며 유통된 닭꼬치는 대부분 정상이었다고 알려왔습니다.

이 보도는 언론중재위원회의 조정에 따른 것입니다.

《YTN 뉴스특보》의 반론보도 화면과 내용[25]

다음으로, 반론보도는 상업적인 광고나 위법한 내용을 실을 수 없습니다. 또한 이미 언론사가 반박을 알린 내용, 즉 원래 기사에 반영되었든 별도 기사가 나갔든 이미 보도된 내용에 대해선 청구하기 어렵습니다. 물론 비중이 너무 작거나 피해 회복에 별 도움이 안 되는 내용이 실려 있는 등 충분한 반론이 이뤄졌다고 보기 어렵다면, 제대로 된 반론을 구할 권리가 여전히 피해자에게 있다는 점은 정정보도와 마찬가지입니다.

언론사가 이미 반박을 알린 내용에 관련한 법원의 판결 사례를 하나 살펴봅시다. SBS는 심층 취재 프로그램《현장 21》에서 출판사 A가 자신들의 책을 베스트셀러로 만들기 위해 '사재기'를 하고 있으며, 과거에도 문화체육관광부에 적발된 적이 있다고 보도하였습니다. 이에 대해 출판사 A는 사재기 사실이 없다는 내용의 반론보도를 청구하였는데요, 법원은 해당 방송에 "사재기를 했다는 이야기는 금시초문"이라는 출판사 A의 직원 인터뷰, "사재기 한 적이 없기 때문에 취재진과 인터뷰할 필요 없다"라는 출판사 A의 대표 입장이 함께 나왔음을 지적하며, 반론이 이미 충분히 반영되어 있다고 보고 청구를 받아들이지 않았습니다.[26]

이와 반대로, 중학교 교장이었던 B씨가 자신이 여중생을 성추행했다는 기사를 낸《한겨레》에 대해 반론보도를 청구한 사례가 있습니다. 해당 기사의 끝부분에는 "이에 대해 B 교장은 '열심히 일하나 교장을 일부 실력 없는 교사들이 음해한다'라며 '나는 전혀 그런 일을 한 적이 없다'라고 말했다"라는 내용이 실려 있었고, 나중에 검찰의 강제추행 무혐의 처분이 내려졌다는 추가보도가 이뤄지기도 했습니다. 그럼에도 법원은 B 교장에게 반론을 구할 정당한 이익이 있다고 봤습니다. 전체 기사 중 반론 내용이 차지하는 위치와 분량, 제목 등에 비춰 볼 때, 충분한 반론의 기회가 없었다고 판단한 것입니다. 특히《한겨레》가 성추행 기사 이후 아홉 차례에 걸쳐 교육청의 성추행 조사, 교사와 학생들의 퇴진 요구, 시민단체의 구속 촉구, B 교장이 과거 성희롱 혐의가 있어 조사가 확대되고 있다는 등의 기사를 계속 게재한 점을 근거로 들기도 했습니다.[27]

마지막으로 명백하게 진실 아닌 내용을 담아 달라는 반론보도는 청구될 수 없습니다. 여기서 방점은 '명백하게'에 있습니다. 앞서 반론보도 청구는 신속한 권리 구제를 위해 기사가 허위든 아니든 따지지 않는다고 설명했습니다. 그러나 그렇다고 해서, 누가 봐도 거짓말인 내용을 반론보도로 실을 수 있다는 뜻은 아닙니다. 반론보도는 피해자에게 언론사와 대등한 방어수단을 보장하고 올바른 여론을 형성하는 데 목적이 있는 것이지, 전혀 진실이 아닌 내용까지도 용인하려는 건 아니기 때문입니다. 그런 반론까지 인정한다면 오히려 허위 정보를 널리 알리게 될 뿐이어서 공익에도 부합하지 않습니다.

따라서, 반론보도는 일단 원래 보도나 반론보도의 내용이 허위인지 아닌지 묻지는 않지만, '명백하게', 즉 누가 봐도 그게 진실이 아닌 내용의 반론보도에 대해선 청구를 받아들이지 않습니다. 법원은 반론으로 실을 수 없는 '명백하게' 진실이 아닌 내용이 무엇인지에 대해 이렇게 밝히고 있습니다.

> 널리 사회 일반에 걸쳐 이론의 여지가 없는 공지의 사실로 되어 일반적인 교양을 갖춘 통상인이면 누구라도 특별한 조사나 검증절차를 거치지 않고서도 알 수 있는 사실에 부합되지 않는 경우[28]

즉, 누가 봐도 쉽게 진실이 아니라는 걸 알 수 있는 내용, 법원이 이미 명확한 판결을 내린 적 있거나 진실이 아님을 충분히 알 수 있는 내용은 반론으로 싣지 못한다고 보면 되겠습니다.

반론보도의 내용이 명백히 진실이 아닌 경우뿐만 아니라, 그 내용이 진실이 아니라는 걸 뻔히 알면서 하는 청구도 인정되지 않습니다. 이와 관련해 법원은 다음과 같이 설명합니다.

> 반론보도 청구권이 원칙적으로 보도내용의 진실성을 요건으로 하지 않아 반론보도 내용이 진실인지 여부를 묻지 아니하면서도 그 허위성이 명백한 경우에는 '명백히 사실에 반하는 경우'라 하여 예외적으로 반론보도의 게재를 거부할 수 있도록 한 것은 그 허위의 '명백성'이 반론보도 청구권 행사의 정당한 이익을 탈락시킨다는 관념에 기초한 것이라 할 수 있고, 이와 마찬가지로 그 허위성을 반론보도 청구인 스스로 인식한 경우에는 허위성을 '인식'하고서도 감연히 반론보도 청구를 한다는 점이 정당한 이익을 탈락시켜 반론보도 내용의 진실 여부를 묻지 않는 원칙에 대한 또 하나의 예외를 구성하게 된다.[29]

쉽게 말해 반론보도의 허위성이 그렇게까지 분명하진 않더라도, 그것이 허위임을 알고 청구하는 것이라면 역시 받아들일 수 없다는 것입니다.

다시 박청렴 시장을 불러와 봅시다. 수사를 통해 박청렴 시장의 뇌물수수 혐의가 사실로 밝혀졌고, 형사 재판으로 유죄가 확정되었습니다. 뇌물을 받지 않았다는 박청렴 시장의 명백한 거짓말, 반론보도로 실어 줘야 할까요? 뇌물수수에 대해 아직 수사가 진행 중인 상황이지만, 언론사가 취재를 통해 입수한 박청렴 시장과 공사업자의 통화 녹취를 제시했습니다. 박청렴 시장이 "이 돈 받자고 너한테 공사 계약 몰아준 게 아니다, 1억 더 내놔라"라고 한 말이 또렷하게 녹음되어 있네요. 뻔히 거짓말임을 알면서도 결백하다는 반론을 실어달라는 박청렴 시장의 청구, 받아줘야 할까요? 길게 생각하지 않아도, 이런 반론을 실을 필요가 없다는 점은 분명히 알 수 있습니다.

판결 사례 하나를 더 살펴보죠. MBC는 심층 보도 프로그램 《탐사기획 스트레이트》에서 '폭식 투쟁'에 관해 보도했습니다. 세월호 특별법 제정을 촉구하던 세월호 유가족과 시민들의 단식 농성장 앞에서 치킨, 피자 등을 먹는 방식의 집회가 벌어졌던 사안을 다루었는데, 방송 중 '폭식 투쟁'을 주도했다고 알려진 사람과 C가 함께 연단에 서 있는 모습을 비췄습니다.

이에 대해 C는 "폭식 투쟁 집회 당시 시민단체 대표가 새로운 형식의 콘서트를 한다고 해서 공연 티켓을 나눠주고, 노래 몇 곡을 부른 것이 전부였을 뿐이다. 집회를 주도하거나 세월호 유가족을 폄훼하는 행동을 전혀 하지 않았고, 보도에 나온 폭식 투쟁 내용과 전혀 관련이 없다"라는 요지의 반론보도를 실어야 한다고 주장했습니다. 법원은 이런 반론보도내용은 허위일 뿐만 아니라 그 허위성에 대해 C가 몰랐을 수 없으므로, 청구를 받아들일 수 없다고 판단했습니다. C가 '폭식 투쟁' 집회 참석 이전에 그 취지에 공감해 동참한다는 내용의 SNS를 올렸고, 이후 자신의 집회 참가 및 후원 사실을 밝히면서 계속될 폭식 투쟁에 참여할 것을 독려하기도 했으며, 한 인터넷 방송 인터뷰에서 앞으로의 집회 방향까지 제언했다는 사실이 재판 과정에서 밝혀졌기 때문입니다.[30]

② 누가 언제까지 청구할 수 있을까?

기사 보도를 안 날로부터 3개월 이내면서, 보도가 있은 날로부터 6개월 이내에 할 수 있습니다. 다만 기사가 명예를 훼손하는 내용이라면, 보도를 안 날로부터 3년 이내면서, 보도가 있은 날로부터 10년 이내에 할 수 있습니다. 기사 내용과 직접적인 연관성이 있는 피해자가 청구할 수 있고, 법인, 단체, 지방자치단체나 행정부처 그 산하기관도 가능합니다.

언론중재법의 반론보도 청구 규정은 기본적으로 정정보도 청구를 준용합니다. '허위성' 차이 외에는 법리에 큰 차이가 없습니다. 따라서 반론보도를 언제까지, 누가 청구할 수 있는지는 정정보도의 그것과 같다고 생각하면 됩니다.

한 가지 더, 이런 경우를 생각해 보겠습니다. 뇌물수수 의혹 보도의 주인공 박청렴 시장은 언론사를 대상으로 법원에 정정보도 청구를 냈습니다. 언론중재법이 정한 제소 기간도 잘 맞췄습니다. 그런데 소송을 진행하다 보니 아무래도 기사가 허위라는 걸 밝혀낼 증거가 부족합니다. 이미 기사가 나간 지는 6개월이 지난 상태, 박청렴 시장은 이미 낸 정정보도 청구를 반론보도 청구로 바꿀 수 있을까요? 아니면 정정보도 청구는 그대로 두고, 혹시 그것이 받아들여지지 않았을 때 반론보도라도 받아달라는 방식으로 (즉 예비적 청구 방식으로) 반론보도 청구를 추가로 제기할 수 있을까요?

답은 '모두 가능하다'입니다. 언론중재법은 피해자가 정정보도, 반론보도, 추후보도 청구를 병합해 제기할 수 있고, 소송 중에도 청구를 서로 변경할 수 있다고 규정합니다(제26조 제2항). 또한, 법원은 정정보도 청구를 기간 안에 맞게 했다면, 이후 그것을 반론보도 청구로 바꾸거나 추가해도 아무 문제 없다고 보고 있습니다. 정정보도 청구는 그 성질상 반론보도 청구를 포함한다는 입장이기 때문입니다.[31]

더 나아가 법원은 정정, 반론, 추후보도 청구를 서로 변경할 수 있다는 의미를, 청구로 구하는 내용을 변경하는 것도 가능하다는 의미로 보고 있습니다. 권리 구제를 위해 해석을 더 넓혀, 피해자가 구하려는 보도내용도 나중에 변경이 가능하다는 것입니다.[32]

3. 언론보도를 제한하는 기사삭제 청구, 보도금지 가처분

앞서와 같이 기사를 낸 언론사에 정정보도나 반론보도를 싣게 해 피해를 회복하는 방안도 중요하지만, 문제의 기사가 더 이상 사람들에게 알려지지 않도록 막는 방안도 필요합니다. 정정보도나 반론보도는 내게 유리한 반대 정보를 알릴 수 있어 유익하지만, 다시 세간의 이목을 집중시킬 거란 부담을 느낄 수도 있습니다. 이럴 때는 현재 게시된 기사를 신속하게 삭제할 필요가 있습니다. 기사가 아직 나가기 전이라면 어떨까요? 내 인격권을 침해할 보도가 곧 나갈 예정이라면, 사전에 그런 보도가 이루어지지 않도록 막는 것이 권리 구제에 효과적일 것입니다.

우리 대법원은 1996년 판결을 통해 인격권에 기한 금지 청구, 즉 명예 등 인격권을 침해했을 때 이를 막도록 하는 청구를 인정하였습니다.[33] 또 2005년에는 출판물의 인격권 침해와 관련하여 발행과 판매를 사전에 금지하는 청구를 인정했습니다.[34] 아울러 2013년 언론보도 상대방에게 기사삭제 청구권을 인정하는 최초의 판시를 통해, 언론보도에 대한 효과적인 사후 구제 수단의 존재를 분명히 했습니다.[35] 「언론중재법」 역시 제30조 제3항에서 피해자의 인격권을 침해하거나 명백히 침해할 우려가 있는 기사에 대한 사전적·사후적 금지 청구를 모두 인정하고 있습니다.[36]

기사삭제 청구는 법원에 소송으로 제기할 수 있으며, 언론중재위원회에 조정 신청을 통해서도 많이 이뤄집니다. 사전적인 보도금지의 경우 신속한 목적 달성을 위해 가처분 형태의 소송으로 대부분 신청됩니다. 기사를 없앨 수 있는 가장 직접적인 수단인 기사삭제 청구권, 사전 예방책으로서의 보도금지 가처분에 대해 알아봅시다.

⨀ 기사를 내리게 할 수 있을까?

> 기사가 진실이 아니거나 공공의 이해에 관한 사항이 아닐 때, 그리고 내 명예가
> 분명하고 심각하게 침해되고 있을 때 가능합니다. 설령 기사 내용이 진실이라고
> 믿을 만한 충분한 이유가 언론사에 있었더라도, 여전히 가능합니다.

　대법원은 인격적 가치인 명예를 위법하게 침해당한 사람은 손해배상(「민
법」 제751조), 명예를 회복하기 위한 처분(「민법」 제764조)뿐 아니라, 가해자
가 현재 침해행위와 앞으로의 침해행위를 하지 못하도록 금지 청구를 할 수
있다고 보았습니다.[37]

　나아가 기사삭제 청구의 판단 기준을 다음과 같이 밝히고 있습니다.

> 인격권 침해를 이유로 한 방해배제청구권으로서 기사삭제 청구의 당부를 판단
> 함에 있어서는 그 표현내용이 진실이 아니거나 공공의 이해에 관한 사항이 아닌
> 기사로 인해 현재 원고의 명예가 중대하고 현저하게 침해받고 있는 상태에 있는
> 지 여부를 언론의 자유와 인격권이라는 두 가치를 비교 · 형량하여야 한다.[38]

　쉽게 말해, 기사삭제 청구는 진실이 아니거나 공공의 이해와 관련이 없는
기사가 내 명예를 분명하고 심각하게 침해하고 있을 때 받아들여질 수 있습
니다. 여기서 기사가 명예를 침해하고 있는지 판단할 때, 과연 이 기사가 나의
인격권을 얼마나 많이 침해하는지, 혹은 침해하더라도 그것이 언론의 자유
보장을 위해 지켜 줘야 할 큰 공익성을 지닌 것은 아닌지를 살펴봐야 합니다.

　우리 법은 진실한 사실, 또는 진실하지 않은 사실을 알려 명예를 훼손한 자
를 형사상 명예훼손죄로 처벌하며,[39] 민사상 손해배상 책임도 지우고 있습니

다. 단, 명예 훼손한 내용이 진실이고 오로지 공공의 이익에 관한 것이라면 위법하지 않다고 보아 책임을 지우지 않습니다.[40] 법원은 여기서 한 걸음 더 나아가 설령 그 내용이 진실이라는 게 밝혀지지 않았더라도, 그 행위자가 진실이라고 믿으며 또 그렇게 믿을 만한 상당한 이유가 있었다면, 마찬가지로 위법하지 않다고 봅니다.[41] 즉, 언론의 명예훼손적인 어떤 기사가 허위일지라도, 그것이 충실한 취재 결과로서 누구든 진실로 믿을 만한 근거에 따라 쓴 것이었다면, 법적 책임을 묻지 않습니다. 어떻게 보면 진실이 아닌 기사의 명예훼손 책임에 대해 예외를 둔 것이지요.

하지만 기사삭제 청구의 경우에는 이런 예외가 인정되지 않습니다. 즉, 누구나 진실로 믿을 만한 취재 근거에 따라 공익적인 기사를 쓴 언론사는 (혹은 기자는) 형벌을 받거나 손해배상 책임을 지진 않지만, 기사삭제 책임까지 면하는 건 아닙니다. 법원은 이에 대해 아래와 같이 명확히 밝힌 바 있습니다.

> 기사삭제 청구의 당부를 판단할 때는 […] 피고가 그 기사가 진실이라고 믿은 데 상당한 이유가 있었다는 등의 사정은 형사상 명예훼손죄나 민사상 손해배상책임을 부정하는 사유는 될지언정 기사삭제를 구하는 방해배제청구권을 저지하는 사유로는 될 수 없다.[42]

지금까지 기사삭제 청구가 가능한 경우를 살펴봤지만, 사실 기준이 추상적이고 세세한 규정이 있는 것도 아니라 다소 어렵게 느껴집니다. 이럴 때는 다수의 실제 판결 사례를 살펴보는 게 도움이 됩니다.

JTBC는 《뉴스룸》 등 보도 프로그램에서 A 공기업이 부실한 개발 사업 투자로 막대한 부채를 떠안았고, 국민 부담으로 이어지는 이 부실 사업에 대해 아무도 책임지지 않았다고 보도했습니다. 또한 정작 위 사업을 밀어붙인 B

사장은 유관 민간 기업 계열사 임원으로 재직하고 있다고도 전했습니다. 법원(1심)은 B 사장의 기사삭제 청구에 대해 원고의 명예가 기사를 삭제할 정도로 중대하고 현저하게 침해받았다고 보기 어렵다고 판단했습니다. 구체적으로 JTBC가 보도한 일련의 기사는 A 공기업의 부실 투자가 전 국민의 부담이 되는 국가부채로 이어지는 상황에서 누구 하나 책임지는 사람이 없다는 점을 비판하기 위한 보도, 즉 공기업과 정부에 경각심을 일깨우고자 한 공공의 이해에 관한 보도라고 보았습니다.[43]

《시사저널》은 관광지 X가 친일파 C로부터 상속받은 재산으로 형성된 친일 재산임에도 그 소유자가 법인화되어 현행법상 국가에 귀속시킬 수 없다는 내용의 기사를 보도하였습니다. 이에 대해 X를 소유하고 운영하던 D 회사가 기사삭제 청구 등 소송을 제기하였는데요, 법원은 증거 및 여타 사정을 살펴본 결과 관광지 X는 친일파 C의 후손이 직접 모은 재산으로 매입한 것이지 상속받은 재산으로 매입했다고 보긴 어렵다고 하면서, 기사삭제 청구를 받아들였습니다. 이 소송에서 언론사 측은 관련 당사자들에 대한 취재를 통해 보도가 이루어졌기 때문에 보도한 내용을 진실로 믿을 만한 상당한 이유가 있다고 주장하기도 했습니다. 그러나 법원은 앞서 살펴본 이유로 그것이 기사삭제 청구를 저지할 수 없다고 판단했습니다.[44]

KBS는 시사 프로그램 《제보자들》에서 ① 형제인 군인 E와 F가 군 병원의 잘못된 초기 조치로 병을 키웠으며, ② 민간 병원 진료비를 환자 보호자가 모두 자비로 부담해야 했고, ③ E는 항생제 부작용과 쇼크 상태를 겪은 지 두 시간이 넘어서야 군의관에게 진료받았다는 내용을 보도했습니다. 이에 대해 국방부는 정정보도와 방송 다시보기 서비스 중단(기사삭제)을 청구하였는데요. 법원은 ①은 보도가 다소 과장된 측면이 있지만 중요 부분이 허위라고 볼 수 없다고 했습니다. 그러나 ②는 국방부가 진료비를 지급할 수 있다는 통지 및 일부 진료비에 대한 지원을 제안했던 점 등을 근거로 허위로 보았습니다. 또한 ③은 E가 항생제를 투약받거나 쇼크에 이른 사실이 없어 허위로 봤습니다. 즉, ②와 ③ 일부에 대해 정정보도를 인정한 것입니다.

하지만 법원은 허위 보도가 일부 인정된 이 프로그램에 대해 다시보기 중단 청구는 인정하지 않았습니다. 판단 이유를 요약하면, △ 해당 방송은 공적인 관심사에 대한 문제 제기와 비판으로서 널리 허용되어야 하는 것이고 △ 허위 부분이 사소한 내용은 아니나 방송의 본질적이고 핵심적인 내용까지는 아니므로 방송 전체의 다시보기를 중단하면 자칫 언론의 자유를 과도하게 제한할 수 있으며 △ 정정보도문이 게재되면 허위 부분만 삭제하는 것과 비슷한 효과가 있기에 다시보기를 중단하지 않더라도 명예회복, 명예훼손 예방이 가능하다는 것이었습니다.[45]

《뉴시스》는 의정부 지방검찰청 구내식당 업체 변경 및 선정 과정에서 검찰 간부의 권한 남용, 부당한 영향력 행사가 있었다는 주제의 보도를 실었습니다. 이에 대해 의정부 지방검찰청 등은 정정보도, 반론보도, 기사삭제, 손해배상을 청구하였습니다. 법원은 특정인이 사업자 선정에 영향력을 행사할 수 없고, 구내식당 업체에 매출 인상 특혜를 제공하지 않았다는 내용 등의 정정보도를 인정했습니다. 아울러 일부 반론보도를 비롯해 손해배상까지 받아들였습니다. 그러나 기사삭제 청구는 받아들이지 않았는데요, 그 이유로 △ 기사가 공직자의 도덕성과 업무 처리를 감시, 견제하려는 공공의 이해에 관한 사항을 내용으로 하는 점, △ 반론 및 정정보도를 통해 독자에게 올바른 판단 기회를 제공할 수 있으므로 의혹 제기로 인한 인격권 침해가 회복될 수 있을 것으로 보이는 점 등을 들었습니다. 즉 명예훼손적인 내용이 있긴 하나 이는 공공 이해에 관한 보도로, 판결을 통해 정정과 반론이 충분히 이루어진다면 침해된 인격권의 회복을 기대할 수 있는 것입니다. 기사를 삭제할 정도로 인격권 침해가 중대하지는 않다고 본 것이죠[46]

인터넷 기사를 삭제할 때는 정보통신망법이 규정하는 삭제요청 등을 이용할 수 있습니다. 기사, 혹은 인터넷 게시물로 인해 사생활 침해나 명예훼손 등 권리 침해가 발생한다면 피해자는 정보통신서비스 제공자에게 침해 사실을 소명해 삭제나 반박 내용의 게재를 요청할 수 있습니다(제44조의2 제1항). 요청 시 정보통신서비스 제공자는 삭제 등 필요한 조치를 해야 하는데, 만약 침해 판단이 어렵거나 이해 당사자 간 다툼이 예상된다면 게시물을 (30일 이내에서) 잠시 삭제해 두는 등 임시 조치를 할 수 있습니다(제44조의2 제2항, 제4항). 피해자는 이 법 규정에 따라 게시물 게재 사이트, 특히 포털 사이트에 삭제를 요청할 수 있습니다. 다만 조치를 하지 않은 정보통신서비스 제공자에게 바로 벌칙이 부과되는 것은 아니고,[47] 임시 조치가 취해질 때가 많아 궁극적인 해결 방안으로 보기에는 다소 무리가 있습니다.

⑩ 기사가 나오기 전에 막을 수 있을까?

기사가 진실이 아니거나 공공의 이해에 관한 사항이 아닐 때, 피해자에게 분명하고 심각하게 회복하기 어려운 손해를 입힐 우려가 있을 때 가능합니다. 보도금지 가처분은 기사삭제 청구보다, 일반적인 다른 가처분보다 더 엄격한 기준으로 판단합니다.

기사가 난 후 정정, 반론을 구하거나 삭제하는 것도 유효한 구제책일 수 있지만, 한 걸음 앞서 기사를 내지 못하도록 막는 것이 더 효과적일 것입니다. 그러나 기사에 대한 사전 금지는 기사의 삭제보다 더 신중하게 접근할 필요가 있습니다.

우리 헌법은 표현의 자유를 보장하고, 검열을 금지합니다(제21조 제2항). 기사삭제가 말은 하되 그 흔적을 지우는 것이라면, 기사의 사전 금지는 앞으로 하려던 말 자체를 미리 틀어 막아버리는 것입니다. 자칫 헌법이 보장하는 표현의 자유를 크게 위축시킬 수 있으며, 남용된다면 사전 검열과 비슷한 기능까지 할 위험이 있습니다. 그래서 법원은 원칙적으로 기사를 사전에 막는 방식의 금지 청구를 허용하지 않습니다.

> 표현행위에 대한 사전억제는 표현의 자유를 보장하고 검열을 금지하는 헌법 제21조 제2항의 취지에 비추어 엄격하고 명확한 요건을 갖춘 경우에만 허용된다고 할 것인바, 출판물에 대한 발행·판매 등의 금지는 위와 같은 표현행위에 대한 사전억제에 해당하고, 그 대상이 종교단체에 관한 평가나 비판 등의 표현행위에 관한 것이라고 하더라도 그 표현행위에 대한 사전 금지는 원칙적으로 허용되어서는 안 될 것…[48]

다만, 뻔히 심각한 피해가 예상되는 경우까지 금지 청구를 허용하지 않는다면 피해자에게 너무나 불합리한 희생을 강요하는 꼴이 되겠죠. 헌법에 반하지 않는 아주 예외적인 경우라면 적절한 권리 구제 수단을 인정할 필요가 있습니다. 법원은 관련 내용이 허위이거나 공익 목적을 위한 것이 아니며, 피해자에게 중대하고 분명하며 회복하기 어려운 손해를 입힐 우려가 있는 경우가 그런 예외에 속한다고 밝힌 바 있습니다. 그런 표현행위는 피해자의 명예에 비해 가치가 없다는 게 명백하고, 금지로서 구제해야 할 필요성도 있다고 보아 예외적으로 사전 금지를 허용한다는 것입니다.[49]

이것만 보면 기사삭제 청구 대상과 사전 금지 청구 대상은 피해가 난 기사와 피해가 예상되는 기사라는 점 정도의 차이만 있는 것으로 오해할 수 있습니다. 그러나 사전 금지 청구는 법원에서 더 엄격하게 살펴 결정합니다. 쉽게 말해 위에 언급한 것처럼 기사로 얻을 수 있는 공익적 가치보다 피해자 명예가 중요함이 아주 분명하고, 적절한 구제 수단이 기사를 막는 것 외에는 없어

보일 정도여야 이를 허용합니다.

언론 기사는 대부분 짧은 시일 내에 보도가 이루어집니다. 따라서 사전적인 금지 청구는 대부분 가처분 형태로 이루어집니다. 가처분은 시간이 지나면 다투는 대상이 바뀌거나 급박한 위험이 예상되는 등, 본 소송에 앞서 임시로 판결을 받아야 할 때 실행됩니다.[50] 기사에 대한 사전 금지 청구를 본 소송으로 진행하면 재판이 열리기 전에 이미 기사가 나가 버리는 경우가 대부분이니, 임시로 기사를 막는 가처분 형태로 진행하는 것이죠.

가처분의 경우 본 소송보다 내 주장을 입증해야 하는 정도가 완화되며(소명), 절차 역시 신속하게 이뤄집니다. 보도금지 가처분은 보통 며칠 내 법원 심문이 잡히고 결정이 내려지는데, 아주 빠를 때는 접수 다음 날 결정이 내려지는 경우도 있습니다. 다만 앞서 언급한 것처럼 표현행위를 사전에 억제한다는 중대성이 있는 만큼, 보도금지 가처분은 다른 가처분보다 법원이 더 신중하게 결정을 내립니다.[51]

보도금지 가처분에 대한 법원의 판단 기준 역시 구체적이지는 않습니다. 기사삭제나 다른 가처분에 비해 법원이 더 엄격하게 살펴본다는 점, 그렇기에 인정되기가 더 쉽지 않다는 점 정도를 잘 새겨 두시면 좋을 듯합니다. 아래 실제 판결 사례를 봅니다. 기사에서 범위를 넓혀 시사보도, 탐사보도 형식의 영화까지 살펴보면 더 이해에 도움이 될 것 같습니다.

KBS는 탐사보도 프로그램《추적 60분》에서 백혈병 고액 진료비에 대한 보도를 예정하고 있었습니다. 서울에 있는 한 종합병원이 건강보험심사평가원의 환급 결정에 따라 백혈병 환자들에게 '임의비급여'라는 항목의 치료비 중 일부를 반환한 사례를 소개하면서, 건강보험제도를 둘러싼 의료 체계의 문제점을 지적하는 내용이었는데요, 보도내용과 관련 있는 한 협회는 해당 프로그램 방영 이전에 방송금지 가처분을 신청했습니다. 임의비급여 문제는 제한적인 의료 행위만을 보험 급여 대상으로 인정하는 보험 급여 심사 기준 및 보험 재정 부족에서 비롯한 것인데, 방송은 이를 마치 진료비 과다 청구의 문제인 것처럼 보도할 예정이란 이유였습니다.

법원은 이 가처분 신청을 받아들이지 않았습니다. △ 해당 보도는 제보의 신빙성을 확인하며 작성된 점, △ 의료기관이나 의사의 과다 청구를 지적하는 의도만이 아니라 보험 급여 기준 문제 때문에 효율적인 의료 행위가 제한된다는 의료 체계 문제점을 다각도로 지적한다는 점, △ 의료기관, 건강보험 급여 운용기관 등의 입장을 대변하는 사람들을 인터뷰하여 그들의 주장을 담은 점, △ 보도내용이 공공의 이해에 관한 사항이고 이런 의료 실태 문제점을 지적하는 보도만으로 신청인(보도내용과 관련한 협회)의 명예, 신용이 훼손된다고 보기 어려운 점, △ 언론기관의 방송의 자유는 중요한 헌법상 권리로서 최대한 보장되어야 하는 점 등을 고려해 내린 판단이었습니다.[52]

영화 제작사 G는 천안함 사건 관련, 천안함이 북한 어뢰에 피격당해 침몰했다는 민·군 합동 조사단의 공식 조사 결과에 의혹을 제기하는 취지의 다큐멘터리를 제작하였습니다. 이에 대해 천안함 사건 순직 군인의 유족 등이 상영금지 가처분을 제기하였지만, 법원은 이 신청을 받아들이지 않았습니다. 그러면서 △ 영화의 제작 의도가 의혹 제기 자체를 금기시하고 막기보다는 의혹 제기를 허용하고 투명하게 논의하는 것이 필요하다는 데 있는 것으로 보이며, △ 천안함 사건은 극도로 공적인 영역에 속하는 사안이며 신청인들의 행동을 재연하거나 이름을 언급하는 내용이 없는 등 개인 명예를 직접 훼손하는 내용을 담았다고 단정하기 어려운 점, △ 영화에서 제기한 의혹들은 이미 소개된 적이 있는 것들로, 합동 조사단의 조사 결과에 대해서는 KBS 시사 프로그램에서도 검증이 필요한 부분이 있다는 취지의 보도가 있었던 점 등을 이유로 들었습니다. 즉 천안함 사건의 원인을 둘러싼 혼란이 생길 우려가 있긴 하나 그 때문에 신청인들의 명예가 회복할 수 없을 정도로 중대하고 명백하게 훼손된다고 보긴 어렵다는 판단을 내린 것이죠. 표현행위의 사전억제를 제한적으로만 허용한다는 입장에서, 당시의 사회적 흐름이나 시대적 논의, 영화의 전체적인 의도와 주제를 종합적으로 고려한 결론으로 볼 수 있겠습니다.[53]

4. 과거를 바로잡는 추후보도 청구, 그리고 잊힐 권리

언론에 보도된 범죄 혐의가 나중에 사실무근으로 밝혀졌다면, 이를 다시 언론을 통해 널리 알릴 필요가 있습니다. 범죄 혐의에 대해 수사나 재판이 진행 중인 상태에서는 언론사의 정정보도를 받아내기가 쉽지 않습니다. 정정보도 여부를 판단하는 법원도 언론의 보도가 허위인지 아닌지 명확히 결론을 내리기 어렵기 때문입니다. 수사나 재판이 짧게 끝나는 것도 아니기에, 결과가 난 후에는 이미 정정보도 청구 기간을 훌쩍 넘겨 버리는 경우가 많습니다. 이럴 때를 대비해 법은 나중에라도 죄가 없다는 결론을 알릴 수 있도록 일정한 청구 기간을 두어 추후보도 청구권을 보장하고 있습니다.

그렇다면 추후보도 청구 기간까지 놓쳐 버렸을 때는 어떻게 될까요? 과거의 기사에 대해 삭제라도 청구할 수 있는 것일까요? 혹은 만약 내가 실제 범죄 행위를 한 게 사실이라면, 그 경우에도 기사를 삭제할 수 있도록 해야 할까요? 오래된 기사에 대해 생각해 볼 수 있는 이 두 가지 권리에 대해 조금 더 자세히 살펴봅시다.

⑦ 추후보도 청구, 어떤 경우에 언제까지 청구할 수 있을까?

범죄 혐의가 있거나 형사 조치를 받았다고 보도되었으며, 무죄 또는 무혐의가 밝혀져 모든 절차가 끝났을 경우 가능합니다. 단, 절차가 종료되었음을 안 날로부터 3개월 이내에 청구해야 합니다.

「언론중재법」은 "언론 등에 의하여 범죄 혐의가 있거나 형사상의 조치를 받았다고 보도 또는 공표된 자는 그에 대한 형사 절차가 무죄 판결 또는 이와 동등한 형태로 종결되었을 때" 추후보도 청구가 가능하다고 규정합니다(제 17조 1항).

여기서 '형사상의 조치'는 수사기관에서 통상 진행하는 내사와 입건, 그 과정에서의 체포, 구금, 영장 발부, 나아가 기소, 재판뿐 아니라 고소, 고발 등 형사 절차상 표현될 수 있는 조치 대부분을 포함합니다. 단, 그 대상은 어디까지나 범죄, 형사상 조치 관련 보도이므로, 민사 문제인 과태료나 불법행위, 행정상 처분에 관한 보도는 해당하지 않습니다. 그리고 "형사 절차가 무죄 판결 또는 이와 동등한 형태로 종결되었을 때"란, 관련 보도내용이 진실이 아님이 법원의 무죄 판결, 검사의 무혐의 처분 등을 통해 밝혀졌을 때를 의미합니다.[54] 또한, 아직 최종 판단이 내려지지 않은 상태, 예를 들어 항소 중이거나 검사 처분에 대한 항고 등이 진행 중이라면 추후보도 청구는 받아들여지기 어렵습니다.

정리하자면, 추후보도 청구는 수사나 재판을 통해 형사 범죄 행위가 없었다는 최종 결론이 내려졌을 때, 그 범죄를 보도했던 언론 기사를 대상으로 청구할 수 있는 것입니다.

추후보도는 청구하는 사람의 명예와 권리 회복에 필요한 설명이나 해명을 함께 실어야 하며(「언론중재법」제17조 제2항), 정정보도나 반론보도와 마찬가지로 △ 상업적인 광고 목적의 내용, △ 위법한 내용, △ 이미 언론사가 무죄(무혐의)를 알린 내용, △ 명백히 진실이 아닌 내용을 싣는 것은 불가능합니다.

예를 하나 봅시다. 《일요 서울》은 국회의원 당내 경선 후보자로 출마한 A에 대해 공직선거법 위반 혐의로 검찰이 수사에 착수했다고 보도했는데, 이후 수사기관은 A에 대한 고발을 각하하거나 진정 사건에 대해 혐의없음을 이유로 내사를 종결했습니다. A는 추후보도 청구를 제기했으나, 법원은 이를 받아들이지 않았습니다. 언론사가 이미 자발적으로 무혐의 처분을 알리는 후속 보도를 냈다는 이유였습니다.[55]

JTBC는 수영장 여자 탈의실에 카메라를 설치해 촬영한 혐의를 받았다가 재판을 통해 무죄가 확정된 C와 관련하여, 선수 관리 기관이 피해자들의 분리 조치를 제대로 취하지 않고 있다는 D의 인터뷰를 방송했습니다. 이에 대해 C가 추후보도를 청구했지만, 법원은 이를 받아들이지 않았습니다. 해당 인터뷰는 주로 선수 관리 기관에 대한 비판 의견을 담고 있으며, 기사에는 C가 불법 촬영을 부인하고 있다는 점, 형사 항소심에서 무죄 판결을 받은 사실도 포함되어 있음을 이유로 들었습니다.[56]

이러한 추후보도는 무죄 또는 무혐의가 밝혀져 사건이 종결된 사실을 안 날로부터 3개월 이내에 청구할 수 있습니다. 보통은 형사 재판 무죄 판결문을 송달받은 날, 경찰의 불송치 결정 (또는 검찰의 불기소 결정) 통지를 받은 날 사건 종결을 알았다고 볼 수 있겠습니다. 다음은 실제 추후보도문 사례입니다.

《헤럴드경제》의 추후보도[57]

본 방송은 지난 2012년 4월 25일〈교통사고 위장한 형제 보험사기단 검거〉제목의 기사에서 고의로 교통사고를 내고 수억 원을 뜯어낸 형제 보험사기단이 경찰에 붙잡혔다고 보도한 바 있습니다.

그러나 형제 중 형은 2016년 10월 28일 자로 법원에서 무죄가 확정되었으며, 동생은 재판이 진행 중임을 알려드립니다.

이 보도는 언론중재위원회의 조정에 따른 것입니다.

《MBN 뉴스》의 추후보도 화면과 내용[58]

⑦ 언론에서 영영 잊히기, 가능할까?

아직 명확한 정의가 있는 것은 아니지만, '잊힐 권리'는 "개인 정보가 적법한 목적을 위하여 더 이상 필요하지 않게 되었을 때 해당 정보의 인터넷 유통을 제한 또는 차단할 수 있는 권리"로 이야기됩니다.[59]

한 가지 예를 들어봅시다. 평소 포털 검색 사이트를 통해 기사를 자주 찾아보던 박이칠 씨, 어느 날 호기심에 자기 이름을 포털 검색 창에 넣어 보았습니다. 검색 결과를 보던 중, 12년 전 자신의 부동산에 대해 신문에서 올라왔

었던 강제경매 공고가 아직도 링크되어 볼 수 있단 걸 발견했네요. 경매도 예전에 끝난 마당에 기사가 계속 검색되는 게 탐탁지 않았던 박이칠 씨, 관련 기사를 지우고 포털 사이트의 검색 결과도 안 나오도록 할 수 있을까요?

실제 이런 사례가 스페인에서 있었습니다. 이에 대한 유럽연합 사법재판소(CJEU)의 판단은, 과거엔 적법하게 처리된 정보라 할지라도 시간이 흘러 관련성이 없어지는 등 그 정보가 더는 필요하지 않게 되었다면 검색 엔진(이 경우에는 구글) 리스트에서 이를 삭제할 수 있다는 것이었습니다.[60] 이는 '잊힐 권리right to be forgotten'를 인정한 최초의 판결로 평가되며, 이후 유럽연합은 일반 데이터 보호 규칙General Data Protection Regulation(GDPR) 제17조에 삭제권('잊힐 권리')을 규정하기에 이르렀습니다.[61]

우리는 어떨까요? 우리 법은 잊힐 권리를 본격적으로 도입하고 있지 않습니다. 법원 역시 아래와 같이 밝히는 등, 해당 권리를 전면적으로 인정하는 판결을 내린 적은 없습니다.

> 피고인들 및 변호인들의 주장은 최근 들어 논의되고 있는 '잊힐 권리'와 관련하여 경청할 필요가 있는 것은 사실이나, 이와 같은 '잊힐 권리'가 법률상 도입되어 권리의 주체 및 내용 등이 구체적으로 정해지지 아니한 이상, 이를 이유로 위 빅데이터 업체들이 트위터를 탈퇴한 사용자의 트위터 정보를 보관하는 행위가 위법하다고 평가할 수는 없다.[62]

개인 정보의 범위에서 살펴도 이러한 것인바, 언론 기사로 범위를 좁히더라도 잊힐 권리가 아직 받아들여지기 어렵다는 점을 알 수 있습니다. 앞서 유럽연합 사법재판소의 결론 역시 검색 결과의 삭제 청구는 인정될 수 있지만 경매 공고가 나온 원래의 신문 기사 자체는 삭제할 수 없다는 것이었습니다.

보통 잊힐 권리와 관련해 이야기되는 기사는 범죄 기사가 많습니다. 보도 당시에는 문제없는 적법한 기사였더라도 당사자가 평생 그것을 마주하며, 사람들에게 공개된 채로 살아야 하는 것인지, 범죄자라는 사실이 인터넷에 영원히 박제되어야만 하는 것인지, 고민해야 할 문제입니다. 언론 기사는 보도 대상인 사실 자체를 전달하는 정보로서 의미를 지니며, 역사적인 기록으로서의 가치도 갖고 있습니다. 범죄 보도라면 시간이 지나도 대중에게 경각심을 주거나 연구 혹은 평가의 대상이 되는 등, 공익적인 가치가 있을 것입니다. 끔찍한 범죄를 저지른 자가 모든 언론 기사를 지워 자기 흔적을 모두 지워 버리는 게 과연 옳은 일일지 생각해 볼 필요도 있습니다.

잊힐 권리가 인정되기까지는 아직 사회적 논의가 많이 남은 듯합니다. 특히 언론 기사라면 더 신중한 접근이 필요하겠습니다. 법이 이를 도입하거나 명확한 판결이 내려지기 전까지는, 현실적으로 자신의 피해 사정을 전달해 언론사나 포털에 삭제를 요청하는 방안에 기댈 수밖에 없습니다.

언론을 상대하는 법

⋮

인격권을 침해하는 기사 상대하기

1. 나의 평판을 떨어뜨리는 명예훼손과 모욕

언론 기사가 단순히 사실관계가 틀리는 것을 넘어 내 사회적인 평가를 떨어뜨릴 때가 있습니다. 수위가 심한 기사의 경멸감을 느끼는 표현 때문에 감정이 크게 상할 때도 있습니다. 이런 기사들은 단순히 사실관계를 교정하거나 인터넷에서 삭제한다고 해서 피해가 적절히 회복했다고 보긴 어려울 것입니다.

우리 법은 다른 사람의 명예를 훼손하거나 모욕한 자에 대해 명예훼손죄(「형법」 제307조), 모욕죄(「형법」 제311조) 등 형사책임을 지우며 민사상 손해배상 책임 역시 지도록 하고 있습니다. 언론도 마찬가지입니다. 명예를 훼손하거나 모욕적인 기사를 작성한 언론사, 기자는 민·형사상 책임을 질 수 있습니다.

그러나 우리 사회에 유익한 공익적인 목적의 기사도 분명 존재합니다. 만약 누군가의 명예를 훼손한다는 이유로 모든 기사에 무거운 민·형사 책임을 지운다면, 어떤 기자도 진실을 파헤치고 사회의 어두운 면을 밝히는 기사를 쓰려 들지 않을 것입니다. 범죄자의 명예가 훼손되더라도 'n번방'의 실체는 드러나야 하고, '정인이 사건'은 알려져야 합니다. 사회에 큰 영향력을 미치는 공인에 관한 기사라면 더욱 보도할 가치가 있을 것입니다. 그래서 법은 공익 목적의 진실한 기사, 진실이 아니어도 상당한 사실 확인의 노력을 기울인 기사에는 책임을 묻지 않습니다.

우리가 문제 삼고자 하는 기사는 이처럼 사회를 밝히는 기사가 결코 아닙니다. 공익을 위하지 않는데도 나에 대한 허위 사실을 말하는 기사, 제대로 된 사실 확인도 하지 않은 채 '아니면 말고' 식으로 작성된 무책임한 기사, 도 넘은 경멸조의 표현으로 내 인격을 무너뜨리는 기사, 이들에게는 법에 따른 응당한 책임을 지워야 하고 그로부터 입은 나의 피해도 분명히 회복해야 합니다.

명예훼손, 그리고 모욕. 언론 기사로 자주 발생하게 되는 쟁점인 만큼 현명한 대처를 위해 꼼꼼히 알아봅시다.

⑦ 기사의 명예훼손 여부, 기준이 무엇일까?

기사가 진실이든 허위든, 나를 특정해서 사회적 평가를 떨어뜨리는 사실을 담았다면 명예를 훼손했다고 봅니다.

먼저, 명예훼손이 되기 위해서는 보도하는 대상이 '특정'되어야 합니다. 즉, 기사에서 얘기하고 있는 대상이 '나'라는 게 드러나 있어야 합니다. 평생 명예로운 삶을 살아온 의사 최명예 씨. 명예병원 원장인 그는 어느 날 아침 신문을 보다가 뒷목을 잡고 쓰러질 뻔했습니다. "서울 소재 병원 원장인 최 모

씨가 환자들에게 치료받지 않은 내역의 막대한 진료비를 청구하고 있다"라는 내용의 기사가 ○○일보에 실린 것이었습니다. 그는 기사 하단부에서 며칠 전 자신에게 찾아와 이것저것 질문을 던진 홍길동 기자의 이름을 확인했고, 그 순간 해당 기사가 자신에 관한 것임을 알게 되었습니다. 하지만 허위 진료비 청구는 사실무근이었습니다. 최명예 씨는 ○○일보, 그리고 홍길동 기자에게 명예훼손에 따른 법적 책임을 물을 수 있을까요?

기사에 나온 정보가 저게 전부라면, 최명예 씨의 청구는 받아들여지기 어렵습니다. 법에서 보호하고자 하는 명예는 외적 명예, 즉 나의 내면이 아닌 외부에서 나를 바라보고 평가하는 부분에 대한 것입니다. 이 기사를 보고 "서울 소재 병원 원장인 최 모 씨"가 최명예 원장인 걸 아무도 모른다면, 최 원장의 속은 탈지언정 외부에서 그를 보는 시선은 변화가 없습니다. 서울 소재 병원에 최씨 성을 가진 병원장은 아주 많습니다. 기사에서 '최명예 씨'를 특정하지 않은 이상, 위법한 기사라 하긴 어렵습니다.

그렇다면, 기사에 "최 모 원장(56)은 서초구에서만 21년 동안 모 병원을 운영하며 지역 노인들을 위한 무료 진료 봉사 활동을 하기도 했다"란 내용도 들어가 있으면 어떨까요? 방송 뉴스에서 이를 보도하며 약간 흐릿하게 처리된 명예병원 간판과 건물 외관을 내보냈다면 어떨까요? 그래도 '최 모 원장'이 누군지 모르는 사람도 물론 있겠지만, 명예훼손에서의 '특정'은 '모르는 사람이 있는지'가 기준이 아닙니다. 법원은 기사가 머리글자나 이니셜만 담고 있더라도, 표현 내용과 주위 사정을 종합하여 피해자 주변 사람들이 알아챌 정도면 특정이 되었다고 봅니다.[1]

최명예 원장의 지인이라면, 혹은 서초구에서 오래 거주했거나 그의 병원을 가 본 사람이라면, 위의 내용을 보고 기사가 최명예 원장에 관한 것임을 알 수 있을 겁니다. 따라서 보도 대상이 '특정'되었다고 볼 수 있습니다. 실제 법원은 "S 씨"를 지칭한 기사에 대해, 그가 특정일에 울산 대형 마트 문화센터에서 강의한다는 보도자료를 배포했다는 내용을 담았고, 당시 위 강의 정보가 다수 인터넷 매체에 게재돼있던 점에 비춰 보도 대상이 특정되었다고 판단한 바 있습니다.[2] 반면, 이니셜과 직업, 나이 정보 외 별다른 정보가 없다면 특정이 되지 않았다고 봅니다. 거짓 혼인신고와 관련한 어느 보도에서 형사 피고인을 "D모 씨(38, 피아노 강사)", 피해자를 "J모 씨"로 기재했지만, 법원은 그것만으로는 대상이 특정된다고 하기 어렵다고 보았습니다.[3]

다음으로, 어떤 기사가 명예훼손이 되려면 진실이든 허위든 사회적 가치를 깎아내리는 사실관계를 적고 있어야 합니다. 앞서 언급했듯이, 「언론중재법」은 정정보도의 대상을 "사실적 주장에 관한 언론보도"로 규정하고(제14조 제1항), 이때의 사실적 주장이란 "증거에 의하여 그 존재 여부를 판단할 수 있는 사실관계에 관한 주장"으로 정의됩니다(제2조 제14호). 명예훼손도 같습니다. 명예훼손과 관련하여 문제가 되는 기사 내용은 '사실의 적시', 즉 어떤 사실관계를 담은 부분으로, 의견이나 평가는 대상이 되지 않습니다. 구체적으로 법원은 사실의 적시에 대해 이렇게 말하고 있습니다.

> 가치판단이나 평가를 내용으로 하는 의견표현에 대치되는 개념으로서 사실의 적시 행위는 시간, 공간적으로 구체적인 과거 또는 현재의 사실관계에 관한 보고 내지 진술을 의미하는 것이며, 그의 표현내용이 증거에 의해 증명 가능한 것[4]

이는 앞서 본 정정보도 청구의 법 규정과 크게 다르지 않은 것입니다.

여기서 '사실의 적시'란 기사가 사실관계를 꼭 말이나 글로 보이게 표현해야 한다는 의미가 아닙니다. 간접적이고 우회적으로 표현하더라도 전체 취지에 비춰볼 때 그것이 어떤 사실을 암시하며, 특정인의 사회적 가치와 평가가 침해될 수 있을 만큼 구체성을 띠고 있다면, '사실 적시'를 했다고 볼 수 있습니다.

예를 들어 앞서 최명예 원장이 진료비를 허위로 청구했다고 꼭 집어 말하지 않았더라도, 진료비 청구서를 꺼내며 고통스러운 표정을 짓는 환자들의 사진이나 다른 병원에 다닐 때는 진료비가 감당할 만한 수준이었다는 인터뷰, 취재를 피하는 원장의 모습 등이 기사나 뉴스 화면에 담긴다면, 허위 진료비 청구 사실을 적시했다고 볼 수도 있는 것입니다.

제3자의 말을 빌린 방식이어도 마찬가지입니다. 소문이나 다른 이의 말을 빌려 소위 '카더라' 식으로 표현했다고 해도, 전체 취지로 볼 때 사실을 암시하는 것이라면 '사실의 적시'가 있다고 법원은 판단합니다.[5]

기사가 사회적 가치를 깎아내린다는 것, 즉 명예를 훼손한다는 것은 판단하기 크게 어렵진 않습니다. 구체적으로 어떤 기사가 나의 명예를 훼손한다는 것은, 그로 인해 나의 품성, 덕행, 명성, 신용 등 인격적 가치에 대한 사회의 평가가 떨어지는 상황, 요컨대 사람들이 나에 대해 싫은 감정을 갖게 하거나 비방, 경멸, 조롱의 대상으로 삼을 만한 내용이 보도된다는 것을 의미합니다.

이때 기사가 명예를 훼손하고 있는지는 단순히 기사 문구만을 떼놓고 살펴보지 않습니다. 앞서 정정보도와 마찬가지입니다. 일반 독자가 보통의 주의로 기사를 접한다는 전제에서, 객관적인 내용과 함께 기사에 사용된 어휘의 통상적인 의미, 기사의 전체적인 흐름, 문구의 연결 방법 등을 기준으로 판단합니다. 나아가 기사가 게재된 보다 넓은 문맥이나 배경이 되는 사회적 흐름 등도 함께 고려합니다.[6]

이렇게 누군가를 특정해서 사회적인 평가를 떨어뜨리는 내용의 보도가 있다면, 그 내용이 진실이든 허위이든 명예를 훼손했다고 봅니다. 보도내용이 진실이냐, 허위이냐는 법적 책임을 지우는 데 있어 아주 중요한 요소입니다. 우리 법은 허위 사실을 적시해 명예를 훼손한 경우를 진실을 적시한 경우보다 더 무겁게 처벌합니다.[7] 형사죄가 성립하려면 명예를 훼손하려는 고의가 있어야 하는데, 허위 사실을 적시한 명예훼손은 기자가 그 사실의 허위성을 '인식'하고 있어야 성립합니다.[8] 즉 기사 내용이 진실이 아님, 혹은 진실이 아닐 수 있음을 충분히 알았음에도 보도를 해버린 경우에 해당합니다.

가장 중요한 차이라면, 진실한 기사의 경우 그것이 오로지 공익을 위한 것이었다면 명예를 훼손했다 하더라도 위법하지 않다고 봐서 법적 책임을 묻지 않는다는 점입니다. 이어서 이 부분을 더 자세히 살펴봅시다.

지식+ 집단 명예훼손

내가 속한 어떤 집단을 언급한 기사나 보도에 대해, 개별 소속원으로서 명예 훼손을 주장하는 것도 가능합니다. 다만 그처럼 '집단 표시에 의한 명예훼손'을 주장하려면, 그 집단에 대한 표현이 곧 구성원 개개인에 대한 표현으로 여겨질 수 있을 만큼 구성원이 적거나, 주위 정황 등을 고려할 때 집단 내 개별 구성원들을 언급하는 것으로 여겨질 수 있어야만 합니다. 따라서 특정이 되었는지 살펴보는 데 있어 집단의 크기와 성격, 집단 내에서 피해자의 지위 등을 고려하게 됩니다. 법원은 "○○지방경찰청 기동수사대"라고만 표시한 방송이 수사대 소속 개별 경찰관들을 특정한 것으로 판단한 바 있는데, 이는 해당 수사대 소속 경찰의 인터뷰나 수사대로 들어가는 장면이 있는 점, 기동수사대 인원이 소수일 뿐 아니라 소속 경찰 전원이 유기적으로 협력해 조사 업무를 하는 점, 방송 내용이 전체적으로 담당 경찰관만의 이야기라기보다는 수사대 전체의 이야기로 보이는 점 등을 함께 고려해 판단한 결론이었습니다.[9]

⑫ 예외는 없을까?

진실한 내용의 공익성이 있는 기사에 대해선 명예훼손 책임을 묻지 않습니다. 또한 진실이 아닌 내용이라도, 언론이 충실한 취재를 거친 결과 그렇게 믿을 만한 이유가 있었다면, 마찬가지로 책임을 묻지 않습니다.

진실한 내용의 기사, 오로지 공익에 관한 기사라면 민사든 형사든 명예훼손 책임을 지우지 않습니다. 보도 대상의 명예가 훼손되는 면이 있더라도, 표현의 자유와 언론의 공익적 기능을 고려해 위법성이 없다고 평가하는 것이죠. 「형법」 제310조는 명예훼손 행위가 "진실한 사실로서 오로지 공공의 이익에 관한 때에는 처벌하지 아니한다"라고 명확히 규정하며, 민사상으로도 마찬가지입니다.*

이때 말하는 '진실'은 기사의 모든 부분이 진실해야 한다는 의미가 아닙니다. 정정보도 부분에서 살펴본 바와 같은 취지로, 법원은 중요한 부분이 객관적으로 맞는다면 세부적으로 약간 사실이 다르거나 과장이 있더라도 쉽게 거짓으로 판단하지 않습니다.[10]

법문에서 기사가 공익성, 즉 "오로지 공공의 이익에 관한" 것이란 요건은 객관적으로 볼 때 기사가 공익에 관한 것이어야 하며, 기자 역시 공익을 위한 목적으로 이를 작성했어야 한다는 의미입니다. '오로지'란 표현이 있긴 하지

---

* '위법성의 조각'으로 규정합니다. 이는 범죄가 성립하긴 하나 특별한 사유를 근거로 위법성을 면제하는 것을 의미합니다. 민사에 대해서도 법원은 "민사상으로 타인의 명예를 훼손하는 행위를 한 경우에도 그것이 공공의 이해에 관한 사항으로서 그 목적이 오로지 공공의 이익을 위한 것인 때에는 진실한 사실이라는 증명이 있으면 그 행위에 위법성이 없[다]"라고 판단합니다(대법원 2008다53805 판결, 2008.11.13. 선고).

만, 사적인 이익이 전혀 없어야 공익성 기사로 여겨진다는 의미는 아닙니다. 기사 작성의 주된 목적과 동기가 공익을 위한 것이라면, 부수적으로 개인의 목적이나 동기를 내포해도 무방합니다.[11]

또한 공공의 이익은 꼭 국가나 사회, 기타 일반 다수 사람 등 폭넓은 범위에 대해서만 아니라, 특정한 사회 집단이나 그 구성원들의 관심과 이익에 대한 것도 포함합니다.[12] 최명예 원장의 허위 진료비 기사가 꼭 국가 전체에 이익이어야 할 필요는 없습니다. 병원이 있는 구의 시민들이나 의료 관계자의 관심과 이익에 관한 것이라면, 충분히 그 공익성이 인정될 수 있습니다.

기사가 공익성이 있는지를 따질 때, 단순히 기사의 문구 내용만 근거로 삼지 않습니다. 법원은 그 기준을 이렇게 밝힙니다.

> 명예훼손적 표현으로 인한 피해자가 공무원 내지 공적 인물과 같은 공인公人인지 아니면 사인私人에 불과한지 여부, 그 표현이 객관적으로 국민이 알아야 할 공공성·사회성을 갖춘 공적 관심 사안에 관한 것으로 사회의 여론 형성 내지 공개토론에 기여하는 것인지 아니면 순수한 사적인 영역에 속하는 것인지 여부, 피해자가 그와 같은 명예훼손적 표현의 위험을 자초한 것인지 여부, 그리고 그 표현에 의하여 훼손되는 명예의 성격과 그 침해의 정도, 그 표현의 방법과 동기 등 제반 사정을 고려하여 판단하여야 할 것이다.[13]

즉 법원은 기사에서 적시한 사실의 내용과 성질, 상대방의 범위, 표현의 방법 등 표현 자체에 관한 제반 사정을 함께 고려하고, 그것이 훼손하거나 훼손할 수 있는 명예 침해가 어느 정도인지 비교·고려하여 공익성 여부를 결정합니다.[14] 따라서 오로지 흥미 위주로 작성된 가십성 기사, 공적 인물도 아닌 자의 내밀한 사생활에 관한 기사, 사적인 비방을 목적으로 한 과격한 표현의 기사, 소위 '카더라' 식의 표현이 난무하는 기사 등은 아무래도 명예 침해가 공익보다 더 커, 공익성을 인정받기 어려울 것입니다.

이처럼 진실한 공익적 기사에 대하여는 명예훼손의 법적 책임을 묻지 않습니다. 그렇다면, 공익적 목적으로 쓰이긴 했으나 진실이 아닌 기사는 어떨까요?

최명예 원장의 기사를 다시 봅시다. 그가 환자를 속여 허위 진료비를 청구했다는 기사 내용은 알고 보니 사실이 아니었습니다. 그런데 병원 시스템의 오류로 의도치 않게 과다한 진료비가 청구된 사례가 실제로 수십 건 있기는 했고, 홍길동 기자는 그에 관한 여러 명의 피해자와 만나기도 했습니다. 한 명예병원 직원은 "실제로는 이런 건이 더 많고, 아마 원장님도 알고 있는데 별 조치를 안 취한 것 같다"라고 인터뷰도 했습니다. 홍 기자는 최 원장에게 해명을 들으려 했지만, 취재 목적을 제대로 듣지도 않은 채 몇 달 동안 연락을 피하기만 했습니다.

이런 취재 근거에 따라 작성된 기사, 무조건 홍길동 기자와 언론사의 책임을 묻는 것은 정당해 보이지 않습니다. 그래서 법원은 상당한 취재 노력을 거쳐 보도내용을 진실이라고 믿을 만한 '상당한 이유'가 있었다면, 진실한 기사를 보도했을 경우와 동일하게 평가합니다. 즉, 민·형사 재판 모두에서 위법성이 없다는 취지의 판단을 내리고 있습니다.[15]

이때 '상당한 이유'가 가장 중요합니다. 명예훼손 관련 재판에서 많이, 또 치열하게 쟁점으로 다투어지는 부분이 바로 취재 내용을 진실이라고 믿을 만한 상당한 이유가 있었는지입니다. 만약 홍길동 기자가 진료비 청구서를 잘못 받은 단 한 명의 환자 이야기만 듣고 허위 진료비 기사를 쓴 것이라면, 결코 상당한 이유가 인정될 수 없을 것입니다. 법원은 이 판단 기준에 대하여 다음과 같이 말합니다.

적시된 사실의 내용, 진실이라고 믿게 된 근거나 자료의 확실성과 신빙성, 사실 확인의 용이성, 보도로 인한 피해자의 피해 정도 등 여러 사정을 종합하여 행위자가 보도내용의 진위 여부를 확인하기 위하여 적절하고도 충분한 조사를 다하였는가, 그 진실성이 객관적이고도 합리적인 자료나 근거에 의하여 뒷받침되는가 하는 점에 비추어 판단하여야 한다.[16]

즉 언론이 취재를 하는 데 있어 얼마나 믿을 만한 자료를 살펴본 것인지, 얼마나 많은 근거를 확인해 본 것인지, 조금만 살펴봐도 진실을 파악할 수 있는데 그마저도 안 한 것은 아닌지 등, 기자가 진실 확인을 위해 과연 얼마큼 노력을 기울였는지가 중요한 판단 근거입니다. 특히 법원은 인터넷 등 매체의 발달로 인해 근거 없거나 왜곡된 출처 불명의 정보가 전파되는 현실에서, 독자(시청자)의 현혹과 왜곡된 여론 형성을 방지할 사회적 책임이 언론에 있다는 점을 분명히 하고 있습니다. 언론이 손쉽고 부실한 몇몇 조사만을 한 채 사실을 속단해 보도했다면, 그 책임을 면하기 어렵다고 보는 것이죠.[17]

이런 법원의 태도가 잘 드러나는 실제 판결 사례들을 살펴봅시다. 영자 신문인 《코리아헤럴드》는 배우 A의 사진을 실으면서, 서울 경찰이 미국 고등학교 유학을 불법 알선하고 100억 원 이상을 챙겼다는 미확인 혐의로 유명 여배우 A를 찾고 있으며 그녀는 경찰 수사 직후 미국으로 도피했다는 내용의 보도를 했습니다. 그러나 수사 결과 A는 불법 알선에 대해 무혐의 처분을 받았고, 도피 부분도 진실이 아니었습니다.

법원은 상당한 이유가 있는지의 판단에서, △ 언론사의 유일한 취재 자료는 경찰의 보도자료뿐인데* 수사 시작 후 도피했다는 표현 등 자료에 없는

---

* 그 외 《연합통신》의 통신문, 다른 신문 기사와 방송 등을 참고하긴 했지만, 결국 보도자료를 근거로만 취재한 것으로 보았습니다.

내용을 포함하며 이를 강조, 과장해 흥미 유발 목적의 기사로 작성된 점, △ 타 언론보도를 참고했더라도 자신의 보도로 인한 책임을 면할 수는 없으며, 그 진위를 확인하기 위해 노력해야 했던 점, △ A나 업체 관계자와 접촉 시도를 했으나 방법이 부적절하거나 노력을 다하지 못해 실패하자 별다른 근거 없이 기사를 작성한 점을 들어 상당한 이유를 부정했습니다.[18]

《한겨레》는 땅콩집으로 유명한 건축가 B 씨가 불성실한 계약으로 잇달아 소송에 휘말리고 있다는 내용의 기사를 실었습니다. 이는 B 씨와 건축 계약을 맺은 후 설계, 건축 허가가 지연되어 피해가 쌓였다는 제보자 C와의 인터뷰, 해당 계약의 문제점을 지적하는 여러 건축사의 의견 등으로 구성되어 있었습니다. 법원은 이 기사가 제보자 C의 말을 인용한 것이며 설계 및 건축 허가 지연이 건축가 B의 책임이라는 단정적인 표현이 없지만, 일반 독자로서는 기사의 전체적인 취지나 어휘, 문구 연결 등에 의해 지연의 원인이 B 씨라는 인상을 강하게 받을 것이므로, 건축가 B의 귀책으로 설계와 건축 허가가 지연되었다는 사실을 적시한 것으로 보았습니다. 나아가 설계 및 건축 허가 지연의 경우 실상은 제보자 C의 반복되는 수정 요구, 그의 이익을 위한 설계 변경 때문이었기에 해당 보도내용은 허위라고 보았고, 그 외 다른 사실 적시 부분에 관하여도 허위 내용이라고 판단했습니다.

상당한 이유에 관하여, 법원은 △ 사정을 잘 아는 당사자 C가 자신에게 불리한 내용을 숨기고 제보한 것은 건축가 B에게 해를 가하려는 악의적인 목적으로 추단되는 점, △ B의 명예를 심각하게 훼손하고 사무소 운영에 지장을 줄 수 있는 내용임에도 C의 일방적인 주장에 의존했고, 다른 건축사들의 지적 역시 마찬가지인 점, △ 제보자 C가 계약 분쟁의 피해자 입장이었으므로 일방적으로 말할 가능성이 컸으므로 충실한 조사를 통해 공평한 기사를 작성했어야 하는데도 건축가 B의 반론을 충분히 다루지 않는 등 진실성 확인을 위해 적절한 취재를 하지 않은 점, △ 건축가 B 등 관계자에게 전화나 문자로 몇 차례 연락을 취했다거나 건축 관련자들에게 일반적인 답변을 들은 것만으로는 충분한 노력을 다했다고 볼 수 없는 점 등을 살펴 상당한 이유가 인정되지 않는다고 보았습니다.[19]

《뉴스 1》은 D가 소속 직원인 E에게 차량 구매비나 사고 수리비를 통해 거액의 채무를 부담시킨 다음, 이를 E의 급여에서 공제해 급여를 지급하지 않는 등 부당한 대우를 했다는 취지의 기사를 보도했습니다. 법원은 이 기사의 여러 구체적인 내용 중 ① D가 회사 소유 차를 E에게 지입차라고 속여 구입비 상당의 채무를 부담케 했다는 내용, ② D가 상습적으로 E를 폭행했고 돈을 편취했다는 내용에 대해서는 허위로 판단하였습니다. 그러면서 이에 대해 언론사의 정정보도 의무는 인정했지만, 명예훼손을 이유로 한 손해배상 청구는 기사의 공익성을 근거로 인정하지 않았습니다.

법원은 허위 부분에 관하여 △ 기자가 E 또는 그 동료들과 직접 만나거나 통화하면서 사실관계를 확인하였고, E의 제보는 그 외에도 허위가 아닌 내용이 상당 부분 있었던 점, △ 기자는 계좌 거래 내역을 확인하는 방법으로 ①의 신빙성을 검증했으며 D의 입장을 취재해 반론으로서 말미에 함께 보도한 점, △ ①에 대해 E의 동료에게 전화한 결과 통상 지입차에 있는 수익분배약정이나 계약서가 E의 차에는 없다는 설명을 들었던 점, △ E가 D에 대한 채무를 면하고자 동료와 공모해 허위 제보를 한 것으로 보이지만 기자로서는 이를 알아채기 쉽지 않았을 것으로 보인다는 점을 지적하면서 상당한 이유를 인정하였습니다.[20]

명예훼손과 관련해 한 가지 더 알아둬야 할 요소는 바로 '비방의 목적'입니다. 「형법」 제309조와 「정보통신망법」 제70조는 모두 '비방'을 목적으로 한 명예훼손을 처벌하고 있습니다. 법원은 비방의 목적이 있는지를 판단하는 데 있어 기사의 공익성을 중요한 판단 기준으로 삼습니다. 비방이란 다른 사람에게 해를 끼치려는 의도로, 이는 공공의 이익을 위한 것과 상반된다고 할 수 있으므로 공익적 기사의 경우엔 보통 비방할 목적이 없었다는 판단을 내리는 것입니다.[21]

한편, 명예훼손에 관한 죄의 경우 고의가 있어야만 성립하기에 수사나 재판에서 기자에게 '허위성에 대한 인식'이 있었느냐가 중요하게 다루어집니다. 즉, 허위인 걸 알았거나 허위일 가능성을 알고 있었음에도 (즉, 미필적으로나마 허위임을 인식하고) 기사를 작성한 것이어야 언론인에게 형사책임을 지울 수 있습니다.[22] 이런 '허위성에 대한 인식' 여부는 행위자(기자)의 속마음에 관한 것이기 때문에 외부에서는 이를 알거나 증명하기 어렵습니다. 따라서 기사에 공표된 내용과 구체성, 소명 자료의 존재 및 내용, 기자가 밝히는 취재 사실의 출처와 알게 된 경위 등을 토대로, 기자의 학력, 경력, 사회적 지위, 공표 경위, 시점 및 그로 말미암아 예상되는 파급효과 등 여러 객관적 사정을 종합하여 판단하게 됩니다.[23] 아울러, 기자에게 '허위성에 대한 인식'이 없는 경우에는 허위 사실 적시가 아닌 사실 적시 명예훼손이 성립될 수 있어 이를 따져보게 됩니다.[24]

특히 출판물 등에 의한 명예훼손, 정보통신망법상 명예훼손은 「형법」 제310조, 즉 "진실한 사실로서 오로지 공공의 이익에 관한 때에는 처벌하지 않는다"가 적용되지 않기에, 이러한 '비방의 목적'이나 '허위성에 대한 인식'이 치열한 쟁점이 되는 경우가 많습니다.

⑦ 비판과 모욕, 어디가 다를까?

> 사실을 적시하진 않았더라도, 사회적 평가를 깎아내리는 추상적 판단이나 경멸
> 적 감정을 표현한 기사는 모욕에 해당합니다.

앞서 명예훼손의 경우 사실을 적시한 기사 부분에 대해서만 성립할 수 있고, 의견이나 평가에 대해서는 문제 삼을 수 없다는 점을 살펴보았습니다. 그러나 의견이나 평가의 영역에 해당하는 기사 내용이라 하더라도 나의 사회적 평가를 저하할 만한 추상적 판단이나 경멸적인 감정을 표현한다면 모욕죄에 해당할 수 있습니다.[25] 물론 기사가 타인을 자유롭게 비판할 수는 있습니다. 하지만 그 표현행위의 형식과 내용 등이 모욕적이고 경멸적인 인신공격이거나, 타인의 신상에 관해 다소간의 과장을 넘어서 사실을 왜곡한다면 인격권을 침해한 것이라 봅니다. 이는 의견 표명의 한계를 벗어난 것으로서 불법행위가 되어 손해배상 책임을 질 수 있습니다.[26]

한편, 법원은 어떤 글이 모욕적 표현을 담고 있는지 판단할 때 글을 게시한 동기나 그 경위 및 배경, 전체적인 취지, 구체적인 표현 방법, 전제된 사실의 논리적·객관적 타당성, 그 모욕적 표현이 그 글 전체에서 차지하는 비중과 전체적인 내용과의 연관성 등을 고려합니다. 이를 통해 그 글이 객관적으로 타당한 사실을 전제로 사실관계나 이를 둘러싼 문제, 대상이 취한 태도 등에 관하여 의견을 밝히는 과정에서 일부 모욕적인 표현을 사용한 것에 불과하다면, 사회상규를 위배하지 않는 행위로서 위법성이 없다고 판단합니다.[27]

이와 같은 맥락에서, 법원은 언론 기사에서도 단순히 표현만을 살피지 않습니다. 기사의 목적, 전체적인 내용 및 표현이 쓰인 흐름, 사회적인 배경 등

을 종합적으로 고려하여 인격권 침해 여부를 판단합니다. 판결 사례를 몇 가지 살펴봅시다.

법원은 반도체 백혈병 사망자 진상규명을 위해 활동하는 단체 A를 비판하는 기사가 "집회가 벼슬인 마냥 요란한 소리를 내며 억지 주장을 일삼는 A의 민낯", "시위와 싸움을 훈장으로 여기는 전문 시위꾼들이 A를 장악", "억지 선동과 막말을 쏟아내고 있다", "A 시위가 막장 집회로 변질되고 있다", "변죽이라도 울려 이목을 끌어보겠다는 얄팍한 술수를 부리는 것" 등 표현을 쓴데 대해 인격권 침해를 인정했습니다. A의 활동이 공적인 존재의 공적인 관심사에 해당하여 그에 관한 문제 제기와 비판이 널리 허용되더라도, 이상은 상대방의 인격을 존중하는 바탕 위에서 선택된 어휘라고 볼 수 없으며 모멸적 표현이라고도 할 수 있다 보았기 때문입니다.[28]

한편, 타 언론사의 보도 태도에 "한심한 언론", "언론계를 떠나라"라는 표현을 사용한 기사에 대해선 반대로 판단하기도 했습니다.[29] 대상에 비판적인 견해를 표명하면서 이를 강조하기 위한 수사적 과장으로 보일 뿐, 언론과 표현의 자유의 한계를 넘어선 모욕적이고 경멸적인 표현이라 보기는 어렵다는 것이었습니다.

다른 예로 언론인에 대한 성매매 예방 교육을 강제해야 한다는 취지의 국회의원 B의 발언을 비판한 한 언론 사설은 B의 발언이 "성폭행적 폭언"이며, "언론인들 얼굴에 오물을 던진 것", "모략성 흑색 유언비어를 악용해 특정인과 특정 직업집단 전체에 침을 뱉는 파렴치한 탈선", "정상적 의원으로서, 정상적 인간으로서의 선을 넘었다"라는 등 표현을 사용했습니다. 이에 대해 법원은 기사가 △ 국회의원의 국회 발언에 면책특권이 있다고 해서 특정 집단 전체를 모욕해선 안 된다는 내용이며, △ 국회의원의 해당 발언이 공공의 이해에 관한 사안이고 공적 존재가 제시한 정책과 관련된 것이므로 다양한 비판과 문제 제기를 허용해야 하고, △ 일부 경멸적 표현을 쓰긴 했지만, 전체 내용과 취지상 악의적으로 모욕을 가할 목적은 아닌 점, △ 통상 신문의 사설은 사실 보도를 위주로 하는 일반 기사와 달리 강한 어조의 비판이나 풍자, 과장 등의 수사적인 표현 기법을 흔히 사용하며 일반 독자도 이를 고려하여 받아들이는 경향이 있는 점을 모두 고려해, 모욕에 해당하지 않는다고 판단했습니다.[30]

⑦ 명예훼손과 모욕 기사는 어떤 책임을 질까?

> 명예훼손적인 기사, 모욕적인 기사의 작성자는 형사 처벌을 받고, 피해자에 대한 민사상 손해배상 책임을 지게 됩니다.

명예훼손은 형법, 인터넷의 경우 정보통신망법에 의해서도 처벌될 수 있습니다. 사실을 적시한 경우 2년 이하의 징역이나 금고 또는 500만 원 이하의 벌금에 처하며, 비방의 목적으로 신문 등 출판물을 통해 명예를 훼손했을 때는 3년 이하의 징역이나 금고 또는 700만 원 이하의 벌금에 처합니다. 또 비방의 목적으로 인터넷 등 정보통신망을 통해 명예를 훼손했을 때는 3년 이하의 징역 또는 3천만 원 이하의 벌금에 처해집니다.

허위 사실을 적시한 경우는 이보다 법정형이 더 높습니다. 형법에 따라 5년 이하의 징역, 10년 이하의 자격정지 또는 1천만 원 이하의 벌금에 처하며, 비방 목적의 출판물에 의할 때는 7년 이하의 징역, 10년 이하의 자격정지 또는 1,500만 원 이하의 벌금, 비방 목적의 인터넷 등 정보통신망에 의할 때는 7년 이하의 징역, 10년 이하의 자격정지 또는 5천만 원 이하의 벌금에 처해집니다. 한편, 모욕죄는 형법에 따라 1년 이하의 징역이나 금고 또는 200만 원 이하의 벌금에 처해집니다.

다만 명예훼손이나 모욕에 대해선 벌금형을 내릴 때가 많고, 특히 언론 기사의 경우 실형이 내려지는 건 아주 드뭅니다. 물론 악의적으로 명예에 큰 피해를 준 사안이라면 언론인도 법정구속 및 실형을 받을 수 있습니다. 대표적인 사안 하나를 살펴봅니다.

《코리아 데일리》는 여배우 A에 대한 세 건의 기사에서, △ A가 병원 치료 중 간호사가 잠시 자리를 비운 것을 퇴근으로 오인한 채 '수액에 피가 역류한다'라며 119구급대에 연락해 타 병원으로 이동했고, △ A의 문제 제기로 병원이 마지못해 합의금을 지급했으며, △ 경찰이 이에 관해 유사한 첩보를 입수해 수사에 착수했다고 밝혔다는 등의 내용을 보도했습니다. 그러나 이는 전부 허위 사실이었습니다. △ 수액을 맞던 A는 피가 역류하자 도움을 청하려 했으나 근무자가 문을 잠그고 자리를 비워 병원 밖으로 나갈 수 없자 경찰에 신고했고, △ 경찰은 119에 연락해 A를 타 병원으로 호송했으며 병원 측은 기꺼이 배상 책임을 인정하고 합의했습니다. 그리고 이와 관련하여 △ 경찰은 수사에 착수한 적이 없었습니다.

법원은 해당 기사를 작성한 기자에게 징역 1년을, 허위 기사 작성을 기획하고 주도한 편집국장에게 징역 1년 6개월의 실형을 선고했습니다. 기자 집행유예, 편집국장 징역 1년 2개월을 선고했던 1심보다 더 무거운 것이었습니다. 법원은 형을 높이는 이유로 피고인들이 다른 재판에 연관된 지인을 돕기 위해, 오로지 피해자의 명예 등 인격을 훼손하기 위해 2년이나 지난 일들에 관하여 허위 기사를 반복해서 작성했고, 이는 다른 재판에 참고자료로 제출되면서 해당 재판에서의 피해 진술을 의심받는 상황까지 내몰리는 등 큰 피해를 준 점을 들었습니다. 나아가, 이들 기자와 편집국장은 언론을 악의적으로 이용하여 그 신뢰를 훼손함으로써 수많은 언론인의 자긍심에 상처를 주었고, 이와 같은 가짜 뉴스는 급속히 확대 재생산되며 회복하기 어려운 피해를 주므로 유사 범행을 방지하기 위해 피고인들을 엄벌에 처한다고도 밝혔습니다.[31]

명예훼손과 모욕과 관련한 민사의 경우 손해배상 인정액이 높지는 않습니다. 2021년 한 해 언론 관련 소송에서 법원이 인정한 손해배상 액수는 평균 약 882만 원이며, 중앙값은 475만 원, 법원이 가장 많이 인정한 액수 역시 300만 원입니다. 명예훼손으로 한정해도 평균 약 809만 원, 중앙값 400만 원 정도로 큰 차이가 없습니다. 언론 관련 소송 대부분이 명예훼손과 다른 인격권 침해가 함께 문제시되기에, 통상 이 정도 액수를 기준으로 배상액이 결정됩니다. 물론 인격권 침해의 피해가 심각한 사안이라면 고액의 배상액이 인정될 수 있습니다. 2억여 원 수준의 배상액이 인정된 2020년 사례도 있습니다.[32]

2. 나를 둘러싼 인격권, 초상, 사생활, 성명, 음성

앞에선 언론보도가 가장 많이 침해하는 명예와 관련해 자세히 살펴보았습니다. 하지만 보도가 침해할 수 있는 인격권은 이보다 더 많습니다. 최명예 원장의 보도에서 언론이 아무 동의도 얻지 않은 채 그의 얼굴과 실명을 신문에 싣거나, 음성을 변조하지 않은 인터뷰를 방송에 내보낸다면 어떨까요? 최 원장의 얼굴과 이름, 음성은 더 선명히 독자와 시청자의 머릿속에 각인될 테고, 그는 익명 표기와 기사 정보에 의해 특정되는 통상적인 기사와는 차원이 다른 인격권 침해 피해를 보게 될 것입니다. 특히 기사가 범죄 혐의에 관한 것이므로, 언론보도에 대한 신뢰성으로 인해 그에게는 범죄를 저지른 자와 다름없다는 평가가 평생 따라다닐 수 있습니다.

보도의 공익성을 인정하더라도, 공인도 아니고 중대한 범죄도 아닌 사안에서 독자와 시청자가 꼭 그의 얼굴과 실명까지 알아야 할 필요성이 있을까요? 보도내용이 순전히 대상의 사생활에 관한 내용이었다면 또 어떨까요?

명예훼손 외에 초상권, 성명권, 음성권 등의 인격권이나 사생활의 비밀과 자유를 침해한 언론에 대해 형사책임을 직접 묻는 법 규정은 없습니다. 하지만 이와 같은 언론보도는 민사상 불법행위로서 손해배상 책임을 질 수 있습니다. 아래에서 자세히 살펴보도록 합시다.

⓺ 초상은 무엇일까? 어떤 기사가 내 초상권을 침해할까?

꼭 얼굴이 아니라도, 누군지 알아볼 수 있는 신체 부분을 촬영해 동의 없이 (또는 동의 범위를 넘어) 보도하면 초상권 침해입니다.

흔히 '초상'이라고 하면 얼굴만을 뜻한다고 생각할 수 있습니다. 하지만 초상권 침해에서 말하는 초상 개념은 이보다 더 넓습니다. 초상권이란 자기 얼굴을 포함해 누군지 알아볼 수 있는 신체적 특정을 함부로 촬영하거나 그림으로 묘사되거나 공표되지 않을 권리, 영리적으로 이용당하지 않을 권리를 말하며, 이러한 권리는 우리 헌법으로 보장됩니다.[33]

따라서 누군가의 초상을 사진이나 영상으로 촬영하거나 공표하려는 사람은 원칙적으로 그 대상자의 동의를 받아야 합니다. 언론 역시 예외가 아닙니다. 신문 기사나 뉴스가 나를 알아볼 정도의 신체 모습을 동의 없이 촬영해 내보내면 초상권 침해가 성립하며, 언론의 민사상 손해배상 책임이 인정될 수 있습니다. 누군지 잘 알아볼 수 없을 정도로 배경처럼 촬영되거나 많은 군중에 섞여 있는 모습이 비친 정도라면 초상권 침해가 인정되지 않을 가능성이 큽니다만, 동의 없이 나를 충분히 알아볼 수 있을 정도로 클로즈업한 촬영 및 보도는 초상권 침해로 인정될 수 있습니다.

언론에 촬영 동의를 했다 하더라도, 동의한 범위를 넘어 예정한 방법과 다른 보도가 이루어진다면 마찬가지로 초상권 침해가 성립합니다. 예를 하나 살펴봅니다. 종합유선방송사 소속의 모 기자가 전단지를 배포하고 있던 A에게 자신이 수습기자임을 밝히며 촬영을 요청했습니다. 그러면서 이는 방송이 아닌 회사 내부 시사회용 영상을 위한 것이고, 방송하더라도 모자이크 처리를 하겠다고 약속했습니다. 그런데 해당 영상은 《YTN News》에 〈뿌리는 사람 따로, 치우는 사람 따로〉라는 기사로 방송되었습니다. 전체 보도는 도시의 미관을 해치는 전단지 배포의 문제점과 단속 필요성을 지적하는 내용이었고, 모자이크 처리하지 않은 A의 얼굴 측면과 정면이 2~3초가량 나왔습니다.

이에 법원은 "본인의 동의를 얻어 초상이 공표되었지만 그 이용이 동의의 범위를 벗어난 경우" 초상권 침해가 성립된다는 점을 명확히 하면서, 해당 사안이 A의 동의를 벗어나 초상이 영리적 목적으로 이용된 것이라고 보아 언론 측에 300만 원의 손해배상 책임을 인정하였습니다.[34]

그렇다고 동의 없는 언론의 초상 촬영이 모두 위법하게만 판단되는 것은 아닙니다. 앞서 살펴본 여러 인격권 침해에서와 같이, 종합적인 사정을 고려하게 됩니다. 구체적으로 법원은 각 영역에서 침해자와 피해자의 이익을 살피는데, 아래와 같은 요소를 고려합니다.

첫째, 침해행위의 영역에 속하는 고려요소로는 침해행위로 달성하려는 이익의 내용 및 중대성, 침해행위의 필요성과 효과성, 침해행위의 보충성과 긴급성, 침해방법의 상당성

둘째, 피해이익의 영역에 속하는 고려요소로는 피해법익의 내용과 중대성 및 침해행위로 인하여 피해자가 입는 피해의 정도, 피해이익의 보호 가치 등[35]

언론의 초상 보도로 대입해 보면, △ 초상 보도를 통해 얻으려는 공익의 내용, 중요성과 효과, 꼭 그 초상을 보도했어야 할 정도로 급했는지, 다른 방법은 없었는지, 어떤 방식으로 초상을 보도했는지 등과 △ 보도로 인해 침해된 인격권의 내용과 중요성, 침해 피해의 심각성과 그 보호할 가치 등을 종합적으로 살핍니다. 이를 통해 보도의 공익과 침해당한 개인의 이익 중 어느 것을 우선해야 하는지를 판단하게 되는 것이죠. 다음 판결 사례를 봅시다.

《뉴스타파》는 통신사가 연체 통화료의 채권 추심 업무를 한 업체에 위탁했는데, 연체료 회수율을 높이기 위해 해당 업체는 이용 정지일을 실제보다 앞당겨 고객에게 고지한 정황이 있고, 통신사 역시 이를 허용한 것으로 보인다는 취지의 기사를 보도했습니다. 그러면서 해당 보도 중 통신사가 특정 상담팀 홍보를 위해 언론에 배포한 사진을 비추었고, 여기에 상담원 B의 얼굴과

성명이 노출되었습니다. 이는 B가 사용하는 컴퓨터 모니터 화면의 고객 정보 리스트 모습과 추심업체가 사용하는 고객 정보 리스트 모습이 동일하다는 점을 강조해 의혹을 뒷받침하기 위한 것이었고, 이를 위해 별도의 모자이크 처리를 하지 않은 것이었죠.

법원은 통신사의 잘못된 추심 관행을 꼬집고 사회적 관심을 불러일으키려는 보도 이익의 중대성을 인정할 수는 있지만, B의 동의를 얻지 않은 초상 공개가 결국 위법하다는 판단을 내렸습니다. △ 초상 공표 전에 B의 사전 동의를 얻거나 B를 모자이크 처리하는 방법을 사용할 수 있던 것으로 보임에도 그 사진을 그대로 노출한 점(침해행위의 보충성, 침해방법의 상당성 불인정), △ B의 얼굴과 이름을 블라인드 처리하도록 수정한 기사와 비교해 볼 때 사진을 그대로 싣는다고 해서 기사 내용이 더 효과적으로 전달된다고 보이지 않는 점(침해행위 필요성, 효과성 불인정), △ 그밖에 초상권 침해가 불가피했다고 볼 만한 사정이 없는 점, △ 공인도 아닌 B가 자기 의사에 반해 초상 공개 보도를 감수할 지위에 있는 것도 아닌 점, △ 해당 사진 하단에 B가 서울 지역 고객센터 상담 직원이라는 설명이 있으나 그것만으로는 B가 불법 추심 의혹과 관련 없다는 점을 독자가 쉽게 알기 어렵고, 오히려 사진 속 인물이 의혹과 어떤 관련이 있을 것이라는 생각에 빠지기 쉬워 보이는 점을 종합적으로 고려한 결과였습니다.[36]

MBC는 《뉴스데스크》에서 평창올림픽 개회식 애국가를 불렀던 다문화 어린이 합창단과 관련하여, 합창단이 단원들로부터 부당하게 공연 참가비를 요구했다는 등 의혹을 제기하는 보도를 했습니다.[37] 해당 보도는 합창단 운영센터에 항의 방문한 학부모 C가 당시 상황을 촬영한 동영상 일부를 함께 담았는데, C의 촬영을 제지하며 그에 맞서 학부모들을 촬영하는 것으로 보이는 센터 직원들의 모습, 그리고 이를 말리는 임원 D의 모습을 찍은 것이었습니다. MBC는 이를 전달받아 방송에 편집해 보도하면서 임원 D의 모습을 모자이크 처리 없이 노출했습니다.

법원은 임원 D가 학부모 C와 기자 등 취재진을 상대로 제기한 소송에서, 초상권 중 촬영을 거절할 수 있는 권리의 침해에 관하여는 (즉 학부모 C는) 위법성이 없다고 보았지만, 공표를 거절할 수 있는 권리의 침해에 관하여는 (즉 기자 등 취재진은) 위법성이 있다고 판단했습니다. 촬영 거절권에 대해선 학부모 C가 항의 방문을 하게 된 배경, 언쟁이 격화되는 과정에서 공개적으로 촬영이 이뤄졌고 상대방 측 역시 학부모 C 측을 촬영하는 모습을 취했던 점, 증거 수집의 필요성 등을 고려한 결론이었습니다. 반대의 판단이 나온 공표 거절권에 대해선 △ 영상을 공표하는 데 대한 동의를 D에게 받았다고 볼 자료가 없고, 설령 D가 그런 요청을 받았더라도 동의하지 않았을 것이며, 기자 등 취재진은 이러한 사정을 알았다고 보이는 점, △ 임원 D는 공적 인물이라 보기 어렵고 설령 그렇더라도 얼굴까지 널리 알려진 사람이라고 보이진 않는다는 점, △ 초상권을 침해하지 않고도 보도의 공익적 목적을 충분히 달성할 수 있는 방송이었으며, 얼굴 공개로 얻을 수 있는 공공의 이익이 무엇인지 불명확하다는 점 등을 종합적으로 살폈다고 법원은 밝혔습니다.*

앞에서 언론이 내 초상을 보도하려면 동의가 필요하다고 했습니다. 다만, 여기서 말하는 동의는 반드시 명시적인 것만을 포함하진 않습니다. 여러 사정을 고려해 보도 대상이 동의했다고 인정할 만한 사정이 있으면, 묵시적 동의가 이뤄졌다고 봅니다.[38] 뉴스 영상 촬영임을 알 수 있는 상황에서 별 거부감 없이 인터뷰에 응하고 신원을 알려줬다거나, 공개적인 집회에서 취재 카

---

* 서울서부지방법원 2018가단215568 판결 (2019.08.09. 선고); 단, 이 사건은 2022년 12월 기준 2심의 항소 기각 후 3심이 진행 중인 상태로, 이상은 확정판결이 아닙니다.

메라에 적극적으로 포즈를 취하는 것 등이 예라 하겠습니다. 이와 관련해 많이 다루어지는 부분이 포토라인, 그리고 집회, 시위 현장에서의 촬영인데, 이에 대하여는 아래 '지식+'에서 추가로 살펴보도록 합니다.

지식+ ▶ **포토라인, 집회와 시위 현장에서의 초상권 침해**

다수의 취재진이 제한된 공간에서 취재해야 할 때 동선을 제한해 혼란을 막기 위한 자율적인 제한선을 포토라인이라 합니다.[39] 유명인의 수사기관 출석, 공항 입·출국장 등의 바닥에 노란색 선을 붙여 놓고 촬영이 이루어지는 모습을 뉴스에서 많이 보았을 것입니다. 그렇다면, 포토라인에 선 사람은 모두 촬영에 동의했다고 봐야 할까요?

우선 전제해야 할 명확한 사실은, 누구도 포토라인에 앞에서 언론에 얼굴을 드러내도록 강제당하지 않는다는 점입니다. 수사기관은 법의 요건에 따라 범죄 피의자의 얼굴, 성명 등 신상을 공개할 수 있으나,[40] 강제로 포토라인에 세워 언론이 초상을 촬영하도록 만들 수는 없습니다. '검사 스폰서'로 알려진 한 사업가가 구속영장 집행 과정에서 포토라인 촬영을 거부한다는 의사를 밝혔지만, 얼굴과 수갑을 가릴 물품에 대한 요청도 받아들여지지 않은 채 포토라인 촬영이 이루어진 일이 있었습니다. 법원은 이 사안에서 수사기관이 초상권 보호 의무를 위반했다고 판단하여, 1,000만 원의 손해배상 책임을 인정한 바 있습니다.[41]

이렇게 포토라인 촬영이 강제되지 않는바, 언론의 촬영도 반드시 정당화되는 것은 아닙니다. 따라서 동의가 필요 없다거나 동의가 당연히 추단된다는 결론도 내릴 수 없습니다. 결국, 촬영 대상이 포토라인에 선 배경과 행동 등 제반 사정을 살펴, 묵시적 동의 여부를 판단할 수 있는 것입니다.

예를 하나 살펴봅니다. KBS는 연기자 E가 세월호 사건 관련 수사기관의 소환조사에 출석하는 장면을 보도하였습니다. 이 과정에서 포토라인에 선 E를 에스코트하던 F의 얼굴이 노출되었는데, 법원은 F의 묵시적 동의를 인정했습니다. △ 연기자 E의 출석 과정을 다수의 취재진이 촬영할 것이 예상되는 상황이었으므로 F 역시 그에 부수해 촬영 및 보도될 것임을 충분히 예상할 수 있었던 점, △ E가 포토라인에서 입장을 밝힐 동안 F가 고개를 들고 얼굴도 가리지 않았으며, 촬영을 거부하는 어떠한 행동도 하지 않은 점, △ 초상 공개를 원하지 않았다면 동행하지 않거나 마스크로 가렸어야 함에도 그러지 않았고, E가 수사기관에서 퇴거할 때는 F가 평상복을 정장으로 갈아입고 모자도 벗어 취재진을 의식한 것으로 보이는 점, △ 출석에 F가 반드시 동행할 의무가 있는 상황도 아니었고, 자발적으로 출석해 다수 취재진이 포진하는 구역에 등장한 점 등을 종합적으로 고려한 판단이었습니다.[42] 공공장소에서 이루어진 집회나 시위에서의 촬영은 어떨까요? 초상권 침해는 그것이 공개된 장소에서 이루어졌다는 사실만으로 정당화될 수 없습니다.[43] 그러나 공공장소에서의 공개적인 집회, 시위는 참가자들이 자기 의사를 널리 알리고자 하는 목적에서 이루어지며, 그 자체로 언론보도의 필요성이 있습니다. 이에 법원은 원칙적으로 초상권 침해가 되지 않는다고 봅니다. 단, 공개 집회, 시위에서의 촬영이더라도 아래의 경우에는 초상권 침해를 주장할 수 있다고 판단한 바 있습니다.[44]

- 독자나 시청자에게 왜곡된 사실을 전달하게 되었을 경우. 즉, 부정적인 내용의 기사를 작성하면서 그와 무관한 사진을 사용하거나, 집회 혹은 시위의 주도자가 아님에도 그렇게 느끼게끔 의도적으로 사진을 편집하거나 사용하는 경우.
- 독자나 시청자에게 부정적인 인상을 주어 대상을 모욕하거나 비방할 목적으로 이루어진 경우. 즉, 지나치게 과도할 정도로, 순간적으로 촬영된 지극히 부자연스러운 표정이나 동작 일부를 전후 설명 없이 보여 줌으로써 대상이 의도하지 않은 의사 표현이나 동작을 한 것처럼 보이게 하는 경우.
- 그 외에 근접한 시기에 이루어진 별도의 보도 등과 종합하면 위와 같은 효과를 초래할 수 있는 경우

⑦ 내 사생활은 보호받을 수 없나? 내 이름, 내 목소리는?

공공의 이해와 관련되거나 공중의 정당한 관심 대상이 아닌데도 나의 사생활을 취재하거나 보도하는 것은 사생활의 비밀과 자유를 침해합니다. 이름, 목소리 역시 동의 없이 함부로 언론에 보도하면 인격권 침해가 성립합니다.

「헌법」 제17조는 "모든 국민은 사생활의 비밀과 자유를 침해받지 아니한다"라고 명확히 규정하고 있습니다. 행복추구권을 명시한 헌법 제10조와 함

께, 우리 법원은 이들 규정의 취지가 개인의 사생활이 침해되거나 함부로 공개되지 않을 권리를, 나아가 정보화 사회에서 자기 정보를 자율적으로 통제할 수 있는 권리까지 보장하려는 데 있다고 밝힌 바 있습니다.[45] 또한, 사람은 자기 사생활의 비밀을 함부로 타인에게 공개 당하지 않을 법적 이익도 갖는다고 하여,[46] 사생활의 비밀과 자유를 보장하고 있습니다.

따라서 언론이 내 사적 공간에 함부로 진입 또는 이를 촬영할 경우, 일반인의 감수성을 기준으로 볼 때 공개되기를 바라지 않거나 공개로 인해 불쾌감이나 불안감을 가질 사항을 공개할 경우, 사생활 침해에 해당할 수 있습니다.[47]

그러나 개인의 사생활이라 하더라도 공익을 위해 꼭 취재, 보도해야 할 때가 있습니다. 앞서 예를 든 박청렴 시장의 뇌물수수 사실을 단순한 개인의 금전 문제로 볼 수 없고, 최명예 원장의 허위 진료비 청구를 개인의 영업 활동 문제로만 덮어둘 수 없는 것처럼 말이죠. 공공의 이해와 관련하여 정당한 관심 대상이 되는 사항은 사생활을 침해하는 면이 있더라도 취재하고 보도할 필요가 있습니다.

법원은 이런 사항에 대해 취재, 공개가 공공의 이익을 위한 것이고, 표현의 내용과 방법 등이 부당하지 않다면 위법성이 없다고 판단합니다. 이때는 앞서 초상권 부분에서 살펴봤던 것과 같은 요소를 살핍니다.

첫째, 침해행위의 영역에 속하는 고려요소로는 침해행위로 달성하려는 이익의 내용 및 중대성, 침해행위의 필요성과 효과성, 침해행위의 보충성과 긴급성, 침해방법의 상당성

둘째, 피해이익의 영역에 속하는 고려요소로는 피해법익의 내용과 중대성 및 침해행위로 인하여 피해자가 입는 피해의 정도, 피해이익의 보호 가치 등[48]

이어 판결 사례를 살펴봅니다. TV조선은 유병언 전 세모그룹 회장의 장례식 준비 관련 내부 갈등을 전하면서 A 교수가 장례위원장을 맡게 되었다고 실명과 소속 대학 공개를 공개하며 보도하였습니다. 법원은 특별한 사정이 없는 한 이 보도가 A의 종교적 생활과 관련한 사생활의 영역을 침해한다고 보았습니다. 당시 기독교복음침례회가 사회적으로 지탄받던 상황에서 A가 비난받을 가능성을 충분히 예상할 수 있었고 실제 A가 직장 내에서 피해를 보았으므로 개인의 피해는 큰 반면, 국민적 관심에 편승하는 것 외에 A의 실명과 사진을 공개함으로써 얻는 공익이 무엇인지 명확지 않다는 이유였습니다.*

SBS는 '나주 초등생 성폭행 사건'에 관한 다수의 기사를 보도하면서, 피해자 등의 집 내부를 촬영한 영상, 이들의 집 위치를 특정할 수 있는 주택 외관을 조망하는 영상, 피해자의 상처를 촬영한 사진과 피해자가 친구들과 함께 찍었던 사진, 피해자가 작성한 독서록, 노트, 그림 등을 공개했습니다. 법원은 이들이 범죄 경위 설명을 위해 불가피하게 공개되어야 할 성질의 것이 아니며, 그 사건 자체가 공적인 사안일지라도 피해자 등은 공적 인물이 아니므로 공중의 정당한 관심의 대상이라고 하긴 어렵다고 보았습니다.

또한, 집 내부나 사진, 독서록, 노트, 그림 등은 사생활 중 매우 내밀한 영역에 속하고, 특히 피해자 등이 성폭행 범죄의 피해자와 가족으로서 보도의 대상이 되었기에 그 피해가 극심하다고 판단했습니다. 특히 피해자의 상처를 촬영한 사진은 보호 가치가 큰 비밀 영역에 속하는 것으로, 이는 성폭행으로 인한 것이기에 어떠한 공익적인 목적으로도 공개가 정당화될 수 없다고 하였습니다. 결국, 법원은 언론이 사생활의 비밀과 자유를 침해했다고 보아 피해

---

* 서울중앙지방법원 2014가합577116 판결 (2015.07.15. 선고); 다만 해당 사건은 2심에서 양 당사자 조정에 의해 종결되었습니다.

자 등에게 3천만 원의 손해를 배상하라고 판결했습니다.[49]

나의 이름, 즉 성명에 관한 권리 역시 인격권의 하나로 보호받습니다. 성명권이란 다른 사람의 방해 없이 자기 이름을 사용할 수 있고, 자기 이름이 허락 없이 또는 허위로 사용되지 않을 권리입니다. 인격의 상징인 이름을 누군가 동의 없이 사용했다면 이는 인격권을 침해한 것이므로 침해자는 피해자에게 손해를 배상해야 하고, 피해자는 침해 금지와 예방을 청구할 수 있다고 법원은 밝히고 있습니다.[50]

언론에 의한 성명권 침해는 대부분 동의 없이 이름을 공개하는 데서 발생합니다. 다만, 언론이 동의 없이 이름을 공개했다고 모두 위법하다고 보긴 어려울 것입니다. 국회의원, 유명 연예인 등 공인에 대한 보도에서조차 일일이 성명 표기에 대해 동의를 구해야 한다면, 표현의 자유가 과다하게 제한될 것임은 쉽게 알 수 있습니다. 법원은 성명 표시가 공공의 이해와 관련한 사실과 밀접할 때, 목적 달성에 필요한 만큼 부당하지 않게 이루어진 것이라면 위법하지 않다고 봅니다.[51] 물론 이때도 여타 인격권과 마찬가지로 침해행위 영역과 피해이익 영역에 속하는 요소를 종합적으로 비교해 위법성을 판단합니다.

성명권에 관한 판결 사례를 하나 살펴봅시다. 《국민일보》는 교회 원로 목사의 횡령 의혹을 고발하였다가 해당 목사의 무혐의 처분 후 교회로부터 중징계를 당한 장로들에 대해 보도하면서, 이들의 실명을 공개했습니다. 법원은 언론의 성명권 침해 쟁점에 대해 △ 장로들은 공인이 아니고 이들에게 내려진 교회의 조치가 중징계인 점, △ 해당 징계가 사회적으로 큰 해악성을 가진 중범죄에 관한 것이거나 공공이 중요하게 여길 만한 시사성이 인정되지 않는 점, △ 보도에서 징계 이유까지 적시하면서도 장로들의 반론은 전혀 게재하지 않은 점, △ 장로들이 종전부터 실명과 얼굴을 드러내고 시위한 사실이 있지만 이는 실명 등을 보도하여 이들이 입은 손해와는 별개이고, 그런 보도를

용인한 것이라고 보기 어려운 점 등을 들며 위법성이 있다고 판단했습니다.[52]

이름뿐 아니라 목소리, 즉 음성에 관한 권리도 인격권의 하나로 보호받습니다. 법원은 누구나 자기 음성이 함부로 녹음, 재생, 방송, 복제, 배포되지 않을 권리를 보장받으며, 이 권리에 대한 침해는 불법행위가 된다고 봅니다.[53] 언론이 내 음성을 허락 없이 녹음해 방송하는 것은 음성권 침해에 해당할 수 있으며, 법원은 여타 인격권과 마찬가지로 침해행위와 피해이익 요소를 종합적으로 비교해 손해배상 책임을 지웁니다.*

한 예로, MBC 프로그램 《불만 제로》는 한 미용실이 잘 보이지 않는 곳에 가격표를 게시한 후 고액의 커트비를 받았다고 보도하면서, 미용실 원장의 인터뷰를 음성 변조 없이 그대로 사용하였습니다. 법원은 이에 대해 음성권 침해를 인정하였습니다. △ 음성 부분이 짧긴 하지만 원장에게 불리하거나 영업에 악영향을 미치는 등 부정적 효과를 불러일으킬 수 있으며, △ 자신에게 불리한 인터뷰 내용을 음성 변조 없이 그대로 방송하는 데 원장이 동의했다는 증거가 없고, △ 해당 인터뷰는 내용이 전달되면 충분할 뿐, 음성을 변조 없이 그대로 방송하는 것이 불가피했거나 공공의 이익을 위해 어쩔 수 없었다는 사정을 인정할 수 없다고 본 것입니다. 이로 미루어 공익 목적의 기사에서 음성 인터뷰를 방송할 필요성이 어느 정도 인정되긴 하나, 이를 변조 처리 없이 그대로 내보내는 것은 꼭 필요한 상황이 아니라면 위법성을 면하기 어렵다고 보아야겠습니다.

---

* 이와 별개로 동의 없는 음성 녹음이나 공개는 통신비밀보호법 위반이 될 수 있습니다. 이에 관하여는 나중에 '불법취재, 콘텐츠 도용 상대하기' 부분에서 살펴보기로 하겠습니다.

지식+ ▶ **퍼블리시티권**

인격권과 함께 많이 다루어지는 권리의 하나로 퍼블리시티권을 들 수 있습니다. 퍼블리시티권은 "사람이 그가 가진 성명, 초상이나 기타의 동일성identity을 상업적으로 이용하고 통제할 수 있는 배타적 권리"로 일컬어지기도 하지만,[54] 아직 우리 대법원은 퍼블리시티권에 대하여 어떠한 정의나 판단을 내린 바 없습니다. 하급심에서도 이를 인정하는 판결이 있는가 하면,[55] 우리나라가 성문법주의를 취하는 이상 법률적 근거가 없는 독점·배타적인 재산권인 퍼블리시티권을 인정하긴 어렵다는 관점도 있는 등,[56] 통일되지 않고 있습니다.

다만, 2021년 12월 7일 개정된 부정경쟁 방지 및 영업비밀보호에 관한 법률(부정경쟁방지법)은 "국내에 널리 인식되고 경제적 가치를 가지는 타인의 성명, 초상, 음성, 서명 등 그 타인을 식별할 수 있는 표지를 공정한 상거래 관행이나 경쟁질서에 반하는 방법으로 자신의 영업을 위하여 무단으로 사용함으로써 타인의 경제적 이익을 침해하는 행위"를 부정경쟁행위의 하나로 규정하여,[57] 유명인의 퍼블리시티권을 보호하는 근거를 마련하였습니다.[58] 이 조항이 있기 이전에도 대법원은 일반적인 정보 제공 수준을 넘어 연예인의 기사나 사진을 대량으로 수록한 책자, DVD를 제작하면서 아무런 허락도 받지 않았다면, 상거래 관행이나 공정한 거래 질서에 반하는 것이라고 봤습니다. 따라서 잡지사가 무단으로 BTS 화보집 등 잡지 부록을 제작, 판매하는 행위를 부정경쟁 행위에 해당한다고 판단한 바 있습니다.[59]

결국 언론이 본래의 정보 제공이나 보도 목적을 넘어 유명인의 성명, 초상, 음성, 서명 등을 이용할 경우, 예를 들어 거의 감상 목적의 화보와 다를 바 없는 수준으로 과다하게 사진을 사용하거나 유명인의 이름을 활용한 콘텐츠를 제작하거나 한다면, 부정경쟁 행위에 대한 금지 청구, 손해배상 청구가 가능하다 할 것입니다.*

---

* 한편, 법무부는 퍼블리시티권을 명확히 법제화하고자 민법에 '인격표지영리권'을 신설하는 개정안을 2022. 12. 26. 부터 입법예고하였습니다. 개정안이 국회를 통과해 시행될 경우 유명인이 아니더라도 초상, 성명, 음성 등 인격표지를 영리적으로 이용할 권리를 보장받게 될 것으로 기대됩니다.

🔍 범죄 보도와 신상 공개, 언제나 허용될까?

> 범죄 보도는 인격권 침해 가능성이 있으므로 언론의 주의를 요합니다. 충분한
> 취재가 필요하고, 유죄라는 인상을 주지 않는 표현 등을 사용해야 합니다. 공인
> 아닌 범죄 혐의자의 신상 공개는 인격권을 침해할 위험이 큰 만큼, 중대 범죄나
> 공공에 중요성을 지닌 비범한 사안, 공익과 연관된 시사성이 있는 사안이 아닌
> 한 언론의 위법성이 인정될 가능성이 높습니다.

범죄사실에 관한 보도는 국민의 알 권리를 충족하는 한편, 범죄에 대한 비
판적인 여론을 형성하고 법적 제재를 알리는 데서 나아가 사회적 대책을 강
구하는 역할을 할 수 있습니다. 따라서 그 공익성과 필요성을 부정하기 어렵
습니다만, 그 자체로 보도 대상의 명예훼손이 될 수 있는 내용을 다루기에 인
격권을 침해할 가능성이 큽니다. 특히 범죄 혐의에 관한 기사는 아직 재판에
서 명확한 사실관계가 드러나지 않은 상태에서 이루어지는 것이기에, 진실에
반할 위험까지 있습니다. 이에 법원은 아래와 같이 밝히며 언론의 특별한 주
의를 요하고 있습니다.

> 일반 독자들로서는 보도된 범죄혐의사실의 진실 여부를 확인할 수 있는 별
> 다른 방도가 없을 뿐만 아니라 언론기관이 가지는 권위와 그에 대한 신뢰에
> 기하여 보도내용을 그대로 진실로 받아들이는 경향이 있고, 언론매체의 보
> 도가 가지는 광범위하고도 신속한 전파력으로 인하여 사후 정정보도나 반
> 박 보도 등의 조치에 의한 피해구제만으로는 사실상 충분한 명예회복을 기

대할 수 없는 것이 보통이므로, 보도내용의 진실 여하를 불문하고 그러한 보도 자체만으로도 범죄혐의자나 피해자 또는 그 주변 인물들이 입게 되는 피해의 심각성을 고려할 때, 이러한 범죄혐의사실을 보도함에 있어 언론기관으로서는 보도에 앞서 범죄혐의사실의 진실성을 뒷받침할 적절하고도 충분한 취재를 하여야 함은 물론이고, 보도내용 또한 객관적이고도 공정하여야 할 뿐만 아니라, 무죄 추정의 원칙에 입각하여 보도의 형식 여하를 불문하고 혐의에 불과한 사실에 대하여 유죄를 암시하거나 독자들로 하여금 유죄의 인상을 줄 우려가 있는 용어나 표현을 사용하여서는 안 된다고 할 것"[60]

수사 중인 사건에 대해 충분한 취재를 거치지 않은 채 단정적이고 자극적인 표현을 사용하거나 제대로 된 반론도 담지 않은 채 범죄사실을 암시하는 수준의 보도를 했다면 언론의 위법성이 인정될 가능성이 크다고 할 것입니다.

범죄 보도에서 치명적인 인격권 침해를 발생시킬 수 있는 요인은 실명 등 신상을 공개하는 것입니다. 위에 살펴본 주의의 필요성에 따라, 언론은 범죄 보도에 있어 공인이 아니라면 가급적 익명을 사용합니다. 그러나 대중적 관심이 높은 사안에서는 피의자의 실명을 직접 공개할 때도 있습니다. 이럴 경우 범죄사실을 직접 알리게 될 뿐 아니라 대중에게 각인되는 효과가 있어 익명 보도보다 개인의 인격권 침해 피해가 훨씬 크다고 할 수 있습니다.

따라서 법원은 범죄사실과 피의자 실명 공개에 있어 여타 인격권 침해 여부에서의 판단과 유사하게 공공의 정보에 대한 이익과 피의자의 명예, 사생활의 비밀 유지로 얻어지는 이익을 비교 형량해야 한다는 기준을 제시하면서도, 한 걸음 더 나아가 설령 공익이 더 크더라도 범죄가 진실이 아닐 경우, 법익 침해 가능성을 고려해 언론기관이 진실을 확인할 주의 의무가 더 높아진다고 봤습니다. 구체적으로는 아주 해악한 중대 범죄에 관한 것이거나, 중대성이 좀 떨어지더라도 정치, 사회, 경제, 문화적 면에서 특별한 의미가 있어 공공에 중요

한 시사성 있는 사인일 때 실명 공개가 가능하다고 밝힌 바 있습니다.[61]

이에 비춰 볼 때 공개로 인한 공익이 개인의 인격권 보호 이익보다 우월하지 않다면 언론의 신상 공개는 원칙적으로 위법하다고 평가할 수 있습니다. 또한 공직자나 유명 연예인 등 공인이 아닌 자에 대한 범죄 혐의 기사 가운데 중대 범죄나 대중이 큰 관심사를 둔 사안이 아닌 것, 공개수배와[62] 같이 신상 공개의 필요성이 높은 사안이 아닌 것 등은 내용에 따라 명예훼손, 초상권 침해, 사생활 침해, 성명권 침해 등에 해당할 가능성이 크다고 할 수 있습니다.

이와 관련해 「특정강력범죄법」은 △ 범행 수단이 잔인하고 중대한 피해가 발생한 특정강력범죄 사건일 것, △ 피의자가 그 죄를 범하였다고 믿을 만한 충분한 증거가 있을 것, △ 국민의 알 권리 보장과 재범 방지, 범죄 예방 등 오로지 공공의 이익을 위하여 필요할 것, △ 피의자가 「청소년 보호법」 제2조 제1호의 청소년에 해당하지 아니할 것이라는 요건을 모두 갖춘 경우, 수사기관이 피의자의 얼굴, 성명 및 나이 등 신상 정보를 공개할 수 있다고 규정합니다(제8조의2). 수사기관은 범죄 피의자에 대한 신상정보공개 심의위원회를 열어 위 요건에 해당하는지를 살펴 신상 공개 여부를 결정하며, 언론 대부분은 이 결정 이후 범죄 피의자의 신상을 공개해 보도하고 있습니다. 이러한 기준에 따라 아파트 방화·살인 사건 안인득, 'n번방' 사건 조주빈과 문형욱, 전 남편 살인 사건 고유정의 신상이 공개되었고, 이후 언론에 의한 대대적인 보도가 이루어졌습니다.

다만, 위 법 규정은 언론사를 구속하는 것은 아닙니다. 그 때문에 일부 언론은 위 결정 이전에 범죄 피의자의 신원을 공개하거나, 대중의 관심과 사회적 파장이 큰 사안이라면 애초에 관련 범죄 대상이 아닐지라도 자체 판단에 따라 신상을 공개하기도 합니다. 이때는 앞서 살펴본 법원이 제시한 기준에 따라 위법성에 관한 최종 판단이 내려질 것입니다.

언론의 신상 공개를 형사 처벌할 수는 없을까요? 형법은 제126조에서 검찰과 경찰, 그 밖에 범죄 수사를 수행, 감독, 보조하는 사람이 직무를 수행하며 알게 된 피의사실을 공소 제기 전에 공표한다면 3년 이하의 징역 또는 5년 이하의 자격정지에 처한다고 규정합니다. 범죄 피의자에 관한 보도를 그 자체 피의사실 공표로 볼 수도 있습니다만, 위처럼 피의사실 공표죄는 검찰, 경찰 등 일정 신분이 있는 자에게만 적용될 뿐 언론은 해당하지 않습니다. 또한, 대검찰청 자료에 따르면 2010년부터 2019년까지 10년간 피의사실 공표 혐의로 검찰에 접수된 317건의 사건 중 기소에 이른 사례는 한 건도 없었습니다.[63] 따라서 피의사실 공표죄를 통한 형사적인 해결은 현실적으로 어렵겠습니다.

다만 수사기관의 피의사실 공표에 대해선 국가의 민사상 손해배상 책임이 다수 인정된 바 있습니다.[64] 또한, 법무부는 훈령으로 「형사사건의 공보에 관한 규정」을 두어, 형사사건의 내용 공개에 대한 내부 규율을 두고 있습니다. 만약 해당 규정을 위반한 공개가 있었다면, 우선 국가의 민사상 불법행위를 주장해 볼 수 있을 것입니다.

한편, 언론보도에 의한 범죄 피해자의 신상 노출은 피의자의 신상 공개와는 비교할 수 없을 만큼의 심각한 인격권 침해가 될 수 있습니다. 언론보도에 의한 신상 공개는 아래와 같이 다수의 법에서 직접 금지 규정을 두고 있습니다.

- 「특정강력범죄법」 제8조(출판물 게재 등으로부터의 피해자 보호) 특정강력범죄 중 제2조 제1항 제2호부터 제6호까지 및 같은 조 제2항(제1항 제1호는 제외한다)에 규정된 범죄로 수사 또는 심리(審理) 중에 있는 사건의 피해자나 특정강력범죄로 수사 또는 심리 중에 있는 사건을 신고하거나 고발한 사람에 대하여는 성명, 나이, 주소, 직업, 용모 등에 의하여 그가 피해자이거나 신고 또는 고발한 사람임을 미루어 알 수 있는 정도의 사실이나 사진을 신문 또는 그 밖의 출판물에 싣거나 방송 또는 유선 방송하지 못한다. [단, 처벌 규정 없음]
- 「성폭력범죄의 처벌 등에 관한 특례법」(성폭력처벌법) 제24조(피해자의 신원과 사생활 비밀 누설 금지) ② 누구든지 제1항에 따른 피해자의 주소, 성명, 나이, 직업, 학교, 용모, 그 밖에 피해자를 특정하여 파악할 수 있는 인적사항이나 사진 등을 피해자의 동의를 받지 아니하고 신문 등 인쇄물에 싣거나 「방송법」 제2조 제1호에 따른 방송 또는 정보통신망을 통하여 공개하여서는 아니 된다. [3년 이하의 징역 또는 3천만 원 이하의 벌금]
- 「가정폭력범죄의 처벌 등에 관한 특례법」(가정폭력처벌법) 제18조(비밀엄수 등의 의무) ② 이 법에 따른 가정보호사건에 대하여는 가정폭력행위자, 피해자, 고소인, 고발인 또는 신고인의 주소, 성명, 나이, 직업, 용모, 그 밖에 이들을 특정하여 파악할 수 있는 인적사항이나 사진 등을 신문 등 출판물에 싣거나 방송 매체를 통하여 방송할 수 없다. [500만 원 이하의 벌금]

3. 언론의 순기능과 한계, 공인에 관한 보도

뇌물수수 의혹 보도의 박청렴 시장에 관한 보도를 떠올려 봅시다. 시민들의 삶과 직결된 시정을 책임지는 시장은 공공성이 높은 자리입니다. 시의 얼굴로서 청렴함과 도덕성 역시 요구됩니다. 그런 사람이 시정과 관련한 공사에서 뇌물을 받았다는 의혹이 있다면 이를 널리 알릴 필요가 있으며, 수사와는 별개로 이에 대한 철저한 검증과 비판이 필요합니다.

이처럼 언론의 견제와 감시 기능에 충실한 취재, 보도가 다소 과격한 표현을 사용하거나 일부 잘못된 사실관계를 포함하더라도, 어느 정도 선에서는 용인할 필요도 있습니다. 꼭 공직자가 아니더라도, 우리 사회에 상당한 영향을 미치는 유명 연예인이나 대기업 소유주 같은 사람들의 경우도 마찬가지입니다. 이들에 대한 언론보도의 위법성을 엄격한 잣대로 판단하거나, 일반인에 대한 보도와 같은 수준의 기준을 적용하기에는 무리가 있습니다. 그들의 말과 행동은 자의든 타의든 공중의 관심사이며, 공적인 정책에 영향을 미칠 가능성이 있습니다. 스스로 공적인 대상이 되도록 자원했다는 점, 언론에 쉽게 접근해 반박할 기회도 많다는 점까지 고려한다면, 국민의 알 권리 실현과 표현의 자유 보장 측면에서 어느 정도 보도의 자유로운 영역을 인정할 필요가 있습니다.

그렇다면 누가 공인인지, 이들에게 어떤 다른 기준이 적용되는지 살펴봅시다. 언론 대응에 있어 나의 지위, 신중한 접근이 필요한지를 판단하는 배경지식이 될 수 있을 것입니다.

⌕ 나는 공인일까?

명확한 정의는 없지만, 공직자, 유명 연예인, 스포츠·문화 분야 인사, 자발적
으로 공공의 사회 이슈에 참여한 사람이라면 공인의 범주에 든다고 할 수 있습
니다.

누가 공인公人인지를 명확히 규정한 법 규정이나 통일된 정의는 없습니다.
공인 이론이 등장한 미국의 경우,[65] 법원의 판결에 비춰 볼 때 그 범주를 정치
인, 고위직 관료 등의 공직자public official와 그 외 공적 인물public figure로 분류
하는 것으로 보입니다. 후자의 공적 인물은 다시금 사회적으로 상당한 평판
이나 지위가 있는 인물로서 유명 연예인이나 운동선수, 사회 운동가, 재계 인
물 등을 뜻하는 전면적 공적 인물all-purpose figure, 일정 상황에서만 공적 인물
의 지위를 가지며 특정 공적 이슈에 대해 자발적으로 참여한 사람들인 제한
적 공적 인물limited-purpose public figure, 공적 이슈에 자발적으로 참여하진 않았
으나 관련이 있는 사람들인 비자발적 공적 인물involuntary public figure로 나누고
있는 것으로 보입니다.[66] 우리 대법원이 공인에 대해 명확히 규정한 판결은
없으나, 비교적 구체적으로 명시한 하급심 판결에선 아래와 같이 제시한 경
우가 있습니다.

공적 인물이란 재능, 명성, 생활양식 때문에 또는 일반인이 그 행위, 인격에 관
하여 관심을 가지는 직업 때문에 공적 인사가 된 사람을 말하는 것으로 공직
자, 정치인, 운동선수, 연예인 등 자의로 명사가 된 사람뿐만 아니라 범인과 그
가족 및 피의자 등 타의로 유명인이 된 사람도 포함된다. 또한 일정한 공적 논쟁
에 스스로 참여하거나 개입하여 공적 인물로 인정되는 경우도 있을 수 있는바,
이는 논쟁에 자발적으로 참여함으로써 비판적인 보도와 논평의 대상이 될 수
있는 위험을 감수하였다고 볼 수 있기 때문이다.[67]

법원은 공인, 공적 존재, 공적 인물 등의 다양한 표현을 사용하기도 합니다. 이러한 개념까지 포함해 법원에서 공인 또는 공인이 아니라고 판단한 사례를 살펴보면 아래 표와 같습니다.*

공인(공직자, 공적 존재) 인정	공인 부정
· 대통령, 국회의원, 지방자치단체장, 지방의회 의원, 국무총리, 장관, 차관, 공정거래위원회 국장, 청와대 비서실 행정관, 검사 · 국회의원 후보자, 정당의 지역도당 공동위원장, 국책연구소 원장, 대기업 부회장, 전국단위 노조 위원장, 대학 총장, 유명 작가, 학교법인 이사장, 유명 연예인, 전직 대통령 아들, 언론사 대표, 언론사 지사장, 지역방송 사장 · 한류스타 남편, 국회의원·공당 대표 남편에 대해 '공인에 준하는 지위'에 있다고 봄	· 특정 지역 피해자 모임 내표, 교회 상보, 일반 의사, 연예인과 함께 비디오물에 등장한 상대방 남성, 공기업 회장 배우자, 방송사 최대 주주 · 은퇴한 지 상당 기간 경과한 연예인, 사임한 지 7년 지난 전직 구의회 부의장

정리해 보면, △ 공공성이 높은 업무를 수행하는(혹은 수행하기 위해 적극적으로 활동하는) 사람, △ 유명한 연예인이나 스포츠, 문화 분야 인사, △ 사회 공공의 특정 이슈에 대해 자발적으로 논쟁에 참여하고 있는 사람, △ 유명인의 가족으로서 자신도 어느 정도 공적 활동을 하는 사람이라면 공인의 범주에 속한다고 볼 수 있습니다.

따라서 내가 위 범주에 속한다면, 나에 대한 보도를 평가하는 데 있어 언론의 자유에 좀 더 비중을 두는 방향으로 판단이 내려질 수 있습니다.

---

* 이승선, 〈'공인'이란 누구인가?〉, 《언론과 법》 제19권 제2호, 2020, pp.135~143; 내용 일부를 분류한 것으로, 더 구체적인 내용은 해당 논문을 참조하시길 바랍니다.

⑦ 공인이라면 무조건 참아야 할까?

> 공인의 공적 사안에 관한 보도라면, 악의적이거나 심히 경솔한 공격으로서 현저히 상당성을 잃은 정도에 이르러야 명예훼손이 인정될 가능성이 있습니다.

공인에 관한 공적 사안을 다루는 보도에 대해선 폭넓은 표현의 자유가 인정됩니다. 법원은 아래와 같이 언론·출판의 자유와 명예보호 사이의 한계를 설정하는 것에 대해 밝히며, 공적 존재에 대한 공적인 관심사를 표현하는 데 있어 완화된 심사 기준을 적용해야 함을 분명히 합니다.

> 피해자가 공적인 존재인지 사적인 존재인지, 그 표현이 공적인 관심 사안에 관한 것인지 순수한 사적인 영역에 속하는 사안에 관한 것인지, 그 표현이 객관적으로 국민이 알아야 할 공공성, 사회성을 갖춘 사안에 관한 것으로 여론 형성이나 공개토론에 기여하는 것인지 아닌지 등을 따져보아 공적 존재에 대한 공적 관심 사안과 사적인 영역에 속하는 사안 간에는 심사 기준에 차이를 두어야 한다. 당해 표현이 사적인 영역에 속하는 사안에 관한 것인 경우에는 언론의 자유보다 명예의 보호라는 인격권이 우선할 수 있으나, 공공적·사회적인 의미를 가진 사안에 관한 것인 경우에는 그 평가를 달리하여야 하고 언론의 자유에 대한 제한이 완화되어야 한다.[68]

이런 취지에 따라 법원은 공직자에 관한 보도의 명예훼손 여부를 판단할 때 언론의 감시와 비판 기능을 고려한 기준을 적용합니다. 보도내용이 객관적인 자료를 통해 확인되진 않았더라도 공직 수행과 관련한 중요 사항에 의혹을 가질 합리적인 이유가 있고, 공익을 위해 이를 공개할 필요가 있다고 인정된다면 보도의 자유에 속하는 감시와 비판 행위로 평가합니다. 따라서 공직자 개인의 사회적인 평가에 해가 되더라도 바로 명예훼손으로 보지 않고, 그것이 "악의적이거나 심히 경솔한 공격으로서 현저히 상당성을 잃은 것이 아닌 한" 쉽게 표현의 자유를 제한하지 않습니다.[69]

어떤 경우 "악의적이거나 심히 경솔한 공격으로서 현저히 상당성을 잃은" 것인지에 대해선 언론보도의 내용, 표현 방식, 의혹 내용, 공익성 정도, 공직자 또는 공직 사회의 사회적 평가를 저하하는 정도, 취재 과정이나 취재로부터 보도에 이르기까지의 사실 확인 노력, 기타 주위 사정 등을 종합적으로 고려합니다.[70] 예를 들어 제보자의 진술만을 일방적으로 믿은 채 반론조차 싣지 않고 단정적으로 범죄사실을 알리거나, 모욕에 가까운 부정적인 표현을 사용하며 공무와 크게 관련 없는 내용을 보도하는 등 악의적이고 심히 부실한 기사에 해당할 때는 그 위법성을 인정할 수 있습니다.

그밖에 법원은 일반인에 대한 경우와 달리 공인에 대한 의혹 제기 기사에서는 암시된 내용을 사실의 적시로 평가하는 데 있어 신중해야 한다고 봅니다.[71] 또한, 기사의 공익성 여부 판단과 관련해서는 아래와 같이 밝히며 언론에 유리하게 해석될 수 있는 입장을 취합니다.

> 공인의 공적 활동과 밀접한 관련이 있는 사안에 관하여 진실을 공표한 경우에는 원칙적으로 공공의 이익에 관한 것이라는 증명이 있는 것으로 보아야 할 것이며, 행위자의 주요한 동기 내지 목적이 공공의 이익을 위한 것인 이상 부수적으로 다른 개인적인 목적이나 동기가 내포되어 있더라도 공공의 이익에 관한 것으로 봄이 상당하다.[72]

특히 법원은 정치적 이념에 관한 보도는 공인의 영향력이 클수록 국가의 운명에까지 영향을 미치게 되므로, 개연성이 있는 한 이와 관련된 의혹이나 광범위한 문제 제기, 공개토론은 허용해야 한다고 봅니다. 따라서 의혹 제기가 진실인지 또는 진실하다고 믿을 만한 이유가 있는지 따질 때 언론사에 엄격한 입증까지 요구하지 않으며, 그런 의혹을 제기할 수 있는 구체적인 정황을 제시하는 정도로도 충분하다는 취지를 밝힌 바 있습니다.[73]

이처럼 공인 관련 보도에서는 폭넓은 언론의 자유가 보장됩니다만, 모든 보도가 무제한 허용되는 것은 아닙니다. 앞서 살펴본 바와 같이 악의적이거나 심히 경솔한 공격으로서 현저히 상당성을 잃은 보도에 대해선 명예훼손 책임이 인정될 수 있습니다. 정치적 이념에 관한 보도에서도 법원은 다음과 같이 밝히며, 허용 범위에 있어 명확한 선을 긋고 있습니다.

> 아무리 공적인 존재의 공적인 관심사에 관한 문제의 제기가 널리 허용되어야 한다고 하더라도 구체적 정황의 뒷받침도 없이 악의적으로 모함하는 일이 허용되지 않도록 경계해야 함은 물론 구체적 정황에 근거한 것이라 하더라도 그 표현 방법에 있어서는 상대방의 인격을 존중하는 바탕 위에서 어휘를 선택하여야 하고, 아무리 비판을 받아야 할 사항이 있다고 하더라도 모멸적인 표현으로 모욕을 가하는 일은 허용될 수 없다.[74]

결국 공인에 대한 공적 사안을 다루는 보도라면 언론에 문제를 제기함에 있어 신중한 고민이 필요합니다. 그러나 그런 보도라 하더라도 아주 부실한 취재 근거에 기반하거나 모멸적인 표현을 사용하는 등 선을 넘은 경우에는 분명한 법적 책임을 물을 수 있겠습니다.

법원은 비판적인 의견 표명에서도 명예훼손과 같은 판단을 내려 일반인과 다른 심사 기준을 적용합니다.

> 정치인이나 공직자 등 공적인 인물의 공적 영역에서의 언행이나 관계와 같은 공적인 관심 사안은 그 사회적 영향력 등으로 인하여 보다 광범위하게 공개 · 검증되고 문제 제기가 허용되어야 한다. 따라서 그에 대한 비판적인 표현이 악의적이거나 현저히 상당성을 잃었다고 볼 정도에 이르지 않는 한, 이를 쉽게 불법행위에 해당한다거나 법적인 책임을 져야 한다고 볼 것은 아니다."[75]

위와 같은 법원의 태도로 미루어 볼 때, 공적 사안에 관한 것이라면 언론보도에서 공인의 성명과 초상을 공개하는 것 역시 위법성을 인정받을 가능성이 크지 않습니다. 이와 관련한 법원의 입장을 잘 나타내는 판결 문구를 살펴봅시다.

> 자기의 성명이나 초상을 대중에게 널리 인식시키고자 하는 연예인의 경우 성명과 초상이 널리 사용되어야만 사회적 저명성을 가질 수 있기 때문에, 또 유명인이란 그 자체로 사회적으로 초상과 성명이 넓게 사용되는 사람이라는 의미이므로, 일반인에 비하여 공적 기표로서의 사용범위가 더 넓다고 보아야 한다. 또 유명인 초상과 성명의 영리적 사용이 언론 · 출판의 자유나 학문 · 예술의 자유와의 관계에서 불법행위가 되지 아니하는 경우도 있다. 신문, 잡지, 방송에서 보도를 위하여 필요한 범위 내에서 타인의 성명, 초상 등을 사용하는 것은 비록 언론사가 공영기관이 아니어서 영리 목적이 인정된다고 하더라도 성명권과 초상권의 침해에 해당하지 않는다. 유명한 연예인이나 운동선수는 사회로부터 정당한 관심의 대상이 되는 존재임을 부정할 수 없으므로, 연예인 등의 활동 상황에 대한 소개, 보도, 논평 및 문학과 예술작품에서의 사용 등이 영리성이 있다는 이유만으로 부당하게 제약되어서는 안 되고, 그와 관련한 초상, 성명의 사용은 정당한 표현행위로서 수인해야 하는 경우도 있기 때문이다."[76]

언론을 상대하는 법

:

불법취재, 콘텐츠 도용
상대하기

1. 삶과 일을 해칠 수 있는 주거침입과 업무방해

「언론중재법」은 언론이 정보원情報源에게 자유로이 접근할 권리가 있다고 규정하고 있습니다(제3조 제3항). 기자는 전화나 메일을 통해 취재를 요청한 후 허락을 받아 나의 집 또는 사무실에 방문하거나, 실외의 공공 출입이 가능한 장소에서 기다렸다가 만나 취재를 요청할 수 있습니다. 이후 정상적인 질의와 자료 요청을 거치는 통상의 취재 방법이라면 문제가 될 일은 없을 것입니다. 그러나 무작정 사무실로 들어와 취재를 요청하거나, 내가 없는 틈을 타방에 몰래 들어오거나, 신분을 속이고 영업장에 들어와 촬영한다면 어떨까요? 과다하게 물리적 충돌을 일으키며 취재하거나, 취재에 응하지 않으면 해를 입히겠다고 협박한다면, 이를 정당한 취재 활동으로 볼 수 있을까요?

주거침입죄와 퇴거불응죄는 내가 사는 공간에서 사실상 누리고 있는 주거의 평온을 보호하기 위한 형사상 방어수단입니다. 아무리 취재라 해도 안정되고 평안하게 삶을 누리는 공간에 허락도 없이 침입해 그 평화를 해친다면,

법에 의해 처벌될 수 있습니다. 취재 과정에서 폭력, 속임수 등 부당한 방법으로 나의 업무를 방해하는 행위 역시, 언론의 활동이라는 이유로 무조건 보호받기는 어렵습니다.

다만, 공익적 보도를 위한 취재 활동에 대해 주거침입이나 업무방해 등을 과다하게 인정해 버리면 진실을 밝히고 여론을 형성하는 언론 본연의 목적을 수행하는 데 큰 제약이 될 수 있습니다. 그렇기에 언론의 정당한 취재 활동에 대해 법원이 정당행위로서 위법성을 인정하지 않는 경우가 있으며, 특히 최근 대법원의 판례 경향에 미뤄볼 때 취재 목적이나 신분을 숨긴 잠입 취재에 대하여도 언론에 유리한 판단이 내려질 여지도 있습니다.

어떤 경우에 기자가 내 공간으로 진입하는 것을 문제 삼을 수 있는지, 어떤 방식의 취재 행위가 문제시될 수 있는지, 주거침입과 퇴거불응, 업무방해와 협박에 대해 자세히 살펴봅시다.

⑫ 내 집, 내 사무실에 허락 없이 방문한 기자, 처벌할 수 있을까?

공익적 보도를 위한 취재 활동은 취재 목적을 숨겼다 하더라도 통상의 방법으로 출입이 이루어졌다면 주거침입이 아니라고 판단될 가능성이 큽니다. 단, 허락 없이 사실상의 평온을 해치는 방식으로 진입한 것이라면, 공익성이 큰 취재에서 대체 수단이 없는 긴급한 상황이었다는 등 정당행위라고 평가될 수 없는 한, 위법하다고 판단될 수 있습니다.

형법은 제319조에서 "사람의 주거, 관리하는 건조물, 선박이나 항공기 또는 점유하는 방실에 침입한 자는 3년 이하의 징역 또는 500만 원 이하의 벌금에 처한다"라고 규정합니다. 주거침입죄는 사실상 주거의 평온을 보호하기 위한 규정으로, 만약 기자가 취재 목적으로 허락 없이 집이나 사무실 등 공간에 진입한다면 적용 여부를 따져 볼 수 있습니다.

먼저 법원의 판결에 비춰 앞선 형법 규정의 의미를 살펴봅니다. "주거"란 주택, 아파트 등 일상적인 의식주 생활을 하는 장소를 의미합니다. "건조물"이란 빌딩, 창고, 극장 등 주위 벽, 기둥과 지붕, 천장으로 구성된 구조물로 사람이 기거하거나 출입할 수 있는 장소를 말하며, 단순히 건물만이 아니라 그 부속한 땅으로서 장벽 등으로 경계가 명확하게 구획되어있는 장소도* 포함합니다.[1]

다음으로 "점유하는 방실"은 건물의 호텔 방, 사무실 등 특정 구획을 의미합니다. 거주자의 의사에 반해 이런 공간에 들어가 평온한 거주 상태를 해친다면, 주거침입죄가 성립한다는 것이죠. 여기서 거주자의 의사는 명시적인 경우뿐 아니라 묵시적인 경우도 포함하기에, 주변 사정에 따라 거주자의 반대 의사가 추정될 수 있습니다.[2] 다만 같이 사는 사람 중 한 명의 승낙이 있었다면, 다른 거주자가 반대했을 것이란 추정만으로는 주거침입죄가 인정되지는 않습니다.[3] 한편, 신체 일부만 들어가더라도 주거침입죄가 성립할 수 있습니다.[4]

특히 최근 법원은 침입 행위를 판단하는 데 있어 그것이 거주자의 의사에 반하는지보다 '사실상의 평온을 해치는지'에 초점을 맞춥니다. 대법원은 전원합의체를 통해 판단 기준을 제시하면서 이러한 태도를 명확히 밝힌 바 있습니다. 판결 내용을 구체적으로 보면 아래와 같습니다. 이는 취재 목적 출입 행위의 위법성을 판단하는데 중요한 기준이 될 수 있으므로, 잘 참고하여 실제 사안에서 활용하도록 합시다.

---

* 이런 장소를 통상 '위요지'라고 지칭합니다. 절 건물이 있는 경내 공간이 그 예입니다.

일반인의 출입이 허용된 음식점에 영업주의 승낙을 받아 통상적인 출입방법으로 들어갔다면 특별한 사정이 없는 한 주거침입죄에서 규정하는 침입 행위에 해당하지 않는다. 설령 행위자가 범죄 등을 목적으로 음식점에 출입하였거나 영업주가 행위자의 실제 출입 목적을 알았더라면 출입을 승낙하지 않았을 것이라는 사정이 인정되더라도 그러한 사정만으로는 출입 당시 객관적·외형적으로 드러난 행위 태양에 비추어 사실상의 평온상태를 해치는 방법으로 음식점에 들어갔다고 평가할 수 없으므로 침입 행위에 해당하지 않는다.

… 출입하려는 주거 등의 형태와 용도·성질, 외부인에 대한 출입의 통제·관리 방식과 상태, 행위자의 출입 경위와 방법 등을 종합적으로 고려하여 행위자의 출입 당시 객관적·외형적으로 드러난 행위 태양에 비추어 주거의 사실상 평온상태가 침해되었다고 평가되어야 한다.[5]

즉 범죄나 불법행위를 목적으로 하더라도 일단 거주자의 승낙을 받았다면, 다시 말해 설령 거주자가 출입자의 진짜 목적을 알면 진입을 거부했을 것으로 보이더라도, 주거침입죄가 성립하지 않을 수 있습니다. 법원은 같은 판례에서 해당 장소의 형태와 용도, 성질, 외부인 출입 관리 방식, 침입자의 출입 경위와 방법 등을 종합적으로 고려하여, 침입자의 행위로 인해 주거의 사실상 평온상태가 침해되었다고 평가되었을 때만 주거침입을 인정한다고 밝힙니다. 과거 법원은 유력 인사들의 대화를 불법 도청하고자 손님을 가장해 식당에 들어간 사례에서 영업주가 출입을 허락하지 않았을 것이란 이유로 주거침입을 인정했었는데,[6] 이런 태도를 바꾼 것입니다.

이제 언론의 취재 행위에 어떻게 대응해야 할지 살펴보도록 하겠습니다. 취재 행위를 목적으로 언론이 거주자인 나의 동의 없이 집이나 사무실 등 거주 공간에 들어와 평온을 해친다면, 원칙적으로 주거침입죄가 성립할 수 있습니다. 예를 들어 별도의 약속 없이 집 안까지 들어와 막무가내로 인터뷰를 진행하거나, 내가 없는 사무실에 들어와 서류나 집기 등을 뒤지거나, 언론인의 신분을 속이고 위장 취업하여 취재를 진행한다면 주거침입죄 여부를 따져 볼 수 있습니다. 다만, 언론의 취재 행위를 주거침입으로 인정한 사례는 찾기 쉽지 않습니다. 수사기관의 기소에 이르는 사례 역시 적습니다.

그 이유는, 먼저 공익 목적의 취재 행위는 형법상 정당행위로 판단될 가능성이 있습니다. 형법은 일단 죄가 성립하더라도 위법성을 없앨 사유가 있으면 책임을 묻지 않는데, 그중 하나가 사회 상규에 위배되지 않는 행위인 '정당행위'일 경우입니다(제20조). 예를 들어 윗집이 상수도관 밸브를 잠근 탓에 수돗물이 나오지 않아 고통을 겪다가 밸브를 확인하고자 부득이 윗집에 들어간 행위,[7] 해고 효력을 다투는 근로자가 조합원 자격으로 노조 사무실에 출입하고자 회사로 들어가는 행위[8] 등은 위법하지 않다고 봅니다. 대법원은 언론 취재를 위한 정보원에의 접근이 정당행위에 해당할 수 있음을 판시한 바 있습니다.

> 신문은 헌법상 보장되는 언론자유의 하나로서 정보원에 대하여 자유로이 접근할 권리와 취재한 정보를 자유로이 공표할 자유를 가지므로(신문 등의 진흥에 관한 법률 제3조 제2항 참조), 종사자인 신문기자가 기사 작성을 위한 자료를 수집하기 위해 취재 활동을 하면서 취재원에게 취재에 응해줄 것을 요청하고 취재한 내용을 관계 법령에 저촉되지 않는 범위 내에서 보도하는 것은 신문기자의 일상적 업무 범위에 속하는 것으로서, 특별한 사정이 없는 한 사회 통념상 용인되는 행위라고 보아야 한다.[9]

다음으로, 앞서 살펴본 바와 같이 법원은 주거침입에 대해 '사실상의 평온'을 해치는지에 초점을 맞춥니다. 따라서 통상적인 출입방법을 거치거나 관리인의 허락을 받아 들어갔다면, 행위 자체에 특별한 문제가 없는 한 취재 목적을 숨겼더라도 주거침입에 해당하지 않는다고 볼 가능성이 큽니다.

예를 하나 살펴봅니다. SBS 시사 프로그램《그것이 알고 싶다》의 제작 인력(이하 A 등)은 취재를 위해 ○○구치소에 수용 중인 피의자 B를 접견하여 촬영했습니다. 이때 A 등은 취재 목적을 숨긴 채 피의자 B의 지인인 것처럼 신분을 속이고 접견 신청서를 작성해 허가를 받았고, 반입이 금지된 소형 녹음, 녹화 장비를 소지하고 B를 접견하며 장면을 촬영하고 대화를 녹음했습니다. 대법원은 해당 사건의 건조물침입 여부 쟁점에 대해 아래와 같이 밝히며 A 등의 죄가 인정되지 않는다고 보았습니다.

> 관리자에 의해 출입이 통제되는 건조물에 관리자의 승낙을 받아 건조물에 통상적인 출입방법으로 들어갔다면, 이러한 승낙의 의사표시에 기망이나 착오 등의 하자가 있더라도 특별한 사정이 없는 한 형법 제319조 제1항에서 정한 건조물침입죄가 성립하지 않는다. 이러한 경우 관리자의 현실적인 승낙이 있었으므로 가정적·추정적 의사는 고려할 필요가 없다. 단순히 승낙의 동기에 착오가 있다고 해서 승낙의 유효성에 영향을 미치지 않으므로, 관리자가 행위자의 실제 출입 목적을 알았더라면 출입을 승낙하지 않았을 사정이 있더라도 건조물침입죄가 성립한다고 볼 수 없다. 나아가 관리자의 현실적인 승낙을 받아 통상적인 출입방법에 따라 건조물에 들어간 경우에는 출입 당시 객관적 · 외형적으로 드러난 행위 태양에 비추어 사실상의 평온상태를 해치는 모습으로 건조물에 들어간 것이라고 평가할 수도 없다.[10]

구체적으로 법원은 △ A 등이 접견 신청인으로서 건조물 관리자인 구치소장으로부터 출입 관리를 위탁받은 교도관의 승낙을 받아 통상적인 출입방법으로 구치소 내 민원실과 접견실에 들어갔다는 점, 즉 관리자의 의사에 반해 사실상의 평온 상태를 해치는 모습으로 진입한 것이 아닌 점, △ 취재 목적으로 녹음, 녹화 장비를 몰래 소지하였기에 구치소장이나 교도관이 이를 알았다면 승낙하지 않았을 것이긴 하지만, 이는 승낙의 동기에 착오가 있는 것에 불과하므로 구치소장, 교도관의 의사에 반해 출입하거나 사실상 평온 상태를 해치는 모습으로 진입했다고 평가할 수는 없는 점을 근거로 내린 판단이었습니다.

지금까지 살펴본 대법원의 최근 판단을 고려하면, 취재를 목적으로 한 언론의 진입이 무죄로 판단될 여지가 상당한 것으로 보입니다. 그렇더라도 애초에 관리자의 아무런 허락도 얻지 않거나 명시적인 제지에도 불구하고 건물에 진입하는 것, 잠금장치나 외벽 등을 변형하거나 훼손하는 방법으로 무리하게 진입하는 것, 일반적으로 엄격히 출입이 통제되는 내밀한 사적 공간에 진입하는 것 등은 사실상 주거의 평온 상태를 해친다고 볼 수 있습니다. 따라서 공익성이 높은 보도를 위해 다른 수단이 없는 긴급한 상황이었다는 등 정당행위로 평가되지 않는 한, 이들은 여전히 주거침입죄의 책임을 질 가능성이 큽니다. 이렇게 책임이 인정된 사례 하나를 살펴봅시다.

2017년 정부는 경북 성주군 골프장 부지였던 곳을 사드THADD(고고도 미사일 방어 체계) 기지로 확정하고, 발사대 일부를 배치했습니다. 추가 발사대 배치가 예정된 상황에서, 언론사 기자 C는 이에 반대하는 이들과 함께 각목, 모포, 장갑 등 도구를 이용해 내·외곽 철조망을 통과하여 내부에 진입했습니다. 이들 중 일부는 기지 내부를 동영상으로 촬영하고 상황을 실시간 중계했으며, 사드 반대 구호를 외치기도 했습니다. 기자 C는 언론사 스티커가 붙은 카메라를 들고 함께 이동하면서 해당 장면을 촬영하였습니다.

이러한 C의 행위에 대해, 법원은 공동주거침입죄를 인정했습니다(「폭력행위 등 처벌에 관한 법률」 제2조 제2항 제1호). 기사 작성을 위한 자료를 수집하기 위해 취재원에 접근하는 것은 특별한 사정이 없는 한 용인되는 행위이지만, C의 행위는 수단이나 방법의 상당성, 법익 균형성, 긴급성, 보충성 등을 갖추지 못해 기자의 일상적 업무 범위, 사회 통념상 용인되는 정당행위에 해당할 수 없다고 판단한 것입니다. 그 이유로는 △ 기자가 동행한 다른 침입자들이 사드 배치의 부당함을 알리고자 관리자 승낙 없이 사드 기지에 침입할 것임을 알면서도 동행했고, △ 당시 군 당국이 사드 기지 경계에 이중으로 철조망을 설치해 외부인 출입을 엄격히 통제했었으며, 언론사의 취재를 위한 출입 역시 허용하지 않았고, △ 기자가 다른 침입자들과 함께 철조망을 통과하는 방법으로 사드 기지 내부에까지 들어갔다는 점을 지적하였습니다.[11]

> **지식⁺** 　**기자의 잠입 취재**
>
> 신분을 속이고 출입해서 촬영하거나 아예 위장 취업을 해서 내부 정보를 파악하는 잠입 취재는 언론이 적지 않게 활용하는 취재 방식입니다. 이런 잠입 취재는 주거침입과 업무방해 여부가 문제시될 수 있는데, 주거침입을 이유로 수사기관의 기소 및 유죄 판결이 이어지기는 쉽지 않을 것입니다. 공익 목적의 취재라면 정당행위가 인정될 가능성이 있고, 잠입 취재 자체가 기자의 신분과 취재 목적을 속일 뿐 관리자의 허락은 득하고 공간에 진입하는 경우가 대부분이므로 사실상의 평온을 해친다고 판단될 가능성은 적기 때문입니다. 업무방해 역시 실제 인정된 사례를 찾기 쉽지 않습니다.*
>
> 　잠입 취재와 관련해 많이 알려진 판결 사례로 계룡대 잠입 취재 사건이 있습니다. MBC 《뉴스데스크》는 충남 계룡대 영내 안에 운영되는 유흥주점의 실태를 고발한 공익적 보도를 했는데, 해당 취재 과정에서 기자가 지인의 출입증으로 군부대 초소를 통과했습니다. 대법원은 해당 기자의 초소침입죄를 인정했는데, 허위 출입증으로 초병을 속여 군부대 초소를 침범한 행위가 정당행위 성립요건인 행위의 수단이나 방법의 상당성, 긴급성과 보충성을 갖추지 못했다고 판단한 것입니다.[12]
>
> 　해당 판결은 선고유예가 내려진 사안으로,** 초소침입이 주거침입과 달리 초병의 직무수행 완전성을 보호하는 군형법 규정이라는 점을 고려할 필요가 있습니다. 다만, 공익성이 큰 진실한 보도로서 군부대 내부의 부당한 관행을 취재할 다른 수단이 없었다는 점에서 이 판결은 비판받기도 합니다. 초소가 아닌 주거나 건조물에 관련한 판단이었다면 다른 결론이 내려졌을 가능성이 있다고 보입니다.

---

* 이와 관련한 사항은 아래 '언론이 내 업무를 방해하거나 협박한다면?'에서 자세히 살펴보겠습니다.

** 죄가 인정되기는 하지만, 경미한 사안이어서 형의 선고를 미룬 것을 말합니다.

⓺ 내 집, 내 사무실에서 나가지 않는 기자, 처벌할 수 있을까?

기자가 적법하게 내 공간에 들어왔더라도, 나가 달라는 요구에 불응한다면 퇴거
불응죄가 적용될 수 있습니다.

사람이 주거하거나 관리하는 건조물, 선박, 항공기 또는 점유하는 방실에 들어간 자가 퇴거를 요구받고도 응하지 않는다면, 형법에 따라 퇴거불응죄로 처벌됩니다(제319조 제2항). 실수로 들어온 경우라도 마찬가지입니다. 퇴거 요구는 (주거자, 관리자, 점유자, 혹은 그들로부터 위임받은 자 등) 요구할 수 있는 권리자가 해야 하고, 반복할 필요 없이 1회만 해도 충분하나 그 자체로 정당해야 합니다. 법원은 일반적으로 개방된 장소라 하더라도 관리자가 필요에 따라 그 출입을 제한할 수 있으므로, 관리자의 퇴거 요구에 응하지 않으면 퇴거불응죄가 된다고 보기도 합니다.[13]

따라서 기자가 주거침입죄에 해당하지 않는 방식으로 적법하게 공간에 들어왔더라도, 나가 달라는 관리자의 말을 무시한 채 계속 머무른다면 이 죄의 적용을 받을 수 있습니다. 한 예로, MBC 보도국장실에 들어간《미디어오늘》소속 기자가 나가달라는 요청에 불응한 채 취재 질의를 한 사안에 대해 퇴거불응죄가 인정된 적 있습니다.[14] 법원은 피해자(보도국장)가 관리하는 보도국장실에 기자가 들어갔고, 피해자로부터 퇴거 요구를 받고도 이에 불응하면서 약 1분 15초 정도 머물렀으며, 결국 다른 사람에 의해 나오게 된 점을 인정했습니다. 그러면서 보도국장실을 방문할 때 필요한 통상의 절차에 비추어 해당 퇴거 요구는 정당한 것이었고, 불응 과정에서의 대화 내용과 머문 시간 등을 고려할 때 기자의 행위는 피해자가 보도국장실에서 누릴 사실상의 평온

을 침해했다고 봤습니다.

아울러 법원은 기자의 행위를 정당행위로 인정하지 않은 데 대해, 기자가 적법한 절차를 거쳐 MBC 건물에 출입한 것이 아니며 더구나 보도국장실을 방문하면서도 사전에 취재 요청을 하지 않았던 점을 보아 이는 신문진흥법에 따른 정당한 취재 행위라고 볼 수 없고, 피해자의 퇴거 요구가 정당한 이상 소극적 저항 행위에 불과하다고 할 수 없다는 이유를 들었습니다.

② 언론이 내 업무를 방해하거나 협박한다면?

> 과도한 속임수나 물리적인 마찰을 일으키는 취재는 업무방해가 될 수 있습니다. 기자가 불리한 보도를 언급하며 취재요구를 하는 정도라면 문제 되지 않겠지만, 보도와 관련 없는 요구를 하거나 비정상적인 취재 행위를 한 경우라면 협박이 될 수 있습니다.

형법은 허위 사실을 유포하거나 기타 위계(속임수), 위력으로써 사람의 업무를 방해한 자는 5년 이하의 징역 또는 1,500만 원 이하의 벌금에 처한다고 규정하고 있습니다(제314조 제1항). 업무방해는 앞서 살펴본 주거침입과 함께 기자의 취재 활동에 대해 가장 먼저 떠올리게 되는 형사처벌 규정입니다. 업무방해는 허위 사실 유포, 즉 진실이 아닌 기사가 보도됨에 따라 발생할 수 있습니다. 또한, 신분과 취재 목적을 속여 취재하거나(위계), 무리하게 취재를 요구하며 물리적 마찰을 일으키는 등(위력), 취재 과정상의 문제로도 발생할 수 있습니다.

위의 형법 규정에서 말하는 '업무'는 직업이나 사회생활상 지위에 의해 계속 종사하는 일, 사업 일체를 말합니다. 따라서 그 일이 주이든 부수적이든 상관없고, 일회성이라도 어느 정도 계속되는 것이거나 본래 업무와 밀접한 관계가 있으면 대상이 됩니다. 직장에서 통상 하는 전반적인 사무, 업장에서의 장사, 기타 영업이나 회의 등 내가 사회인으로서, 회사나 단체가 사회적인 존재로서 보통 하는 일이 여기에 포함된다고 생각하면 될 것입니다. 보호 가치가 없는 위법한 것이 아닌 한 이런 업무는 법의 보호를 받으며, 실제 어떤 손해를 보지 않았더라도 지장을 줄 만한 위험이 발생하면 업무방해죄가 성립됩니다.

허위 사실을 담은 보도에는 명예훼손과 함께 업무방해 역시 적용될 수 있습니다. 명예를 훼손했느냐, 업무를 방해했느냐 하는 결과적 부분만 제외하면 허위 사실을 퍼뜨린다는 행위 자체는 같기에, 고소 내용에 따라 명예훼손과 업무방해가 함께 다뤄지기도 합니다.

법원은 업무방해죄의 허위 사실 유포를 적용하려면 "행위 당시 자신이 유포한 사실이 허위라는 점을 적극적으로 인식하였을 것을 요한다"라고 말합니다.[15] 항상 그렇다고 볼 수는 없겠지만, 기사 내용이 진실이라면 허위 사실 적시에 의한 명예훼손과 허위 사실 유포에 의한 명예훼손 모두 성립하지 않고, 반대로 언론이 충분한 취재를 거친 결과 허위성을 인식하지 못했다면 명예훼손뿐 아니라 허위 사실 유포에 의한 업무방해 역시 성립하지 않게 되기 때문에, 언론보도가 원인이 된 사건에서는 두 죄의 성립 여부가 같게 결론지어질 때가 많습니다.*

업무방해와 관련한 '위력'은 사람의 자유로운 의사를 제압하거나 혼란케할 만한 일체 세력을 의미하고, 유무형을 불문하므로 폭행, 협박은 물론 사회적, 경제적, 정치적 지위와 권세에 의한 압박 등도 포함합니다. 단순한 예로

---

* 진실이 아닌 기사가 명예를 훼손하진 않았으나 업무에 지장을 초래할 만한 정보를 담고 있다거나, 명예훼손적이긴 하나 업무 수행에는 별다른 지장이 없는 내용을 담고 있다면, 결론이 달라질 수 있을 것입니다.

기자가 취재원에게 접근을 시도하며 업무 중인 회사에서 과도한 몸싸움을 일으키는 경우를 들 수 있겠습니다. 이 때문에 위력에 의한 업무방해는 주거침입과 함께 문제시될 때가 많습니다. 법원은 인터넷 언론사 서울의소리 대표가 취재를 이유로 가로세로연구소 사무실에 사전 약속 없이 찾아온 후 출입문을 강제로 열며 진입을 시도했고, 이 과정에서 신체 일부가 사무실에 들어갔을 뿐 아니라 문을 세게 밀어 직원들을 다치게 한 사실을 인정하면서, 상해, 업무방해, 건조물침입 혐의에 대해 벌금형을 선고한 바 있습니다.*

한편, '위계'는 행위자가 목적을 달성하기 위해 상대방에게 오인, 착각 또는 부지(알지 못함)를 일으켜 이를 이용하는 것을 말합니다. 위장 취업 등 신분을 속이는 방식의 잠입 취재를 대표적인 예로 들 수 있고, 이 역시 주거침입과 함께 문제시되는 경우가 많습니다. 다만, 앞서 언급했듯이 잠입 취재와 같은 방식에서 위계에 의한 업무방해가 처벌되는 경우는 그리 많지 않습니다. 공익 목적의 취재 행위로서 정당행위가 인정된다는 결론에 도달할 여지가 있고, 업무방해에 해당하더라도 경미한 사안으로 보아 재판에 넘기지 않는, 기소유예 처분을 내리는 경우가 많기 때문입니다.

한 예로, MBC 프로그램 《불만 제로》의 한 제작진이 서울의 ○○유치원에 보조교사로 위장 취업한 후, 해당 유치원에서 유통기한이 지난 어묵과 녹슨 용기에 든 케첩을 먹이는 장면을 촬영해 방송한 사안이 있었습니다. 검찰은 고소인이 처벌을 원치 않는다는 이유로 명예훼손 혐의에 대해 '공소권 없음'의 불기소 처분을,** 업무방해 혐의에 대하여는 기소유예 처분을 내렸습

---

* 다만, 1심 선고 후 판결 확정 여부에 대하여는 언론을 통해 알려지지 않은 것으로 보입니다. 황윤기, 〈'가세연 업무방해' 서울의소리 백은종 벌금 300만 원〉, 《연합뉴스》, 2022.06.14. https://www.yna.co.kr/view/AKR20220614123700004

** 명예훼손은 반의사불벌죄로, 피해자가 처벌을 원하지 않으면 기소할 수 없습니다. 검찰은 '공소권 없

니다.[16] 다만, 잠입 취재라도 처벌이 내려지는 경우가 있습니다. 치과의사협회 회장의 규정 위반을 취재하면서 지인을 시켜 타인의 주민등록번호로 진료를 예약하고, 그와 대동하여 병원 내부를 촬영한 기자에게 벌금형의 약식명령이 내려진 최근 사안을 예로 들 수 있겠습니다.[17]

드물기는 하지만 취재 과정에서의 협박이 문제가 될 때도 있습니다. 협박은 상대방이 공포를 느낄 정도의 해악을 알리는 행위로, 취재를 위한 것이더라도 처벌될 가능성이 있습니다. 그렇다면, 취재에 응하지 않을 시 나에게 불리한 내용을 보도하겠다는 것도 협박죄의 적용을 받을 수 있을까요?

먼저 판결 사례 하나를 살펴봅니다. 《검찰신문》의 한 기자는 자신이 조사 중인 재산 편취, 증여세 포탈 등 관련 의혹에 대한 취재를 법무사 A에게 2회에 걸쳐 요구하면서, 응하지 않으면 지금까지의 취재 내용을 그대로 보도하겠다는 취지의 말을 했습니다.

구체적으로는 취재 대상의 사무실에 찾아가 수첩을 꺼내 놓고 취재에 응하지 않으면 지금까지 조사한 내용을 그대로 신문에 보도하겠다고 말했고, 며칠 후 재차 방문하여 "지금부터 하는 모든 대화는 녹음되고 있다. B의 재산을 불법으로 편취하고, 증여세를 포탈한 점에 대해 독자들의 알 권리를 위해 취재에 응해 달라. C가 B로부터 증여받은 부동산을 다시 C에게 반환하라고 법무사인 당신에게 주었는데, 당신이 서류를 위조하여 D, E에게 증여했는데 범법행위가 아니냐"라고 말했습니다. 그러면서 준비해 간 인터뷰 협조 요청서와 서면질의 내용을 책상 위에 올려놓고, "취재에 응하지 않으면 내가 조사한 B의 재산 불법 편취, 증여세 탈세, C의 사문서위조 등에 관한 내용을 그대로 다음 주 신문, 방송에 보도하겠다. 마지막으로 한 번의 기회를 주겠다. 다

_____

음' 불기소 처분으로 해당 사건을 종결했습니다.

음 주 월요일까지 시간을 주는데 응하지 않으면 불리할 것이다"라고 말했습니다.

법원은 이와 같은 취재 행위에 대해 우선 협박이 성립한다는 점을 인정하면서도, 정당행위로서 위법성이 없다는 결론을 내렸습니다. 그 이유로 △ 의혹 제보를 듣고 행동한 것으로 취재와 보도를 빙자해 부당한 요구를 하려던 것은 아니었고, △ 2회에 걸쳐 증여세 포탈에 대한 취재를 요구하면서 이에 응하지 않으면 자신이 취재한 내용대로 보도하겠다고 말한 것에 불과함을 지적했습니다. 또한 △ 재산 증여 과정에서 실제 운영하지 않은 종교단체가 설립되어 기부가 이루어졌고 세무서는 탈세 여부를 조사한 후 이에 대해 증여세를 추징했다고 통지한 바 있으며, △ 기자는 취재를 거절당하자 협조 요청서와 서면질의 내용을 두고 자리를 나왔을 뿐 폭언을 하거나 대가를 요구하지 않았다는 점, 그리고 △ 취재 대상에게 불리한 사실을 보도할 경우 신문기자로서는 그 보도에 앞서 정확한 사실을 확인하고, 보도 여부 등을 결정하기 위해 취재 요청이 필요했으리라고 보이는 점도 이유로 들었습니다.

결론적으로 이러한 사정을 바탕으로 법원은 해당 기자의 행위가 "신문기자로서의 일상적인 업무 범위 내에 속하는 것이어서 사회상규에 반하지 아니하는 행위"라는 판단을 내린 것입니다. 의혹의 근거가 있는 사안에 대해 취재를 요구하면서, 응하지 않으면 불리하게 보도될 수 있다는 점을 알리는 정도라면, 협박죄로 처벌하기 어려움을 알 수 있는 예라 하겠습니다.[18]

나아가 해당 판결에서 살핀 사정들로 미뤄봤을 때, △ 공익 목적이 아니거나 신빙성 있는 제보 등 별다른 의혹의 근거를 갖추지 못한 경우, △ 보도와 관련 없는 해악을 고지하거나 취재와 무관한 다른 요구를 하는 경우, △ 보도하지 않는 대가를 요구하거나 폭언 등 정상적인 방식을 벗어난 취재라면, 협박죄를 면하지 못할 가능성이 있다고 보입니다.

업무방해에 해당하는 취재 행위가 공무원의 직무집행에 대해 이뤄진다면 공무집행방해죄가 적용될 수 있습니다. 직무를 행하는 공무원을 폭행하거나 협박한 자, 위계로써 공무원의 직무집행을 방해한 자 등은 형사처벌을 받습니다(「형법」 제136조, 제137조). 여기서 공무원의 직무집행은 적법한 것이어야만 하며,[19] 업무방해와 마찬가지로 기자의 취재 행위가 정당행위로 평가될 여지도 있습니다.

위계, 즉 속임수에 의한 공무집행방해와 관련해 한 가지 유의할 점은, 언론이 취재 과정에서 단순히 공무원의 감시와 단속을 피해 금지 규정을 위반한 것에 불과하다면, 이는 그 행위를 적발하지 못한 공무원의 직무 소홀일 뿐 위계에 의한 공무집행방해로 볼 수는 없다는 것입니다.[20] 앞서 주거침입 부분에서 살펴본 SBS《그것이 알고 싶다》사례에서 취재진은 촬영을 위한 녹음, 녹화 장비를 숨기고 구치소에 반입했습니다. 이는 위계에 의한 공무집행방해로 문제시될 수 있었지만, 법원은 금지 물품의 반입·반출을 검사하고 단속할 직무상 권한과 의무는 교도관에게 있다며, 취재진의 행동은 단지 단속을 피해 교정시설의 금지 규정을 위반한 것일 뿐 위계에 의한 공무집행방해가 성립하진 않는다고 판단했습니다.[21]

언론의 엠바고는 "취재원과 취재기자들 사이에 특정 사안에 대한 보도를 일정 시점까지 유예하기로 하는 내용의 약정 또는 신사협정"으로 정의될 수 있습니다.[22] 공식 발표 전 정부 기관이 국가 안보나 외교 비밀 누설 등을 이유로, 의학 단체가 인간의 생명 손실 등을 이유로 언론에 요청하곤 하며, 기업이나 과학 관련 단체 역시 많이 활용합니다.[23]

엠바고는 법률에 따른 규제가 아니기에 이를 어기더라도 어떤 처벌을 받진 않습니다. 다만 기자단 내부에서 징계를 통해 정부 기관이 해당 언론사의 기관 출입을 제한하거나, 보도자료 제공을 중지케 하는 등 불이익을 주기도 합니다. 예를 들어 《연합뉴스》는 방송통신위원회의 전체 회의 정식 의결 전에 엠바고를 파기하고 〈MBN 승인 취소 모면〉을 보도한 일이 있습니다.* 이에 기자단의 결정에 따라 해당 언론에 대해 방송통신위원회 1개월 출입 정지, 보도자료 제공 금지 등의 불이익이 주어졌습니다.[24]

이런 불이익과 관련하여, 법원은 안보 작전 사안에서 엠바고를 무시하고 보도한 언론에 행정기관이 가한 제재를 위법하지 않다고 본 바 있습니다. 해당 사안은 보도 언론사가 국방부 출입기자단 소속이 아니어서 엠바고 요청을 직접 받지는 않았던 경우임에도 그런 결론이 내려진 것입니다. 다만 이는 대법원의 판단은 아니며 그에 대한 비판적인 시각도 있습니다.[25] 따라서 해당 판결을 근거로 엠바고 파기 언론에 손해배상 책임 등 직접 법적인 책임을 물을 수 있다는 결론을 내리긴 어렵습니다.

---

* 보통은 의결 이후 위원회의 언론 브리핑이 있을 때까지 엠바고가 설정됩니다.

2. 선을 넘은 취재, 무단 녹음과 절도

언론이 취재로부터 얻고자 하는 것은 곧 '정보'입니다. 정보는 수사기관이나 기업에서 배포하는 보도자료에 담긴 것보다, 드러나지 않은 곳에 있어 파헤쳐야 할 때 그 가치가 높습니다. 이러한 숨겨진 사실을 밝히는 것은 그 자체로 공공의 이익이기도 하지만, 다른 언론사는 모르는, 독자와 시청자의 관심을 끌 수 있는 수단이기도 합니다. 따라서 과열된 취재 경쟁을 촉발하는 요인이 될 수 있습니다.

때론 이런 취재 경쟁이 선을 넘기도 합니다. 정보를 담은 말과 글을 얻는 데 있어 정상적인 방법을 사용하기 어려울 때, 어떤 기자는 다른 사람의 말을 몰래 듣거나 녹음하고, 허락 없이 남이 쓴 문서를 가져가며 취재를 시도할 때가 있습니다. 그 공익성을 고려하더라도, 이런 방식의 취재는 통신과 대화에 있어 내가 가진 비밀과 자유, 그리고 재산권을 침해하는 불법적인 행위일 수 있습니다.

취재 행위에서 발생하는 통신비밀보호법 위반, 그리고 절도에 대해 자세히 알아봅시다.

ⓠ 대화를 몰래 녹음한 기자, 처벌할 수 있을까?

기자가 자신이 참여하지 않은 타인 간의 대화를 청취·녹음하거나, 그 결과로 수집된 내용을 보도하면 통신비밀보호법 위반에 해당합니다. 정당행위로 인정될 수도 있지만, 공익성이 높고 상당한 방법을 취하는 등 예외적인 경우에만 가능합니다.

통신비밀보호법은 통신 및 대화의 비밀과 자유를 보호하기 위한 법입니다. 이는 누구든 법이 규정하지 않은 우편물을 검열하거나, 전기통신을 감청하거나, 공개되지 않은 타인의 대화를 녹음 또는 청취하지 못하게 규정합니다(제3조 제1항, 제16조 제1항 제1호). 또한 불법 감청, 녹음 등으로 수집한 통신이나 대화 내용을 공개 혹은 누설하는 행위를 처벌합니다(제16조 제1항 제2호). 헌법은 제18조에서 "모든 국민은 통신의 비밀을 침해받지 아니한다"라고 명시하며, 통신비밀보호법은 이러한 헌법정신을 구현하고 사적 영역에서의 자유로운 의사 전달과 정보 교환을 보장하기 위한 규정입니다.

통신비밀보호법에서 금지하는 행위 중 특히 언론과 관련해 자주 쟁점이 되는 것은, 공개되지 않은 타인 간의 대화를 녹음이나 청취하고 이를 통해 수집한 통신 혹은 대화 내용을 보도하는 행위입니다. 통신의 비밀은 마땅히 보호해야 하지만, 공공에 반드시 알려야 할 보도 가치가 있는 정보는 비공개로 이루어지는 내밀한 대화에서 교환될 때가 많습니다. 박청렴 시장의 뇌물수수 의혹이 베일에 싸여 있을 때 그가 공사업자와 뇌물의 대가를 논하는 구체적인 대화가 오간다면, 이를 녹음으로 남기고 보도로 알릴 공익적 필요성이 어느 정도 인정될 수 있을 것입니다. 그러나 단지 그 공익적 목적만으로 언론의 대화 녹음과 보도를 폭넓게 면책한다면, 개인 간 자유로운 의사소통과 정보 교환이 지나치게 위축되는 결과를 초래할 것입니다.

취재 행위의 통신비밀보호법 적용과 관련해 꼭 알아야 할 내용을 살펴봅시다.

첫째, 해당 법은 무단 녹음이나 청취를 금지하는 비공개 대화를 '타인 간'의 대화로 명확히 규정하고 있습니다. 즉 대화에 참여하지 않은 제3자가 이를 녹음하거나 청취하면 안 된다는 취지입니다.[26] 기자가 취재원과 직접 통화하면서 이를 별다른 허락 없이 녹음해도, 이는 타인 간의 대화가 아니므로 법의 처벌 대상이 아닙니다. 그것을 방송에서 보도하더라도, 이는 음성권 침해에 따른 민사상 손해배상 여부를 따질 수 있을 뿐 통신비밀보호법 위반에 따른 형사처벌 여부는 생각하긴 어렵습니다.

다만 기자가 상대와 대화하면서 녹음을 시작했더라도, 그 녹음이 종료되지 않은 채 타인 간의 대화까지 이어서 녹음하게 된다면 마찬가지로 법 위반이 될 수 있습니다. 《한겨레》 소속 기자가 재단법인 정수장학회 이사장과 통화 및 녹음을 하던 중 대화를 종료하였는데, 때마침 타 언론사 사람들이 방문하자 이사장은 실수로 통화 종료 버튼을 누르지 않고 휴대전화를 탁자에 놓았습니다. 이에 기자는 통화와 녹음을 중단하지 않고 한 시간가량 이어진 이들 간의 대화를 청취하였으며, 녹취록 형태로 이를 상세히 보도했습니다. 이 사안에 대해 법원은 통신비밀보호법 위반죄를 인정하였습니다.[27]

둘째, 앞서 말했듯이 기자의 타인 간 대화 녹음, 보도는 공익적 목적의 정당행위에 해당할 수 있지만, 항상 그러한 것은 아닙니다. 위의 《한겨레》 사례에서 기자가 청취, 녹음한 내용은 장수장학회의 언론사 지분 매각에 관한 것이었습니다. 사회적 관심이 높은 사안인 만큼 기자의 청취, 녹음이 공익적 목적에 따른 정당행위라고 주장할 수도 있어 보입니다. 그러나 법원은 이를 인정하지 않습니다. △ 기자는 대화 당사자들이 어떤 대화를 나눌지 모르는 상태에서 그 내용을 탐색해 보려고 이를 청취·녹음하기 시작했고, △ 이사장 등이 공적 인물로서 사생활의 비밀과 자유가 어느 정도 제한되는 건 사실이지만 불법 녹음이나 공개를 염려하지 않고 대화할 권리까지 쉽게 제한될 순 없다는 이유였습니다.

또한 이 대화를 보도한 데 대해서도 마찬가지로 판단했습니다. △ 그것이 불법 녹음한 대화를 실명과 함께 그대로 공개해야 할 만큼 공익에 중대한 침해가 발생할 가능성이 큰 사안이자 비상한 공적 관심의 대상이라 하기 어렵고, △ 보도의 자료가 대화 당사자들 몰래 청취·녹음하여 취득한 불법적인 자료였으며, △ 대화의 주요 내용을 비실명 요약 보도하더라도 재단법인과 언론사의 관계를 알 수 있는데도, 실명과 대화의 상세 내용까지 그대로 공개함으로써 그 수단과 방법의 상당성을 일탈한 점 등을 고려한 판단이었습니다.

특히, 법원은 언론이 직접 참여하지 않았더라도 불법 감청·녹음으로 수집되었음을 알면서 통신 또는 대화 내용을 보도하는 행위에 대해 정당행위 판단 기준을 명확히 제시한 바 있습니다.[28] 언론이 직접 불법 녹음을 해 이를 보도할 때도 있지만, 실제로는 불법 녹음된 파일을 취재 과정에서 입수해 보도할 때가 상대적으로 많습니다. 따라서 아래의 해당 기준을 눈여겨볼 필요가 있습니다

① 보도의 목적이 불법 감청·녹음 등의 범죄가 저질러졌다는 사실 자체를 고발하기 위한 것으로 그 과정에서 불가피하게 통신 또는 대화의 내용을 공개할 수밖에 없는 경우이거나, 불법 감청·녹음 등에 의하여 수집된 통신 또는 대화의 내용이 이를 공개하지 않으면 공중의 생명·신체·재산 기타 공익에 대한 중대한 침해가 발생할 가능성이 현저한 경우 등과 같이 비상한 공적 관심의 대상이 되는 경우여야 함.

② 언론이 불법 감청·녹음 등의 결과물을 취득하는 데 있어 위법한 방법을 사용하거나 적극적·주도적으로 관여해서는 안 됨.

③ 그 보도가 불법 감청·녹음 등의 사실을 고발하거나 비상한 공적 관심 사항을 알리기 위한 목적을 달성하는 데 필요한 부분에 한정되는 등 통신 비밀의 침해를 최소화하는 방법으로 이루어져야 함.

④ 언론이 그 내용을 보도함으로써 얻어지는 이익 및 가치가 통신 비밀의 보호에 의하여 달성되는 이익 및 가치를 초과해야 함. 여기서 그 이익의 비교·형량은, 불법 감청·녹음된 타인 간의 통신 또는 대화가 이루어진 경위와 목적, 통신 또는 대화의 내용, 통신 또는 대화 당사자의 지위 내지 공적 인물로서의 성

격, 불법 감청·녹음 등의 주체와 그러한 행위의 동기 및 경위, 언론이 그 불법 감청·녹음 등의 결과물을 취득하게 된 경위와 보도의 목적, 보도의 내용 및 그 보도로 인하여 침해되는 이익 등 제반 사정을 종합적으로 고려해 정함.

> **지식⁺** ▶ 몰래카메라 취재
>
> 앞서 주거침입, 업무방해를 다루며 기자의 잠입 취재에 대해 살펴보았습니다. 잠입 취재에서 부수적으로 녹음기나 카메라를 사용한 녹음, 녹화와 함께 이루어질 때가 있습니다. 뉴스를 보면 흐릿한 화면이 인터뷰 대상의 하체만 비추며 녹음된 인터뷰 목소리만 나오는 장면을 볼 수 있는데, 이 역시 발언 대상이 촬영 사실을 인지하지 못했다는 점에서 몰래카메라 방식의 잠입 취재와 유사점이 있습니다. 이와 같은 과정에서 녹음기든 카메라든 타인 간의 대화를 수집한다면, 통신비밀보호법 위반에 해당할 수 있습니다. 결국 위법성은 앞서 살펴본 정당행위 해당 여부에 따라 달라집니다.

⊚ 내 소유물을 무단으로 가져간 기자, 처벌할 수 있을까?

무단으로 서류나 저장매체 등 내 소유물을 가져간 기자는 절도죄로 처벌할 수 있습니다. 단, 곧바로 이를 반환했다면 절도죄 적용이 어려울 수 있습니다. 또한 공익성이 큰 보도를 위한 취재라면 정당행위에 해당할 여지가 있습니다.

언론의 취재와 절도는 언뜻 보면 큰 연관성이 없어 보이지만, 취재 중 절도가 쟁점화되는 사례는 다수 존재합니다. 이전에는 중요한 보도 가치가 있는 서류를 기자가 무단으로 취하는 경우가 있었다면, 근래에는 문서 파일이 담긴 태블릿이나 외장 하드 등 전자적 저장매체를 기자가 허락 없이 입수하는 경우가 발생하곤 합니다.

형법은 타인의 재물을 절취한 자는 6년 이하의 징역 또는 1천만 원 이하의 벌금에 처합니다(제329조). 여기서 "재물"은 유체물이나 관리할 수 있는 동력(예: 전기)을 의미하므로, 서류나 전자적 저장매체에 있는 정보 자체는 절도죄의 대상이 아닙니다. 그러나 어떤 금전적인 교환가치를 가질 필요는 없기에, 서류 1장을 훔치더라도 절도죄가 성립할 수 있습니다. 한편, "절취"란 타인이 점유하는 타인 소유의 재물을 점유자의 의사에 반해 그 점유를 배제하고 자기나 제3자로 옮기는 것을 말합니다. 따라서 주인이 소유권을 포기해버린 상태의 물건이라면 절도죄의 대상이 되진 않습니다.*

아울러 절도죄의 중요한 요건으로, 죄의 성립을 위해서는 행위자에게 '불법영득의사'가 있어야 합니다. 즉, 단순히 내 쪽으로 점유를 가져오는 것에 그치지 않고 물건 권리자를 계속적, 지속적으로 배제하는 한편, 자기 소유물처럼 물건을 이용 또는 처분하려는 의사가 있어야 합니다. 법원은 증거 인멸을 위해 물건을 가져다가 태워버린 사안, 도장을 꺼내 몰래 찍은 후 제자리에 돌려놓은 사안에서 불법영득의사가 없다고 보아 절도죄 성립을 부정한 바 있습니다.[29]

다만, 법원은 불법영득의사가 물건 자체만이 아니라 그 물건이 지닌 경제적 가치도 대상이 될 수 있다고 봅니다. 따라서 물건을 되돌려 놓더라도, 그 물건의 기능적인 가치를 침해해 경제적 가치가 감소했다면, 절도죄가 성립할 수 있습니다. 예를 들어 통장을 몰래 가져가 돈을 인출하고 제자리에 갖다 놓은 사례에서 법원은, 통장을 다시 반환했더라도 이는 예금액에 대한 증명 기능이란 통장의 경제적 가치를 소모한 것이므로 불법영득의사를 인정할 수 있다고 봤습니다.[30]

---

* 점유와 소유는 다른 개념입니다. 점유는 재물을 사실상 지배하고 있는 상태를 뜻하며, 내 소유가 아니더라도 내 관리 범위에 있고 내가 지배하려는 의사가 있으면 점유로 인정될 수 있습니다. 반대로 내 소유지만 나의 관리 범위 밖에 있다면 점유가 인정되지 않습니다. 나의 소유이지만 내 의사와 상관없이 점유를 이탈한 물건, 즉 유실물(분실물)을 누가 가져갔다면, 형법상 절도죄가 아니라 점유이탈물횡령죄(제360조)를 적용하게 됩니다.

물건을 가져가 사용 후 되돌려 놓는 행위는 특히 '사용使用 절도'의 문제로 보게 되는데, 법원은 사용으로 인한 가치의 소모가 아주 적고 사용 후 곧 반환했을 때는 불법영득의사를 인정하지 않습니다.[31] 그러나 일시적으로 하려는 목적이었더라도 장기간 반환하지 않고 점유하고 있거나 원래 있던 곳과 다른 장소에 유기했을 때는 불법영득의사가 인정될 수 있습니다.[32]

이제 언론의 취재와 관련한 절도죄의 쟁점을 살펴봅시다. 기자가 무단으로 문서나 저장매체를 가져간다면 그 물건 자체에 대해 절도죄가 성립할 것입니다. 또 컴퓨터나 저장매체의 파일을 문서로 출력해 가져간다면, 그 출력물에 대한 절도가 성립할 것입니다. 다만, 공익적 보도의 취재를 위해 문서나 저장매체를 가져간다면 정당행위에 해당할 여지가 있습니다. 기자가 문서나 저장매체를 다시 반환했을 때는 사용절도의 예와 같이 불법영득의사가 없다는 평가가 내려질 가능성이 있겠습니다.

과거 사례를 살펴보면, 1994년 사학재단 비리를 취재하던 《중앙일보》 기자가 자신을 검찰 직원이라 밝히고 학교 서무과장의 집에 들어가 서류 일부를 들고나온 사안이 있습니다. 법원은 이에 대해 절도, 주거침입 등을 유죄로 인정했습니다. 다만, 기자의 행동이 그동안 언론사의 취재 관행이었던 점과 언론의 공익적 역할을 고려해 선고유예(징역형 8개월) 판결을 내렸습니다.[33] 1998년에는 《국민일보》 기자가 서울지검 동부지청에서 수사 중인 대학 비리 사건 관련 자료를 찾기 위해 검사실 안으로 들어가 컴퓨터에 있던 일부 수사 서류를 프린트로 출력해 나오다가 발각되었습니다. 법원은 이에 대해 집행유예 2년(징역 8개월)을 선고했습니다.[34] 또 2012년 《중앙일보》 기자가 휴일 아침 시간을 이용, 서울중앙지검에 마련된 저축은행 합동수사단 사무실에 들어가 컴퓨터에 저장된 관련 문건을 출력해 가져간 사안이 있습니다. 법원은 이에 대해 2심에서 집행유예 2년(징역 8개월)을 선고하였습니다.[35]

최근의 대표적인 사례로, 이른바 '국정농단' 보도의 계기가 된 JTBC의 태블릿 입수 사안을 들 수 있겠습니다. JTBC 기자는 취재를 위해 더블루케이를 방문하였다가 사무실 책상 서랍에서 태블릿 PC를 발견하였고, 재차 해당 사무실에 방문하여 이를 들고나왔습니다. 검찰은 특수절도 혐의에 대해 불기소 처분을 내렸는데, 알려진 불기소 이유로는 기자가 건물 관리인의 양해하에 태블릿 PC를 가져간 것으로 보이고, 태블릿 PC 내용을 확인하고 분석했을 뿐 그 경제적 가치를 소모했다고 보기 어려우며, 입수 후 나흘 만에 수사 기관에 제출한 점 등을 미뤄봤을 때 불법영득의사가 있다고 보기 어렵거나 미미하다는 점 등이었습니다.[36]

참고로 절도죄 성립과 무관하게, 관련 형사 재판에서 이 태블릿 PC가 건조물침입, 절도 등에 의해 입수된 것일 수 있으므로 사인私人에 의해 위법하게 수집된 증거란 주장이 있었습니다. 1심 법원은 이를 받아들이지 않으면서, △ 기자는 사실상 업무가 종료되고 임직원이 짐을 정리하여 다른 곳으로 이사하는 등 모두 퇴거한 이후, 사무실 소재 빌딩 관리인의 승낙을 받고 사무실에 출입했으며, △ 태블릿 PC에서 발견한 문건은 (해당 형사 재판의) 피고인이 법령에 의한 직무상 비밀을 누설하였다는 유력한 증거가 되므로 공익의 실현을 위해 이를 증거로 제출하는 것이 허용되어야 하고, △ 이로 인해 회사 임직원 등의 법적 이익이 일부 침해된다고 하더라도 이는 그들이 수인해야 할 기본권의 제한이라는 점을 들었습니다.[37]

최근 또 다른 사례로, 《TV조선》 기자가 댓글 조작 사건 관련 취재를 위해 '드루킹'의 활동 공간으로 알려진 느릅나무 출판사 사무실에 들어간 후 태블릿 PC, USB 등을 입수해 나온 사안이 있습니다. 이에 대해 검찰은 기자가 취재를 위한 공익적 목적으로 출판사에 진입했고, 입수 물품을 곧바로 출판사에 돌려준 점 등을 들어 불기소 처분을 내렸습니다.[38]

3. 창작자 지키기, 언론의 저작권 침해

　유튜버 박창작 씨는 시사 콘텐츠로 많은 시청자의 사랑을 받고 있습니다. 박청렴 시장의 뇌물수수 의혹에 관심이 많았던 그는 직접 시장을 만나 의혹에 관한 생각을 듣고, 밤을 새워 인터뷰를 편집해 영상을 채널에 업로드했습니다. 그런데 다음날 TV를 보는 순간, 박창작 씨는 눈을 의심하지 않을 수 없었습니다. A 방송사의 시사 프로그램에서 출처도 표시하지 않은 채 마음대로 자신의 인터뷰 영상을 내보낸 것입니다. 박창작 씨의 영상, 과연 법의 보호를 받을 수 있을까요? 아마추어가 만든 영상이라서, 또는 공익적인 시사 방송에서 사용되었으므로, 문제를 제기할 수 없는 건 아닐까요?

　저작권법은 창작의 결과물을 다른 사람이 함부로 사용할 수 없게 보호하는 법입니다. 인간의 사상 또는 감정을 표현한 창작물은 '저작물'이며 이를 창작한 '저작자'는 창작과 동시에 그에 대한 '저작권'을 갖습니다. 저작자인 내 허락 없이 저작물을 사용한다면 저작권 침해에 해당할 수 있으며, 방송사와 같은 언론이라 하더라도 예외일 수 없습니다.

　다만 일부 저작물은 그 내용과 쓰임에 따라 재산으로서의 가치를 지닌 동시에 사람들에게 많이 공유될 필요도 있습니다. 박창작 씨와의 인터뷰 도중 박청렴 시장이 범죄 혐의를 인정하고, 사회 유명 인사인 명예병원 최명예 원장으로부터도 돈을 받은 적이 있다는 폭탄 발언을 했다고 합시다. 보도 가치 높은 이런 영상을 오직 박창작 씨의 채널에서만 보도록 제한한다면, 많은 사람에게 알려져야 할 가치 있는 정보가 제대로 유통되지 못하게 되는 부작용이 생길 것입니다. 그래서 법은 '공정이용' 등 사유를 두어 일정한 요건에서는 저작재산권을 제한하도록, 즉 서삭권자의 허락 없이도 저작물을 사용할 수 있도록 규정하고 있습니다.

언론의 콘텐츠 무단 사용을 현명하게 방어하기 위해, 창작물에 대한 나의 권리와 제한을 자세히 살펴봅시다.

⑦ 언론은 내 저작물을 마음대로 사용할 수 있을까?

자신의 사상 또는 감정을 표현한 창작물이라면 저작물로서 보호받습니다. 언론도 이를 마음대로 사용할 수 없습니다.

저작물은 인간의 사상 또는 감정을 표현한 창작물입니다(「저작권법」 제2조 제1호). 저작권법은 저작물의 예시로 △ 소설, 시, 논문, 강연, 연설, 각본, 그 밖의 어문저작물 △ 음악저작물 △ 연극 및 무용, 무언극, 그 밖의 연극저작물, △ 회화, 서예, 조각, 판화, 공예, 응용미술저작물과 그 밖의 미술저작물 △ 건축물, 건축을 위한 모형 및 설계도서, 그 밖의 건축저작물 △ 사진저작물(이와 유사한 방법으로 제작된 것을 포함) △ 영상저작물 △ 지도, 도표, 설계도, 약도, 모형, 그 밖의 도형저작물 △ 컴퓨터프로그램저작물을 듭니다(제4조 제1항). 하지만 이는 말 그대로 예시일 뿐, 인간의 사상이나 감정을 표현한 창작물은 모두 저작물에 해당합니다. 이런 저작물을 창작한 자는 저작자로서(제2조 제2호) 그 저작물에 대한 저작권을 가지며, 이 권리는 저작권법의 보호를 받습니다.

저작물에서 중요한 요소는 '창작성'과 '표현'입니다. 저작물이 표현하는 사상이나 감정은 뭔가 수준이 높아야 하거나 예술적인 가치를 지녀야 하는 것이 아니며, 창작성도 마찬가지입니다. 그것이 이전과 전혀 다른 독창성이 있어야 하는 것도 아닙니다. 남의 것을 단순히 모방하지 않은, 작자 나름의 사상이나 감정을 담아 기존의 다른 작품과 구별할 수 있을 정도면 충분합니다.

따라서 내가 여행 가서 찍은 사진, 매일매일 생각을 담아 쓴 일기 정도여도 창작성이 인정될 수 있습니다. 물론 창작성이 이들보다도 없다면 안 됩니다. 사실을 그대로 기록한 결과물, 예를 들어 전화번호부, 신문 부고란에 실리는 수준의 단순한 정보, 마트 전단지의 상품 사진과 같은 작성물은 저작물이라 볼 수 없습니다. 누가 하더라도 같거나 비슷할 수밖에 없는 표현 역시 창작성이 인정되지 않습니다.

제목과 같이 아주 짧은 문구 수준의 글에 대하여도 창작성이 인정되기 어렵습니다. 법원은 저작물의 제호(제목)가 독립된 사상, 감정의 창작적 표현이라고 보기 어려워 저작물로 보호받을 수 없다고 본 바 있습니다.[39] 반면, 소셜미디어 트위터에 게재된 짧은 글이라도 독창적인 표현 양식을 포함하거나 문체 등에서 개성이 드러난다면, 창작성이 인정될 수 있습니다.[40] 사진 역시 예술적 가치나 독창성이 없더라도, 피사체 선정이나 구도, 촬영 방법 등에서 개성과 창작성이 있다면 저작물로 인정받을 수 있습니다.[41]

이처럼 창작성이 인정되는 나의 저작물, 즉 내가 촬영한 사진이나 영상, 내가 쓴 글이나 로고 등을 언론이 허락 없이 사용한다면 저작권 침해가 성립합니다. 실제 판결 사례를 살펴봅시다. 언론에 의한 무단 저작물 이용은 사진과 영상에 대해 발생하는 경우가 많으므로, 이에 관한 구체적인 사안을 보도록 하겠습니다.

《국민일보》는 ○○교회 소속 목사의 비판 기사를 보도하면서 인터넷, 지면 기사에 ① 퀴어문화축제에서 ○○교회 깃발이 휘날리는 사진, ② 퀴어문화축제에서 해당 목사가 발언하는 사진, ③ 해당 목사가 실내에서 발언하는 사진을 실었습니다. 이들의 원본은 모두 A 작가가 의뢰를 받아 촬영한 후 ○○교회 또는 소속 목사에 건네준 것이었습니다. 《국민일보》는 해당 교회와 목사의 페이스북에 각각 올라온 ①과 ②의 사진을 사용하면서 '○○교회 페이스북 캡처', '○○목사 페이스북 캡처'로 출처를 표시했고, ③은 별도로 출처를 표시하지 않았습니다.*

작가 A는 《국민일보》를 상대로 저작권 침해 민사 소송을 제기했습니다. 《국민일보》는 해당 사진에 창작성이 없다고 주장했지만, 법원은 이 주장을 받아들이지 않고 저작권 침해를 인정해 100만 원의 손해배상 판결을 내렸습니다. 법원은 각 사진의 창작성을 인정한 이유를 들면서, 이들은 대상물을 충실히 재현하는 것이 아니라 촬영자의 창작 의사가 개입한 것이라 보았습니다. 구체적으로 살펴보면 아래와 같습니다.[42]

사진 ① 서울광장임을 짐작할 수 있는 배경에 ○○교회 이름이 써진 깃발의 펄럭임, 그 하단부에 성소수자를 상징하는 무지개색 깃발이 함께 걸려있는 모습을 피사체로 선정하고, 교회 이름이 제대로 드러나도록 깃발이 펄럭이는 시간대와 각도를 선택하여 촬영함. ○○교회가 성소수자와 관련 있다는 이미지를 창출하기 위한 촬영자의 창작적인 고려가 있음.

사진 ② A 목사가 실외에서 성소수자를 상징하는 무지개색 목도리를 걸치고 손으로 무지개색 부채와 마이크를 들며 부드러운 표정으로 발언하는 순간을 선택하여 촬영함. 교회 목사가 성소수자와 관련된 긍정적이라는 이미지를 창출하기 위한 촬영자의 창작적인 고려가 있음.

사진 ③ A 목사가 실내에서 성소수자를 상징하는 무지개 문양의 목도리를 걸치고 오른손을 가볍게 쥐면서 발언하는 모습을 촬영함. ②와 같은 창작적인 고려가 있음.

---

* 《국민일보》는 ③을 과거 A 목사로부터 받아 기사에 사용한 적이 있었기에, 포괄적 이용허락이 있다고 판단하여 출처를 표시하지 않았습니다.

이와 반대로, 촬영자의 영상이 사실 기록일 뿐이므로 저작물이 아니라 본 사례도 있습니다. 채널A는 별도의 동의 없이 인터넷 방송국인 주권방송이 촬영한 북한 선수단 본진의 인천아시안게임 입국 장면을 《뉴스 TOP 10》 등 자신의 프로그램에 사용했습니다. 법원은 해당 영상이 저작물이 아니라면서, △ 영상물은 북한 선수단이 입국장에서 나와 버스에 올라타는 모습, 버스에 오른 후 앉아 있는 모습, 북한 선수단을 환영하는 사람들의 모습 등을 촬영한 것으로 입국 당시 현장을 정확하게 기록, 전달하기 위한 것이었고, △ 영상물 촬영 후 개성적이거나 창작적인 편집 작업이 가미되지 않으며, △ 촬영 카메라 구도의 선택, 촬영 기법 등에서 별다른 개성이나 창작적 노력이 감지되지 않는다고 그 이유를 들었습니다. 따라서 이를 방송에서 사용한 행위도 위법하지 않다고 판단했습니다.[43]

저작물은 지금까지 살펴본 창작성과 함께 인간의 사상과 감정을 '표현'한 것이어야 합니다. 즉 머릿속에만 있거나 구체적인 내용 없이 틀과 얼개만 있는 정도로 아이디어를 옮겨 놓은 수준에 불과하다면, 저작물로 인정되지 않습니다. 예를 들어 방송에서 내가 생각한 것과 같은 기획의 예능 프로그램을 만들었거나 개략적인 줄거리를 바탕으로 드라마를 제작했더라도, 이를 저작권 침해로 문제 삼을 수는 없습니다. 요리 레시피 역시 저작권법의 보호 대상인 '표현'이 아닌, 아이디어에 지나지 않습니다. 내가 만든 콘텐츠에서 소개한 요리 레시피와 유사한 레시피가 방송에 나오더라도, 이에 대해 저작권 침해 책임을 물을 수는 없습니다.＊

아이디어와 관련해 생각해 볼 수 있는 문제가 콘텐츠의 '포맷format'입니다.

＊ 다만 예능 프로그램의 경우 방송사와의 관계나 제작 배경에 따라 부정경쟁방지법 위반에 해당할 수는 있습니다. 한편 레시피는 신규성과 진보성 등이 인정된다면 특허로 등록하여 보호하는 것이 가능합니다.

방송사에서 내 콘텐츠의 포맷과 유사한 프로그램을 만드는 걸 문제 삼을 수 있을까요? 방송 프로그램의 장르, 유형, 진행 방식이나 구성 등은 표현보다는 아이디어로 판단될 가능성이 큽니다. 다만 대법원은 구체적인 대본 없이 대략적인 구성안에 기초해 출연자 등이 표출하는 상황을 담아 제작되는 이른바 '리얼리티 방송 프로그램'과 관련하여, 포맷의 법적인 보호 가능성을 제시한 바 있습니다. 구체적인 판결 내용을 보죠.

> 리얼리티 방송 프로그램은 무대, 배경, 소품, 음악, 진행방법, 게임규칙 등 다양한 요소들로 구성되고, 이러한 요소들이 일정한 제작 의도나 방침에 따라 선택되고 배열됨으로써 다른 프로그램과 확연히 구별되는 특징이나 개성이 나타날 수 있다. 따라서 리얼리티 방송 프로그램의 창작성 여부를 판단할 때에는 그 프로그램을 구성하는 개별 요소들 각각의 창작성 외에도, 이러한 개별 요소들이 일정한 제작 의도나 방침에 따라 선택되고 배열됨에 따라 구체적으로 어우러져 그 프로그램 자체가 다른 프로그램과 구별되는 창작적 개성을 가지고 있어 저작물로서 보호를 받을 정도에 이르렀는지도 고려함이 타당하다."[44]

즉 포맷으로 해석될 수 있는 각 요소의 선택과 배열, 어우러짐에 있어 창작적 개성이 충분히 드러날 경우, 이는 저작권법의 보호 대상이 될 수 있다는 것입니다. 다만, 이 판결은 프로그램을 동일하게 따온 정도의 유사성이 있는 경우에 관한 것으로, 이를 지나치게 확장하여 해석해 어느 정도 구성과 유형이 유사할 뿐인 콘텐츠에 대해 저작권 침해를 주장해선 안 된다는 걸 유의해야겠습니다.

지식+ 보호받지 못하는 저작물과 업무상 저작물

저작권법은 공공의 이익을 위해 보호받지 못하는 저작물을 별도로 규정하고 있습니다. △ 헌법, 법률, 조약, 명령, 조례 및 규칙 △ 국가 또는 지방자치단체의 고시, 공고, 훈령, 그 밖에 이와 유사한 것 △ 법원의 판결, 결정, 명령 및 심판이나 행정심판절차, 그 밖에 이와 유사한 절차에 의한 의결, 결정 등 △ 국가 또는 지방자치단체가 작성한 것으로서 앞서 규정된 것의 편집물 또는 번역물 △ 사실의 전달에 불과한 시사 보도가 그 대상입니다(제7조). 마지막 시사 보도의 경우 각종 소식과 사건, 정보를 언론매체의 정확하고 간결한 문체와 표현 형식을 통해 있는 그대로 선달하는 성노에 그진 보도를 말하며, 정확하고 신속한 정보 전달을 위한 표현으로 인해 창작적인 요소가 개입할 여지가 적다는 점을 고려하여 저작권법 보호 대상에서 제외하는 것이라 법원은 밝힌 바 있습니다.[45]

한편, 앞서 저작물을 창작한 사람이 저작자가 된다고 했는데, 그 예외가 있습니다. 바로 '업무상 저작물'입니다. 저작권법은 법인이나 단체, 그 밖의 사용자의 기획 하에, 그 아래에서 업무에 종사하는 사람이 업무상 작성하는 저작물을 업무상 저작물로 정의합니다(제2조 제31호). 이때 계약이나 근무규칙으로 달리 정하지 않는 한, 위 법인 등의 명의로 공표되는 업무상 저작물의 저작자는 법인 등이 됩니다(제9조). 쉬운 예로 나를 고용한 회사에서 업무상 촬영한 사진, 작성한 글은 근로계약 등에서 따로 정하지 않았다면 모두 회사가 저작자가 됩니다. 업무 담당자가 나였더라도, 나 개인으로서 어떤 권리를 주장할 수는 없습니다.

❓ 내 저작물, 무엇이 보호될까? 예외는 없을까?

저작자는 저작권을 가지며, 언론의 무단 사용으로 복제권, 공중송신권(전송, 방송, 디지털음성송신) 침해 문제가 발생하는 경우가 많습니다. 다만, 저작재산권 제한 사유인 '공표된 저작물의 인용' 또는 '저작물의 공정한 이용'에 해당한다면 법적 책임을 물을 수 없습니다.

저작물을 창작한 저작자는 저작권을 갖습니다. 한국저작권위원회에 저작권을 등록할 경우 등록한 자가 저작자, 창작(공표)일로 등록한 날에 창작(공표)한 것으로 추정(「저작권법」 제53조 제3항)되고, 양도 등 권리 변동 사항에 대해 사람들에게 알리지 않아도 변동 효력을 인정받는 대항력을 갖추게 되는 이익이 있습니다(제54조). 그러나 이 등록은 권리를 발생시키는 절차는 아닙니다. 즉, 저작권은 국가에 등록해야 발생하는 권리가 아니라 저작물을 창작하기만 하면 발생하는 권리입니다.

그렇다면 내 저작물의 창작으로 갖게 되는 저작권은 무엇일까요? 저작권은 다시 재산적 가치로서 '저작재산권'과 인격적인 가치로서 '저작인격권'으로 나눌 수 있습니다. 그리고 각 권리는 복제권, 전송권 등 구체적인 다수의 권리를 포괄하고 있습니다. 이처럼 저작권은 단일한 하나의 권리라기보다는 다양한 권리의 묶음으로 볼 수 있으며, 그래서 흔히 저작권을 '권리의 다발 a bundle of rights'이라 표현하기도 합니다. 저작권이 어떤 권리로 이루어져 있는지, 간략한 표로 정리합니다.[46]

저작권			
저 작 재 산 권	복제권	저작물을 복제할 권리 예 이미지 캡처, 영상 녹화, 파일 다운로드	2조 22호 16조
	공연권	저작물 등 어떤 장소 안에서 대중에게 상연, 연주, 상영, 재생 등으로 공개하는 권리 예 백화점에서 음악 재생, 영화관에서 영상 상영	2조 3호 17조
	공중송신권 (전송권, 방송권, 디지털음성 송신권)	저작물을 유·무선 통신으로 송신, 제공할 권리 예 TV·인터넷 방송, 스트리밍 음악 재생	2조 7호, 8호, 10호, 11호 18조

저작권			
저작재산권	전시권	미술저작물 등을 일반 대중이 관람하도록 전시할 권리 예 동상, 그림 미술관 전시	19조
	배포권	저작물 원본이나 복제본을 사람들에게 주거나 빌려주는 권리 예 영화 DVD, 소설책 판매	2조 23호 20조
	대여권	상업용 음반이나 컴퓨터 프로그램을 영리 목적으로 빌려주는 권리	21조
	2차적 저작물 작성권	원래 저작물을 변형해서 새로운 지작물로 만들고 이용하는 권리 예 대본으로 드라마 제작, 소설 영화화, 패러디물 제작	5조 1항 22조
저작인격권	공표권	저작물을 공중에게 공개할지, 공개 안 할지 결정할 권리	11조
	성명표시권	저작물에 자기 이름이나 별칭을 표시할 권리	12조
	동일성유지권	저작물을 함부로 변경하지 않고 그대로 유지할 권리	13조

※ 가장 우측은 저작권법 관련 조항입니다. 조항 숫자 앞의 '제'는 생략했습니다.

앞 표의 저작권 중 언론의 무단 사용으로 인한 침해가 가장 빈번하게 발생하는 것은 저작재산권 가운데 복제권, 공중송신권(전송, 방송, 디지털음성송신)이 될 것입니다. 언론에서 내 콘텐츠를 가져가는 과정에서 사진 캡처나 영상 녹화 등을 통한 복제권 침해가 발생하고, 이를 채널에 방송하거나 인터넷 홈페이지 또는 포털 뉴스 페이지 등에 게시함으로써 방송권, 전송권 침해가 발생하기 때문입니다. 아울러 이를 방송, 전송하는 과정에서 내 원본을 변형하거나 아무런 출처 표기도 하지 않는다면, 성명표시권, 동일성유지권 침해 문제도 발생할 수 있습니다.

저작권과 관련해 하나 더 알아 둘 점은 '영상저작물에 관한 특례' 조항입니다. 1인 미디어의 영향력이 커지면서, 방송에서도 1인 미디어 영상물을 사용할 때가 많아졌습니다. 이때도 저작권 침해 발생에 있어 달라지는 부분은 없지만, 간혹 그 1인 미디어 영상물의 저작권자가 누구인지에 대한 문제가 생기기도 합니다. 즉, "당신이 이 영상 사용에 대해 문제 제기할 수 있는 권리자가 맞는가?"라는 질문에 답이 필요할 때가 있는 것입니다.

영상은 여러 사람의 공동 작업을 통해 제작되기에, 각 영역 참여자가 각각 저작자로서 권리를 갖게 될 수 있습니다. 그런데 영상을 이용할 때, 심지어 언론의 사용에 대해 문제 제기 및 합의를 하는 과정에서도 모든 권리자의 동의가 필요하다면, 애초에 제대로 된 권리 행사가 어렵게 됩니다. 그래서 저작권법은, 별다른 계약이 없는 한 영상 제작자가 영상저작물 제작에 협력한 이들로부터 영상의 복제, 배포, 공개 상영, 방송, 전송 등의 방법으로 이용할 권리를 양도받은 것으로 봅니다.[47]

따라서 내가 영상 제작자라면, 영상을 만드는 데 참여한 촬영자, 편집자 등의 별도 허락이나 협의를 거치지 않아도 위의 권리 범위에서 저작물을 이용할 수 있고, 무단 이용한 언론에 문제를 제기할 수 있습니다.*

이렇게 언론이 내 저작권, 내 권리의 다발을 침해했다면, 저작권법에 따른 민·형사상 책임을 물을 수 있습니다. 그러나 앞서 박창작 씨의 박청렴 시장 인터뷰 예시에서 살펴본 것처럼, 공공의 목적을 위해 권리를 다소 제한할 필요가 있을 수 있습니다. 저작권법은 '저작재산권의 제한'(제2관) 항목을 따로 두어 이러한 사유들을 규정하고 있습니다. 이해를 위해 각 유형의 제목만 살펴보면(제23~36조), △ 재판 등에서의 복제 △ 정치적 연설 등의 이용 △ 공공저작물의 자유 이용 △ 학교 교육 목적 등에의 이용 △ 시사 보도를 위한

---

* 단, 이들과 권리 관계에 대해 별도로 합의했다면 그 합의가 우선입니다. 또한, 영상제작물의 제작에 사용되는 소설, 각본, 미술저작물 또는 음악저작물 등의 저작재산권은 해당 규정의 영향을 받지 않습니다.

이용* △ 시사적인 기사 및 논설의 복제 등 △ 공표된 저작물의 인용 △ 영리를 목적으로 하지 아니하는 공연, 방송 △ 사적 이용을 위한 복제 △ 도서관 등에서의 복제 등 △ 시험문제를 위한 복제 등 △ 시각장애인 등을 위한 복제 등 △ 청각장애인 등을 위한 복제 등 △ 방송사업자의 일시적 녹음, 녹화 △ 미술저작물 등의 전시 또는 복제 △ 저작물 이용과정에서의 일시적 복제 △ 부수적 복제 등 △ 문화시설에 의한 복제 등 △ 저작물의 공정한 이용 △ 번역 등에 의한 이용입니다.

이러한 제한 사유 중, 특히 언론의 이용과 관련해 주로 문제시되는 사유는 '공표된 저작물의 인용'과 '저작물의 공정한 이용'입니다. 먼저, 조문을 살펴봅니다.

> **제28조(공표된 저작물의 인용)** 공표된 저작물은 보도 · 비평 · 교육 · 연구 등을 위하여는 정당한 범위 안에서 공정한 관행에 합치되게 이를 인용할 수 있다.
>
> **제35조의5(저작물의 공정한 이용)** ① 제23조부터 제35조의4까지, 제101조의3부터 제101조의5까지의 경우 외에 저작물의 통상적인 이용 방법과 충돌하지 아니하고 저작자의 정당한 이익을 부당하게 해치지 아니하는 경우에는 저작물을 이용할 수 있다.
>
> ② 저작물 이용 행위가 제1항에 해당하는지를 판단할 때에는 다음 각 호의 사항 등을 고려하여야 한다.
>
> 1. 이용의 목적 및 성격
> 2. 저작물의 종류 및 용도
> 3. 이용된 부분이 저작물 전체에서 차지하는 비중과 그 중요성
> 4. 저작물의 이용이 그 저작물의 현재 시장 또는 가치나 잠재적인 시장 또는 가치에 미치는 영향

---

* 방송, 신문 등에서 시사 보도를 할 때 그 과정에서 배경처럼 보이거나 들리는 경우를 말합니다. 시사 보도 목적으로 모든 저작물을 이용할 수 있다는 취지의 규정이 아닙니다.

먼저, '공표된 저작물의 인용'은 주로 공공 목적에서 이루어지는 인용 방식의 저작물 이용에 대해, 일정 요건에 따라 저작재산권자의 권리를 제한하는 것입니다. 대표적인 예로 학술 논문에서 다른 책이나 논문의 일부 내용을 따오면서 본문이나 각주 등을 통해 그 출처를 밝히는 것을 들 수 있겠습니다. 언론의 예를 들면, 시사·비평 프로그램에서 정치인의 이슈 발언을 분석, 토론하며 해당 발언이 나온 타 방송사의 영상 일부를 출처를 밝히고 보여 주는 것, 유명 작가의 해외 수상 소식을 전하면서 수상작인 책의 표지를 보여 주는 것 등이 있겠습니다. 공표된 저작물의 인용에 해당하기 위한 요건과 설명을 정리해 보면, 다음과 같습니다.

공표	공표된 저작물을 인용하는 것이어야 합니다. 아직 내가 대중에 공개하지도 않은 사진을 언론이 인용해 방송하면, 이 조항을 근거로 면책되지 않습니다.
보도·비평·교육·연구 등을 위한 목적	인용한 목적이 보도, 비평, 교육, 연구라면 적용할 수 있습니다. 이때 보도, 비평, 교육, 연구는 예시일 뿐입니다. 꼭 그런 목적이 아니더라도, 창조적이고 생산적인 목적을 위한 인용이라면 적용될 수 있습니다.[48]
정당한 범위	인용된 저작물은 보족, 부연, 예증, 참고자료 등 부종附從적으로 쓰여야만 합니다. 즉, 인용 저작물(언론사의 저작물)이 주가 되고, 피인용 저작물(언론사가 가져다 쓴 내 저작물)이 종으로서 부수적이어야 합니다.[49]
공정한 관행에 합치	공정한 관행에 합치하는지는 인용의 목적, 저작물의 성질, 인용된 내용과 분량, 피인용 저작물을 수록한 방법과 형태, 독자의 일반적 관념, 원저작물에 대한 수요를 대체하는지 등을 종합적으로 고려하여 판단합니다.[50]

앞의 요건 중 '공정한 관행에 합치'되는지는 '저작물의 공정한 이용'의 판단 고려 사항과 상당히 유사하며, 실제 법원에서 적용 여부를 판단할 때 이를 함께 살펴보기도 합니다. 따라서 이 부분에 관하여는 아래 '저작물의 공정한 이용' 기술 부분을 참고하면 되겠습니다.

'저작물의 공정한 이용'은 저작권법 제2관에서 개별적으로 명시된 제한 사유를 보충하는 일반조항의 성격을 지니고 있습니다. 언론이 내가 공표하지 않은 저작물을 이용하거나 내 저작물을 부종적인 방식으로 이용하지 않아 '공표된 저작물의 인용'에 해당하지 않더라도, 그것이 '저작물의 공정한 이용'에 해당하는지를 살펴 면책될 가능성이 있습니다.*

법문은 "저작물의 통상적인 이용 방법과 충돌하지 않고", "저작자의 정당한 이익을 부당하게 해치지 않아야" 한다는 요건을 제시하고 있습니다. 그리고 이를 판단하기 위한 고려 사항으로 △ 이용의 목적 및 성격 △ 저작물의 종류 및 용도 △ 이용된 부분이 저작물 전체에서 차지하는 비중과 그 중요성 △ 저작물의 이용이 그 저작물의 현재 시장 또는 가치나 잠재적인 시장 또는 가치에 미치는 영향을 명시하고 있습니다.

각 사항이 어떻게 언론에 불리한 방향으로 평가될 수 있는지 살펴봅시다. 물론, 유불리 여부를 아래와 같이 일률적으로 평가할 수는 없겠습니다. 좀 더 이해를 돕기 위해 다소간 단정적인 표현을 사용한 점을 고려하여 참고해 주시길 바랍니다.

---

* 물론 공표된 저작물의 인용이 아니게 한 사유가 저작물의 공정한 이용 여부를 판단하는 데 있어서도 여전히 불리한 사항으로 고려될 수 있습니다.

이용의 목적 및 성격	이용에 영리성이 있다면 언론에 불리합니다. 꼭 비영리적으로 이용되어야 하는 것은 아니지만, 영리적 이용은 비영리적 이용에 비해 자유이용의 폭이 상당히 좁습니다.[51] 한편, 예능 성격의 프로그램일수록 언론에 불리하고, 뉴스, 비평 성격 프로그램에서의 이용이라면 언론에 유리합니다. 　출처를 표기하지 않거나 독자, 시청자가 잘 알아볼 수 없게 표기했다면 언론에 불리하며, 내 저작물의 목적이 언론의 목적과 같을수록 언론에 불리합니다. 예를 들어 감상 목적의 내 사진을 방송에서 시청자의 감상을 위한 목적으로 이용한다면, 언론에 불리하게 평가될 수 있습니다.
저작물의 종류 및 용도	이용 대상 저작물이 사실관계나 정보를 담고 있는 것이라면 언론에 유리합니다. 외부에 공개되지 않은 저작물을 이용한 것이면 언론에 불리합니다.
이용된 부분이 저작물 전체에서 차지하는 비중과 그 중요성	언론이 쓴 부분이 내 저작물 전체에서 차지하는 비중이 클수록 언론에 불리합니다. 이는 양적 비중과 질적 비중 모두 해당합니다. 즉, 언론이 양적으로는 적은 분량을 썼더라도, 그것이 내 저작물 내용의 핵심적인 부분이라면 적은 비중을 이용했다고 보지 않습니다.
저작물의 현재 혹은 잠재적 시장가치에 이용이 미치는 영향	언론의 이용이 내 저작물의 시장가치를 떨어뜨리거나 대체하는 결과를 초래했다면, 혹은 앞으로 초래할 가능성이 있다면, 언론에 불리합니다. 예컨대 저작권법을 쉽게 설명하는 나의 영상을 방송국이 저작권 교육 콘텐츠에서 사용했다면, 시청자층이 겹칠 뿐 아니라 내 영상 대신 방송국 콘텐츠를 시청자들이 보게 될 수 있습니다. 이런 경우 언론이 불리하게 됩니다.

언론의 저작물 이용 사례를 하나 구체적으로 살펴봅니다. 아래 사례에서 제시된 법원의 판단 이유는 언론의 저작권 침해 여부를 판단하는 데 있어 좋은 참고가 될 것입니다.

TV조선, 채널A, MBN, MBC는 다수의 뉴스, 시사 프로그램에서 인터넷 방송 '주권방송'이 제작하여 웹사이트에 게시한 영상들을 사용하였습니다. 주권방송은 이 방송사들에 대해 저작권 침해를 주장하며 손해배상을 청구하였습니다. 방송사마다 차이가 있으나, 이 사안에서 총 220건에 달하는 저작물 사용 건에 대한 침해 여부 판단이 이루어졌습니다.

법원은 일부 사용 건에 대하여는 '공표된 저작물의 인용' 또는 '저작물의 공정한 이용'에 해당한다고 보아 침해 성립을 부정하였고, 일부 사용 건에 대하여는 위 해당이 없다고 보아 배상 책임을 인정했습니다. 법원이 일부 영상물에선 '공표된 저작물의 인용'을 인정하고, 일부 영상물에선 이를 부정한 이유를 정리해 보면, 아래와 같습니다.

인정 이유	부정 이유
△ 방송사들은 주권방송 영상에서 수사 대상 인물들의 발언과 수사 내용 등을 보도 또는 비평하기 위해 저작물을 인용한 것으로 목적이 정당 △ 방송사들의 각 영상물과 인용된 각 영상물의 상대적 분량, 관련 논란과 수사를 보도 또는 비평하는 뉴스, 시사 프로그램에서 그 보도 또는 비평의 대상 또는 재료로 영상물을 인용한 것인 점에 비춰보면, 방송사들의 영상물이 양적, 질적으로 주된 것이고 주권방송의 영상이 부종적인 성격을 가짐 △ 방송사들의 영상에서 주권방송 측의 로고를 그대로 인용하거나 자막 등을 삽입하거나 진행자 발언을 통해 해당 영상이 주권방송의 것임을 인식할 수 있게 함 △ 방송사들의 영상에서 진행자 등이 관련 인물의 발언을 소개한다는 취지로 말한 후, 이어서 그 취지에 부합하는 정도의 범위 내에서만 영상물을 인용하고 있으므로 주권방송 영상에 대한 수요를 대체할 정도에 이르지는 않았음	△ 방송사들은 타인의 영상물을 이용할 때 이용료를 지불하고, 타인이 자신들의 영상물을 이용할 때도 이용료를 지급 받음. 또한, 방송사들은 뉴스의 제작 및 공급 등 사업을 영위하는 방송사업자들로서 쟁점 영상물의 제작, 방송에 있어 영리적인 성격을 지님 △ 관련 인물의 발언 내용을 소개하는 수준을 넘어 과다하게 인용하거나 불필요하게 여러 차례 반복 재생하거나, 프로그램 진행자 발언 내용과 상관없이 단순한 배경화면으로 사용함. 즉, 보도나 비평의 인용 목적에 비춰 볼 때 지나치게 많이 또는 불필요하게 인용함으로써 수요를 대체할 정도에 이름. 따라서, 공정한 관행에 합치되지 않음 △ 원래 영상에 표시되어있던 주권방송의 방송사, 채널 로고 표시를 삭제하고 방송사들 자신의 로고를 덧씌우는 등 방법으로 저작자를 표시하지 않음. 시청자들이 '방송사들' 영상으로 오인할 여지가 많았고, 이는 우리 사회 일반의 저작권에 대한 인식과 보호 수준에 비춰볼 때 비난 가능성이 큰 행위임. 따라서, 정당한 범위 안에서의 인용이 아님

나아가 법원은 공표된 저작물의 인용에 해당하지 않는 침해 저작물의 경우 저작물의 공정한 이용에도 해당하지 않는다고 판단하면서, △ 보도 비평 목적이기는 하나 방송사들이 침해 영상물에 대해 광고료를 받거나 유료로 판매할 수 있어 영리적·상업적 성격이 있는 점, △ 공표된 저작물의 인용에서와 같이 정당한 범위를 넘어서거나 정당한 관행에 합치하지 않게 이용이 이루어진 점, △ 방송사들 영상 안에 주권방송 영상이 삽입되는 형태로 제작이 이루어졌고, 공중에 방송되었기 때문에 저작권 침해의 파급력이 상당한 점을 이유로 들었습니다.[52]

언론의 저작물 이용이 공표된 저작물의 인용, 저작물의 공정한 이용 등 저작재산권 제한 사유에 해당하지 않을 경우, 민·형사상 책임을 지울 수 있습니다. 저작권법에 따라 저작재산권을 침해한 자는 5년 이하의 징역 또는 5천만 원 이하의 벌금에 처해질 수 있고(제136조 제1항), 저작인격권을 침해한 자는 3년 이하의 징역 또는 3천만 원 이하의 벌금에 처해질 수 있습니다(제136조 제2항). 또한 위 '공표된 저작물의 인용'이나 '저작물의 공정한 이용'에 해당한다고 하더라도, 출처를 제대로 명시하지 않았을 때는 500만 원 이하의 벌금에 처해집니다(제138조 제2호).*

아울러 법인의 대표자나 법인 또는 개인의 대리인, 사용인 그 밖의 종업원이 그 법인 또는 개인의 업무에 관하여 저작권을 침해하는 경우, 행위자 외에도 법인 또는 개인에 대해 벌금이 부과될 수 있습니다. 이들이 벌금형을 피하기 위해서는 업무에 관해 상당한 주의를 기울이고 감독을 게을리하지 않았어

---

* 저작권법 제38조는 저작재산권의 제한 사유 규정이 저작인격권에 영향을 미치지 않는다고 규정합니다. 따라서 공표된 저작물의 인용, 저작물의 공정한 이용에 해당하더라도, 저작인격권을 침해한다면 그에 따른 책임은 여전히 지게 됩니다.

야 합니다(제141조).

저작권자는 침해자에 대한 손해배상 청구(제125조, 제125조의2, 제126조)가 가능합니다. 또한, 침해의 정지를 청구할 수 있으며, 침해 우려가 있을 시 예방 또는 손해배상의 담보를 청구할 수 있습니다. 이때 침해로 만들어진 물건의 폐기나 그 밖에 필요한 조치의 청구도 할 수 있습니다(제123조).

지식⁺ 저작인접권, 저작권 보호 기간

저작권은 아니지만, 문화 발전에 기여한 사람을 위해 저작권법에서 별도로 인정하는 권리가 있는데, 이를 '저작인접권'이라고 합니다. 저작권자와 마찬가지로 저작인접권자는 언론의 권리 침해에 대해 문제를 제기할 수 있습니다. 아래 간단히 표로 정리합니다.

저작인접권자	보장되는 재산권	기타 권리
실연자 (연기자, 가수 등)	실연(연기, 노래 등)에 대한 복제권, 배포권, 대여권, 공연권, 방송권, 전송권	성명표시권, 동일성 유지권, 보상금 청구권*
음반제작자	음반(음원)에 대한 복제권, 배포권, 대여권, 전송권	보상금 청구권
방송사업자	방송에 대한 복제권, 공연권, 동시 중계방송권(방송을 받자마자 실시간으로 내보내는 것)	

저작권은 영원히 보호되는 권리는 아닙니다. 저작재산권은 저작권법에서 보호 기간을 규정하고 있는데, 저작자가 생존하는 동안과 사망한 후 70년간, 공동저작물은 맨 마지막으로 사망한 저작자가 사망한 후 70년간 보호됩니다

---

* 방송사업자, 디지털음성송신사업자, 상업용 음반을 사용해 공연하는 자에 대해 일정한 보상금의 지급을 청구할 수 있는 권리를 말합니다.

(제39조). 업무상 저작물과 영상저작물은 공표한 때로부터 (50년 내 공표하지 않으면 창작한 때로부터) 70년간 보호됩니다(제41조, 제42조). 저작인격권은 저작자의 사망 시 소멸하기는 하나, 저작자 사망 후라도 저작자의 명예를 훼손하는 수준으로 저작인격권을 침해하는 행위를 하지 못하도록 법은 규정하고 있습니다(제14조).*

지식+ 그대로 이용하지 않고, 비슷하게 쓴 경우에는?

언론이 저작물을 그대로 사용할 가능성이 상대적으로 크긴 하지만, 비슷하게 쓰는 경우도 예상해 볼 수 있습니다. 저작물에 다소 수정, 증감이나 변경이 가해진 정도라면 복제권의 침해가 문제시될 수 있고, 새로운 저작물이 될 수 있을 정도의 수정, 증감이 가해져 새로운 창작성이 부가된 것이라면 2차적 저작물 작성권 침해 문제가 발생하게 됩니다. 이를 위해서는 두 저작물 간 실질적으로 유사하다는 점(실질적 유사성)과 대상 저작물이 내 저작물에 의거해 만들어졌다는 점(의거성)이 인정되어야 합니다.[53] 앞서 저작물 부분에서 살펴본 것처럼, 단순히 저작물의 콘셉트, 소재, 구성이나 분위기가 비슷한 정도는 표현이 아닌 아이디어를 차용한 것으로서 저작권 침해로 보기 어렵습니다.

---

* 즉, 저작자가 생존했더라면 저작인격권의 침해가 될 행위를 하지 못하도록 합니다.

⋮

대상과
방법 선택하기

1. 나를 알고 적을 알자, 청구할 자와 상대방 파악하기

언론보도로 입은 피해에 대해 문제를 제기하기에 앞서, 먼저 그 출발점으로 문제를 제기할 수 있는 주체가 맞는지, 누구에게 해야 하는지를 고민해 봐야 합니다. 나 또는 내가 속한 단체가 문제를 제기할 수 없는 입장이라면, 나의 문제를 받아줄 수 없는 대상에게 청구하게 된다면, 언론 대응에 들인 노력과 시간이 안타깝게도 아무 의미 없어질 수가 있습니다. 더 나아가 누구를 상대로 해야 하는지 유불리를 고민하고, 최대한 효율적인 수단을 선택하는 것 역시 중요하겠습니다.

언론 대응 기술의 첫걸음, 나와 상대를 정하는 방법에 대해 살펴봅시다.

❓ 누가 할 수 있을까?

> 민사 소송과 언론중재위원회 조정은 보도로 피해를 입은 사람, 법인, 사단, 재단, 비법인 사단과 재단 등 단체가 제기할 수 있습니다. 언론중재법상 정정보도, 반론보도 청구의 경우 하나의 생활 단위를 구성하는 집단이면 가능하므로 그 폭이 넓습니다. 또한 사람, 법인 등 단체는 범죄 피해자라면 형사 고소가 가능합니다. 이때 피해자가 아니더라도 누구든 수사기관에 범죄를 고발할 수 있습니다.

기본적으로 언론보도로 피해를 입은 자라면 사건의 당사자로서 언론에 문제를 제기할 수 있습니다. 효율적인 이해를 위해, 여기서 '문제 제기'는 언론에 대한 문제 제기 수단으로 자주 이용되는 민사, 언론중재위원회 조정, 형사로 범위를 정해 기술토록 합니다.

먼저, 민사와 언론중재위원회 조정의 경우 언론보도로 피해를 입은 '자'가 소송이 가능합니다. 민사 소송에서 '당사자 능력'에 관한 문제로, 여기서 '자'는 사람뿐 아니라 사람의 집단으로서 단체성을 가진 법인, 사단, 재단을 모두 포함합니다. 사람은 연령, 성별, 국적과 관계없습니다만, 사망한 사람은 당사자가 될 수 없습니다. 다만, 언론중재법은 "(이 법에 따른) 구제절차를 유족이 수행"한다고 명시하고 있고(제5조의2 제2항), 유족은 사망한 사람에 대한 추모, 경애의 감정을 침해한 것을 이유로 한 자신의 위자료 청구가 가능합니다.* 법인 역시 청산 절차가 종료되어 소멸한 것이 아니라면 영리성이나 내

---

* 법원은 사자(사망한 자)에 대한 명예훼손의 경우 "사자의 명예훼손에 대하여 유족 고유의 위자료 청구권 이외에 '사자 본인의 위자료 청구권'까지 인정하기는 어렵다"라는 입장입니다. 사자에 대한 유족의 추모, 경애의 감정 침해와 별도로, 이미 사망한 사자 본인의 정신적 고통을 관념하기는 어렵고, 우리 실정법상 근거를 찾을 수 없을 뿐만 아니라, 「민법」 제3조에서 사자는 권리 의무의 주체가 될 수 없음을

국 법인, 외국 법인을 불문하고 문제 제기가 가능하며, 교회, 사찰, 종중, 문중, 아파트입주자 대표회의, 어촌계 등 법인이 아닌 사단(비법인 사단),* 법인이 아닌 재단(비법인 재단)도 마찬가지로 가능합니다.[1] 단, 법인이 아닌 사단이나 재단은 법인 등기부 등본(법인등기사항전부증명서)과 같이 그 실체를 명확하게 증명할 자료가 없으므로 문제 제기 시 정관, 규약, 창립총회 의사록 등 실질을 증명할 수 있는 자료를 제시할 필요가 있습니다.

민사 소송, 언론중재위원회 조정에 의한 문제 제기 중, 언론중재법상 정정보도, 반론보도 청구(이하 '정정보도 청구 등')는 위 살펴본 범위보다 더 폭넓게 당사자 능력을 인정합니다. 언론중재법은 '정정보도 청구 등' 규정에서 민사소송법상 당사자 능력이 없는 기관 또는 단체라도 하나의 생활 단위를 구성하고, 보도내용과 직접적인 이해관계가 있을 때는 그 대표자가 청구할 수 있다고 명시하고 있습니다(제14조 제4항, 제16조 제3항). 따라서 사람, 법인, 비법인 사단이나 재단이 아니더라도 하나의 생활 단위를 구성하는 기관이나 단체라면 가능합니다. 예컨대 경찰서, 학교, 군부대, 국가기관 및 공공기관, 각종 연합회, 학회, 시민단체, 대책위원회, 조합, 종교단체, 예술단체 등 넓은 범위에서 당사자에 의한 청구가 가능합니다.[2] 국방부, 대통령비서실, 국정홍보

명시하고 있는 점에 반한다는 이유 때문입니다. 다만 법원은 판결을 통해 민사적 구제 수단을 밝힌 바 있습니다. "사자 본인의 위자료 청구권을 인정하지 아니하더라도, 사자의 인격권은 이미 발생한 손해에 대해서는 유족 고유에 대한 불법행위를 원인으로 한 손해배상청구(사자에 대한 명예훼손이 유족의 명예를 훼손하거나 유족의 사자에 대한 추모 경애의 감정을 침해하는 경우) 및 정정보도 등 명예회복을 위한 각종 조치를 통해, 장차 발생할 수 있는 명예훼손에 대해서는 유족에 의한 금지 청구를 통해 직접적·간접적으로 보호될 수 있다."(서울고등법원 2013나2004096, 2004102 판결 (2013.06.13. 선고))

* 비법인 사단은 다음과 같이 정의됩니다. "일정한 목적을 가진 다수인의 결합체로서 그 결합체의 의사를 결정하고 업무를 집행할 기관들 및 대표자 또는 관리인에 관한 정합이 있는 법인 아닌 단체"(대법원 97다18547 판결 (1997.12.09. 선고))

처 등의 국가나 지방자치단체의 기관 역시 당사자로서 청구가 가능합니다 (제14조 제3항).

위 살펴본 법인 등 주체는, 앞서 각 청구권에서 살펴본 바에 따라 자신이 피해자나 침해를 당한 당사자로서 민사 소송이나 언론중재위원회 조정을 통해 구제받을 수 있습니다. 즉 △ 정정, 반론 보도 청구라면 '피해를 입은 자', 즉 "그 보도내용에서 지명되거나 그 보도내용과 개별적인 연관성이 있음이 명백히 인정되는 자로서 자기의 인격적 법익이 침해되었음을 이유로 그 보도 내용에 대한 반론 내지 반박을 제기할 이익이 있는 자",[3] △ 추후보도 청구에서는 범죄 혐의가 있거나 형사상의 조치를 받았다고 보도됐다가 무죄, 무혐의 등 형태로 종결된 자 △ 명예훼손 등 인격권 침해의 경우 기사에서 특정되어 권리 침해를 당한 자 △ 무단 이용 등 저작권을 침해당한 저작물 등과 관련된 저작권자, 저작인접권자 △ 취재행위에서의 불법행위로 권리침해를 당한 자로 정리할 수 있겠습니다.

형사의 경우 기본적으로 범죄로 인한 피해자가 고소할 수 있습니다(「형사소송법」 제223조). 하지만 그 외 범죄가 있다고 생각되는 때는 누구든지 수사기관에 이를 '고발'할 수도 있습니다.[4] 개인 외에 법인, 비법인 사단이나 재단도 고소, 고발이 가능합니다. 고소에 관해 좀 더 자세히 살펴보면, 고소권자는 범죄의 피해자로서 여기서 '피해자'는 간접적인 피해가 아닌 직접적인 피해를 받은 자를 의미합니다. 고소하기 위해서는 '고소 능력'이 있어야 하는데, 이는 "피해를 받은 사실을 이해하고 고소에 따른 사회생활상의 이해관계를 알아차릴 수 있는 사실상의 의사능력"으로, 민법상의 행위능력이* 없는 자라

---

* 민사상 단독으로 유효한 법률행위를 할 수 있는 능력을 뜻합니다.

도 고소 능력이 인정될 수 있습니다.[5] 명예훼손, 모욕, 업무방해, 저작권 침해 등과 같이 사람 아닌 법인 등 단체가 피해자가 될 수 있는 죄의 경우 각 법인 등 단체로서 고소할 수 있습니다. 피해자가 사망한 경우, 피해자 본인의 의사에 반하지 않는다면 그 배우자나 직계친족, 형제자매가(제225조), 사망자의 명예를 훼손한 범죄라면 그 친족 또는 자손이(제227조) 고소할 수 있습니다.

지식⁺ ▶ 미성년자의 문제 제기

민사 소송과 언론중재위원회 조정의 경우, 만 19세 미만의 미성년자는 원칙적으로 친권자(친권자가 없을 경우 후견인) 등 법정대리인에 의해서만 소송, 조정행위를 할 수 있습니다(「민사소송법」 제55조 제1항, 「언론조정중재규칙」 제13조).

형사 고소의 경우 앞서 살펴본 바와 같이 미성년자도 고소 능력만 있다면 할 수 있고, 법정대리인 역시 고소할 수 있습니다(「형사소송법」 제225조 제1항). 법정대리인의 고소는 미성년자의 고소권과는 독립적인 고유한 권리로, 피해자인 미성년자가 반대하더라도 가능하고 고소 기간도 법정대리인 자신이 범인을 안 날로부터 계산합니다.[6]

⑦ 상대방은 누구로 해야 할까?

대표적으로 언론사, 취재진을 상대방으로 할 수 있습니다. 하지만 대응 수단과 내용에 따라 대상과 범위를 선택할 필요가 있습니다. 민사, 언론중재위원회 조정 상대로 언론사를 택하면, 비교적 당사자 정보가 분명하고 실질적인 피해 회복이 가능하다는 점 등 이익이 있습니다.

문제를 제기할 상대방은 대표적으로 취재진, 언론사가 되겠습니다. 먼저, '언론사'가 무엇인지는 언론중재법이 잘 규정하고 있습니다. 이에 따르면 언론사는 방송사업자, 신문사업자, 잡지 등 정기간행물사업자, 뉴스통신사업자 및 인터넷신문사업자를 말합니다.[7]

아울러 언론중재법은, 이 법에 명시된 구제 수단(정정, 반론, 추후보도, 손해배상, 침해 정지 또는 예방)의 청구 대상에 (예컨대 포털과 같은) 인터넷 뉴스서비스 사업자와 (IPTV 같은) 인터넷 멀티미디어 방송사업자를 포함하고 있습니다.[8]

상대방을 누구로 정할지는 중요한 문제입니다. 잘못된 상대방을 선택하면 절차가 지연될 뿐 아니라 청구하는 목적을 제대로 달성하지 못할 수 있습니다. 내가 처한 상황에 따라 상대방을 선택하는 전략도 필요합니다. 먼저, 아래 표로 각 수단과 내용별로 가능한 문제 제기 대상을 정리합니다.

수단	내용	가능한 문제 제기 대상
민사 소송	정정보도, 반론보도, 추후보도	언론사
	손해배상(인격권, 저작권 침해)	취재진, 언론사
	기사삭제, 보도금지 가처분	언론사
언론중재위원회 조정	모든 청구	언론사
형사 고소	모든 죄목	취재진*

위 표에서 중요한 기준은 '청구를 받아들일 수 있는 권한이 있는지' 여부입니다. 정정, 반론, 추후보도, 기사삭제, 보도금지 가처분은 통상 취재기자가 처리할 수 있는 내용이 아닙니다. 언론사가 청구를 받아들이고, 이행할 수 있는 주체이지요. 따라서 문제 제기 대상인 피고도 언론사가 되어야 합니다. 언론중재위원회 조정의 경우 피신청인은 언론중재법에 정의한 바에 따른 언론

---

* 일부 양벌규정에 따라 취재기자 외 법인이 벌금형에 처해질 수 있으나, 별도 고소는 불필요합니다.

사 등이 되므로, 취재진 개인에 대해 문제를 제기할 수 없습니다. 손해배상 청구는 취재진 개인의 취재, 보도 행위에 대하여 불법행위 책임을 물을 수 있고, 그 취재, 보도의 주체로서 책임이 있는 언론사도 공동으로 불법행위를 책임지게 됩니다. 따라서 이들을 함께 또는 단독으로 소 제기가 가능합니다. 반면, 형사의 경우 범죄를 저지를 수 있는 능력(범죄능력)은 사람에게 있으므로 취재진 개인에 대한 고소나 고발이 가능할 것입니다.

어떤 대상을 상대로 하는 것이 더 효율적인 대응 방안인지는 위법행위가 발생한 사안에 따라 달라집니다. 취재진에 대한 문제 제기라면, 통상 해당 사건을 직접 취재한 취재기자를 상대로 하는 것이 일반적입니다. 사안에 대해 직접 취재하고 기사를 작성한 사람이기 때문에, 민사든 형사든 위법행위에 따른 책임이 인정될 가능성이 가장 큽니다. 여기에 더해 취재기자에게 검증, 수정, 보완 등 관련 취재 지시를 내리는 상급자(데스크)에 대해서도 문제 제기가 가능합니다. 기자가 속한 부서에서 가까운 위치의 (예컨대 차장 직책의) 상급자일수록 기사에 대한 관여도가 높을 수 있기에 책임이 인정될 가능성 역시 더 큽니다. 다만, 중요도와 비중이 높지 않다면 보도 관련 부서의 (통상 편집국장, 보도국장, 보도본부장 등) 총책임자 이상이 개별 보도에 세세히 개입하는 경우는 많지 않습니다.

신속하고 효율적인 대응 필요성을 고려할 때 문제 제기 대상을 확장하지 않고 특정해 좁히는 것이 더 이익일 때도 있습니다. 문제 제기 대상인 취재진의 범위를 생각할 때는 위와 같은 점과 함께 자신의 피해 정도, 대응의 목적을 고려해야 하겠습니다.

다음으로 민사 손해배상 청구의 경우 언론사와 취재진을 공동 불법행위자로 함께 묶어 소송을 제기할 수 있습니다. 이처럼 민사 소송에 있어 언론사를 당사자로 하면 다수의 이점이 있습니다.

첫째, 언론사는 보통 그 소재와 당사자로서의 정보가 분명합니다. 사람으로 치면 주민등록번호와 주소와 같은 신원 정보가 분명하다는 것입니다. 민사 소송은 우선 상대방에게 소장이 송달되어야 제대로 진행할 수 있고, 판결을 받더라도 실질적인 집행까지 하려면 신원 정보가 명확히 특정되어야 합니다. 법인인 언론사는 법인등기부에 명칭, 본점 소재지, 대표자 성명까지 공개되어 있고, 법인이 아니더라도 홈페이지나 문화체육관광부 정기간행물 등록 관리 시스템 등에 그 정보가 공개되어 있습니다. 따라서 소송 제기부터 판결 이후 실질적인 피해 회복까지 비교적 원활히 진행하는 데 있어 언론사를 당사자로 하는 것이 유리합니다.

둘째, 언론사는 실질적인 피해 회복을 실현할 수 있는 자산과 권한이 있습니다. 즉, 손해배상금을 지급할 자력이 있고, 매체라는 자산을 활용해 기사의 삭제와 정정, 반론 등 별도의 보도문을 게재할 수 있으며, 그 외 기사 수정에 이르기까지 조정이나 합의를 통해 사안을 해결할 수 있는 다양한 구제 수단을 제시할 수 있습니다. 아울러 앞서 살펴본 바와 같이 언론사는 정정보도, 반론보도, 추후보도, 그 외 기사삭제 청구의 대상이 될 수 있으므로, 손해배상 청구와 함께 소를 제기하여 한 번에 분쟁을 해결해 볼 수도 있습니다.

이런 이점으로 인해 통상 기사에 대한 문제 제기 시 언론사를 당사자로 하거나, 취재진(보통은 취재기자)과 언론사를 공동피고로 하는 경우가 많습니다. 물론 언론사를 제외하고 취재진만을 상대로 소송을 제기할 때도 있습니다. 이는 취재기자 개인의 책임을 따지길 원하거나, 언론사에 비해 상대적으로 대응력이 약한 개인을 대상으로 더 유리하게 소송을 진행하려 하거나,[9] 언론사를 상대로 한 문제 제기 자체에 부담을 느끼기 때문이거나 하는 등 다양한 이유가 있습니다. 다만, 취재진 개인을 대상으로 하면 앞서의 이점을 얻을 수 없으므로, 자신이 처한 내응 상황에 맞춰 장단점을 충분히 비교해 본 후 대상을 선택할 필요가 있습니다.

언론사를 대상으로 문제를 제기할 때 한 가지 더 유의할 점은, 자신이 문제를 제기하는 언론사가 어느 언론사인지를 명확히 특정해야 한다는 것입니다. 절차 진행에 있어 당사자가 중요한 민사 소송이나 언론중재위 조정 신청에서는 특히 유의해야 합니다. 언론의 매체명은 법적인 실체로서의 명칭과 다를 수 있습니다. 예를 들어 KBS는 '한국방송', MBC는 '주식회사 문화방송', MBN은 '주식회사 매일방송'이 법적인 실체로서의 명칭인 법인명입니다. 《동아일보》의 경우 종이 신문은 '주식회사 동아일보사', 인터넷 신문은 '주식회사 동아닷컴' 각 법인이 운영하고, 신문《중앙일보》는 '중앙일보 주식회사', 잡지《월간 중앙》은 '중앙일보에스 주식회사'가 각 운영하는 것처럼 매체별로 운영하는 법인 명칭이 다를 때도 있습니다.

매체의 실제 명칭을 잘 특정하려면 해당 매체 인터넷 홈페이지상에서 '회사 소개' 등의 정보가 게시된 섹션을 꼼꼼히 확인해야 합니다. 또 법인이라면 인터넷 등기소(www.iros.go.kr)에서 법인등기부를 열람해 정확한 명칭, 본점 소재지 등 정보를 확인해 볼 필요가 있습니다. 방송사는 대부분 일정 규모가 있고 홈페이지 등 인터넷에 사업자 정보가 잘 게시되어 있어 실제 명칭을 확인하는 게 어렵지 않습니다. 그러나 지면(신문, 잡지) 매체나 인터넷 매체는 등록된 인터넷 신문 매체만 1만 1천여 개, 잡지 매체만 5천 8백여 개에 달할 정도로 그 수가 많으며,[10] 공개된 정보를 찾기 어려운 소규모의 매체도 많아 특정이 어려울 때가 있습니다. 이럴 때는 문화체육관광부의 정기간행물 등록 관리 시스템(pds.mcst.go.kr)을 통해 정보를 확인해 보는 것이 좋습니다. 제호 검색을 통해 국내 등록된 신문, 인터넷신문, 뉴스통신, 잡지, 기타 간행물의 매체명(제호), 법인명 등을 확인해 볼 수 있고, 언론사 정보 검색을 통해 등록 언론사의 발행인, 편집인 등 정보까지 검색해 볼 수 있습니다.*

---

* '언론사 정보 검색' 섹션에서는 등록 언론사의 세부 등록 정보를 담은 엑셀 파일도 받아볼 수 있습니다.

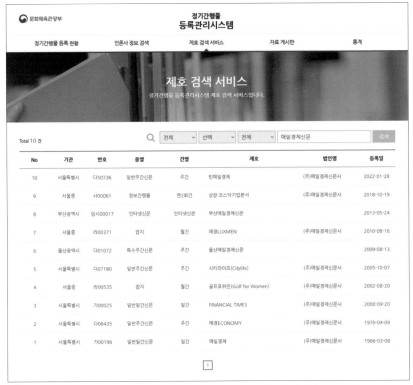

정기간행물 등록관리 시스템(pds.mcst.go.kr) 제호 검색 화면 (e.g. '매일경제신문')[11]

언론중재위원회(www.pac.or.kr)에 게시된 '피신청인 목록'을 확인해 보는 것도 좋은 방법입니다. 언론중재위원회 홈페이지의 '언론피해구제설차'의 '조정신청방법' 섹션에서 피신청인 목록 엑셀 파일을 받을 수 있습니다. 이 파일에는 방송, 신문, 잡지, 인터넷신문, 뉴스통신 등 언론중재법상 청구 대상이 될 수 있는 상당수 매체의 법인명(단체 또는 개인명), 대표자명, 주소, 연락처 정보가 기록되어 있습니다(2022년 12월 기준 3,214개 매체). 또한, 언론중재위원회의 '언론사 정보 검색' 파일에서도 언론사 데이터베이스(DB) 정보를 확인하고 조정 신청 시 주요 언론사의 피신청인, 매체명의 표시 방식을 알아볼 수 있습니다.* 아울러 언론중재위원회 전자조정 시스템을 이용할 경우, 시스템에서 피신청인 명칭과 매체명을 검색, 선택하여 입력할 수도 있습니다.

정리해 보면, 언론사 홈페이지, 언론중재위원회의 '피신청인 목록' 및 '언론사 정보 검색' 파일, '정기간행물 등록관리 시스템', 그리고 법인일 경우 등기부 정보까지 확인한다면, 국내 대부분 매체의 법적 실체명을 찾을 수 있습니다. 민사 소송, 언론중재위원회 조정은 이 실체를 특정하여 진행해야 합니다.

---

* 언론중재위원회의 언론사 정보 검색 파일은 아래 주소에서 바로 내려받을 수 있습니다.

www.pac.or.kr/kor/etc/download_media_info_xls.asp

2. 상황에 알맞은 대응 방법 탐색하기

언론 대응에 있어 누가, 누구를 상대로 해야 할지와 함께 반드시 고민할 문제는 어떤 방법을 택할지입니다. 언론사에 직접 연락하여 피해를 알리고 피해 회복 조치를 요구할 수 있겠지만, 그것이 꼭 현명한 방법은 아닐 수 있습니다. 이 책의 제일 첫 장에서는 "잘못된 기사에 대해 사과받을 수 있을까?"를 살펴보았습니다. 법적 의무가 없는 사안에 대해 언론의 흔쾌한 조치를 바라기 어려운 것처럼, 법적 의무가 있는지를 다투는 사안에 대해 언론은 쉽게 구제책을 꺼내 놓지 않습니다. 어떤 언론은 수사나 재판을 통한 판단이 내려지기 전까지 무대응으로 일관하기도 합니다.

언론에 취할 수 있는 대응 수단을 현명하게 선택하기 위해, 가능한 방법은 무엇이 있는지, 각 방법의 장단점은 무엇인지 자세히 살펴봅시다. 어떤 선택이 가장 효과적일지는 피해 상황이나 대응 목적에 따라 달라질 수 있습니다. 큰 비용 부담 없이 신속하게 기사에 대한 조치를 하고 싶다면 언론중재위원회 조정을, 시간과 비용을 감수하더라도 불법행위에 대한 명확한 판단을 받아보고 싶다면 민사 소송을, 고통을 준 취재 행위에 대한 처벌을 반드시 받아내고 싶다면 형사 고소를 해야 할 것입니다. 그러나 언론 대응을 꼭 한 가지 목적 달성을 위해서만 하는 것은 아니고, 경우에 따라선 가능한 모든 수단을 동원해야 할 필요도 있습니다.

각 수단의 특성을 알아보고 내 선택의 근거가 될 바탕, 대응 기술에 대한 이해도를 높여 봅시다.

⓺ 언론사와 직접 연락할 수 있을까?

> 언론에 직접 연락이나 서면을 통해, 또는 고충처리인 제도를 활용하여 직접 문제를 제기할 수 있습니다. 신속하다는 장점이 있지만, 강제력이 없어 궁극적인 피해 회복에는 한계가 있습니다.

가장 먼저 생각해 볼 수 있는 수단은 바로 해당 언론사에 직접 연락을 취하는 것입니다. 공개된 언론사의 대표 전화나 메일, 혹은 기사에 공개된 취재기자의 메일 등을 통해 기사의 문제점과 피해 회복을 위한 조치 등을 요청해 볼 수 있습니다. 가장 빠르게 의사를 전달할 수 있고, 언론사가 요구를 수용할 경우 별다른 노력과 비용 투입 없이 빠르게 피해를 회복할 수 있다는 장점이 있겠으나, 언론사의 응답이나 요구 수용을 강제할 수 없다는 한계가 있습니다. 더군다나 다툼이 있는 사안이라면 언론사가 나의 요구를 적극적으로 수용할 가능성은 크지 않고, 인터넷 기사삭제나 수정 정도를 넘어 금전적인 배상까지 응하는 경우도 많지 않습니다. 즉 궁극적으로 피해를 회복하는 데는 어려움이 있다고 할 수 있습니다.

언론의 고충처리인 제도를 활용해 볼 수도 있습니다. 언론중재법은 종합편성 또는 보도에 관한 전문편성을 하는 방송, 일간신문, 뉴스통신이 의무적으로 사내에 언론 피해의 예방과 구제를 위한 고충처리인을 두도록 하고 있습니다(제6조 제1항). 고충처리인은 △ 언론의 침해행위에 대한 조사, △ 사실이 아니거나 타인의 명예, 그 밖의 법익을 침해하는 언론보도에 대한 시정 권고, △ 구제가 필요한 피해자의 고충에 대한 정정보도, 반론보도 또는 손해배상의 권고 등을 권한과 직무로 합니다(제6조 제2항). 명칭은 조금씩 다를 수 있으나, 우리가 아는 신문과 방송 등 언론사 대부분이 고충처리인 제도를 운용합니다. 홈페이지 등에 별도 섹션을 두거나, 문제 제기 접수창구를 안내하는 식이죠. 다만, 고충처리인의 권한으로 가능한 조치는 어디까지나 언론사에 대한 권고일 뿐입니다. 따라서 문제 제기에 대한 조치나 피해 회복 요구의 수용까지 담보할 수는 없습니다. 즉 이 방법 역시 궁극적인 피해 회복에는 어느 정도 한계가 있습니다.

언론중재법은 언론 피해자가 언론사 등 대표자에게 직접 서면 청구서를 보내는 방식으로 정정보도, 반론보도, 추후보도를 청구할 수 있다고 규정하고 있습니다(제15조 1항). 청구를 받은 언론사 등 대표자는 3일 이내에 그 수용 여부를 통지해야 하고, 만약 청구를 수용한다면 정정보도 내용 등에 관한 협의를 거쳐 7일 이내에 보도문을 방송하거나 게재해야 합니다(제15조 제1~3항, 제16조 제3항, 제17조 제3항). 다만, 이 조항에 있어 언론의 수용 여부 통지 의무나 불수용 시의 조치에 대해선 벌칙 등 별다른 불이익이 없다는 한계가 있습니다.*

참고로, 방송은 다른 매체보다 문제 제기에 응할 요인이 상대적으로 더 있습니다. 방송사는 다른 매체와 달리 국가의 허가(승인)를 받아야 방송사업을 영위할 수 있고, 3~5년 이내로 주어지는 허가(승인) 유효기간 만료 전에 방송통신위원회 또는 과학기술정보통신부로부터 재허가(재승인) 심사를 받아야 합니다.[12] 심사 기준 점수를 넘지 못하면 방송사업 자체를 더 이상 못할 위험이 있고 심사 결과에 따라 강제성 있는 여러 조건이 부과될 수도 있어, 이러한 재허가(재승인) 심사는 상당히 중요하다고 할 수 있습니다. 이때의 심사

---

* 정정보도 청구 등을 수용할 경우, 협의 및 보도문 게재 의무를 위반한다면 과태료 불이익이 있습니다 (제34조 제1항 제2호).

항목 가운데는 방송의 공적 책임, 공정성, 공익성도 포함되며, 여기서 통상 시청자 권익 보호와 관련된 시청자 불만 처리 실적을 제출하게 됩니다. 또한 심사 기준으로 방송평가위원회가 매년 방송사를 대상으로 하는 방송평가 결과가 반영되는데, 여기서도 시청자 의견 반영에 대한 평가가 반영됩니다.[13]

물론 방송사의 재허가(재승인)가 나지 않는 경우는 거의 없고, 위와 같은 평가의 반영 역시 결정적인 비중을 차지하진 않습니다. 그런 점을 고려하면 이들이 방송사의 문제 제기 대응과 수용에 큰 영향을 미친다고 하긴 어려울 수 있습니다. 그러나 분명 이들은 신문 등 여타 매체보다 방송이 시청자의 문제 제기를 잘 응대하고, 해결하고자 노력을 기울이게 하는 요인일 수는 있겠습니다.

⑦ 어떤 외부 기관을 통해 대응할 수 있을까?

민사 소송, 형사 고소, 언론중재위원회 조정, 한국저작권위원회 조정이 공통으로 가능합니다. 이때 각 장단점을 고려해 피해 상황에 맞는 수단을 선택할 필요가 있습니다. 전체적으로 종이, 인터넷 매체는 심의기구에 민원을 제기하는 장점이 크다고 보기 어렵지만, 방송은 실질적인 부담을 지울 만큼 불이익이 있어 대응 수단의 하나로 고려할 만합니다.

앞서 살펴본 바와 같이, 언론사에 연락하는 등 직접 접촉하여 문제를 제기하는 방식은 강제력이 없다는 한계가 있습니다. 오보 등 문제가 있는 보도라는 점을 잘 인정하지 않는 언론도 있고, 문제 발생 자체에 대해 자신과 언론사의 생각이 다를 수 있어 요구 사항을 수용하게 하는 데 어려움이 있을 수 있습니다. 이럴 때는 외부 기관을 통해 문제를 제기하는 것이 더 효과적입니다.

우선, 아래와 같이 외부 기관으로의 문제 제기 수단을 간략히 정리합니다. 모든 매체에서 가능한 수단은 '공통 수단'으로, 각 매체에 대해서만 할 수 있는 수단은 '개별 수단'으로 분류하였습니다.

공통 수단*		개별 수단
· 민사 소송	방송	방송통신심의위원회 민원
· 형사 고소	신문/뉴스통신	한국신문윤리위원회 독자 불만 접수
· 언론중재위원회 조정		
· 한국저작권위원회 조정	인터넷 신문	한국신문윤리위원회 독자 불만 접수
· 각종 저작권 침해 신고		인터넷 신문위원회 이용자 상담

대응 수단 중, 먼저 공통 수단을 살펴봅시다. 다음 페이지에 각 장단점을 표로 정리하였고, 각각을 구체적으로 설명토록 하겠습니다.

먼저 민사 소송의 가장 큰 장점은 정정보도, 반론보도, 추후보도의 게재, 기사의 삭제, 관련 손해배상 등 실질적인 피해 회복이 가능하다는 것입니다. 법원의 판결을 받는 구제이기에 확실한 강제력이 있는 수단입니다. 상대방이 보도문 게재 등 의무를 이행하지 않을 경우를 대비한 이행 강제금을 붙일 수 있고(예컨대 이행 완료일까지 1일당 각 100만 원), 소송촉진 등에 관한 특례법에 따라 손해배상액에 높은 지연 이자(연 12%)도 붙일 수 있습니다. 배상액을 위해 재산을 강제집행하는 것도 가능합니다. 승소할 경우 법원 판결에서 정한 비율에 따라 내가 들인 인지대, 송달료 등의 절차 비용과 변호사 비용 중 일부를 돌려받을 수도 있습니다.**

---

* 수단별로 문제를 제기할 수 있는 대상자가 누구인지는 앞 절 155쪽의 표를 참조하세요.

** 대법원 규칙인 「변호사 보수의 소송비용 산입에 관한 규칙」에서 정한 비용과 실제 비용 중 낮은 금액을 돌려받을 수 있습니다. 정확히는 법원에 소송비용 확정 신청을 하여 상대방으로부터 돌려받을 돈을 확정하는 재판을 한 번 더 거치게 됩니다.

수단	장점	단점
민사 소송	· 보도문 게재, 손해배상 등 실질적인 피해 회복 가능 · 판결 시 상대방에 이행을 강제할 수 있음 · 승소 시 내 소송비용 일부를 상대방에게 청구 가능 · 가처분의 경우 신속한 진행 가능	· 절차 진행에 장시간 소요(가처분 제외) · 패소 부담 있으며, 패소 시 상대방 소송비용 일부 보전해야 할 수 있음. · 주장 사실에 대한 입증책임을 부담 · 대리인(변호사) 선임에 따른 비용
형사 고소	· 불법 행위자에 대한 형사처벌 가능 · 통상 민사에 비해 많은 시간과 비용이 들지는 않음 · 사실관계나 위법성에 대해 수사기관이 확인	· 수사기관 출석 및 진술 부담 · 보도문 게재, 손해배상 등 실질적인 피해 회복 수단은 아님 · 고소 대리인(변호사) 선임 시 비용이 지출될 수 있으나, 별도의 보전 수단이 없음
언론중재위 조정 ― 저작권위 조정	· 절차가 신속하고 비용이 저렴(언론중재위 조정은 비용 들지 않음) · 전문 조정위원 앞에서 언론을 직접 대면하여 합리적인 협상 가능 · 기사 수정 등 다양한 구제 수단을 모색해 볼 수 있음 · 방송은 타 매체보다 조정 합의에 적극적일 수 있음	· 조정 합의를 강제할 수 없음. 언론중재위에서 직권 조정하더라도 언론사가 이의를 제기하면 소송으로 이관. 저작권위 조정은 조정에 불출석해도 불이익 없음 · 언중위 조정은 취재진 개인에 대한 문제 제기나 피해 회복은 불가능

　다만, 민사 소송은 절차에 있어 상당한 시간이 소요됩니다. 소장을 접수한 후 첫 재판이 열리는 데만 2~3개월은 걸리고, 상대방의 대응이나 증거 신청에 따라 1심 재판이 1년 넘게 진행될 수도 있습니다. (단, 가처분의 경우 이보다 신속하게 진행됩니다.) 상당한 시간이 걸려 1심 판결을 받더라도, 상대방이 항소하면 다시 2심에 시간이 걸리고, 상고하면 3심까지 가게 될 수 있습니다.

　아울러 민사 소송은 기본적으로 당사자 간의 다툼으로, 나의 주장을 입증할 책임이 나에게 있습니다. 기사가 허위라고 주장한다면 내가 법원에 증거를 제출해 허위라는 점을 판사에게 입증해야 하고, 이를 입증하지 못하면 패소하게 됩니다. 변호사를 대리인으로 선임해 도움을 받기 위해서는 비용도 듭니다. 이렇게 시간, 비용, 노력을 들여 소송을 진행했음에도 패소할 수 있다는 부담이 있고, 이때는 반대로 승소한 상대방에게 비용을 보전하게 될 수 있습니다.

다음으로 형사 고소는 불법 행위자에게 형사처벌을 내릴 수 있다는 점과 함께, 무엇보다 불법행위의 확인과 입증을 내가 아닌 수사기관이 한다는 점에서 효과적이라 할 수 있습니다. 물론 수사기관에 고소를 접수하고 범죄사실 입증에 유리한 자료를 제출하는 등 최대한 수사에 도움을 줄 수는 있지만, 근본적으로 수사 및 범죄 혐의 입증은 수사기관의 역할입니다. 따라서 형사 고소는 공권력을 통한 진실발견과 위법성 확인의 목적을 달성할 수 있다는 분명한 이점이 있습니다. 또 고소 접수나 수사 진행에 있어 별도의 절차 비용이 없고, 보통은 기소에 이르기까지 민사보다 긴 시간이 소요되지는 않습니다.

다만, 보통 최소 한 번은 수사기관에 출석해 참고인으로서 진술해야 하는 부담은 여전히 있습니다. 그리고 범죄자에 대한 처벌을 넘어 민사 소송과 같이 보도문 게재, 손해배상 등 실질적인 피해 회복을 이룰 수 있는 것은 아니란 분명한 한계가 있습니다. 수사 진행 과정에서 고소 취소를 조건으로 고소 대상과 별도 합의를 통해 배상 등 권리 구제를 도모해 볼 수는 있지만, 이를 강제할 수는 없습니다. 더군다나 상대와 혐의를 다투는 입장이라면 합의 진행 자체가 어려울 수도 있습니다. 아울러 민사 소송과 달리, 전문적인 조력을 위해 변호사를 고소 대리인으로 선임한다고 해도 이에 대한 비용 지출을 보전할 수 있는 별도의 수단이 존재하지 않습니다.

마지막 언론중재위원회 조정은 매우 효과적인 언론 대응 수단으로, 실제 상당히 많은 언론 피해자가 이 제도를 통해 권리를 구제받고 있습니다. 위원회 조정 절차는 접수에 별도 비용이 들지 않습니다. 언론중재법상 신청 접수일로부터 14일 이내에 조정하도록 규정되어 있어(제19조 제2항)* 보통 2~3주 후에는 조정기일이 열리고, 1회의 조정기일로 사건이 종결될 때가 많아 신속한 권리 구제가 가능합니다.

무엇보다 조정의 가장 큰 장점은 법조계, 언론계, 학계 등 전문적인 식견을 가진 인사로 구성된 중재부의 진행 및 주도하에 언론과 직접 대면해 합리적으로 협상할 수 있다는 것입니다. 개별 접촉으로 직접 언론을 대면하여 성의 있는 협상을 진행하는 데는 한계가 있습니다. 또한 민사 소송의 경우 당사자 간 주장, 입증을 통해 판결을 가리는 절차이므로 의사 교환과 합의에 대한 조력을 받을 수 없습니다. 반면 중재부는 나와 언론이 모두 출석한 자리에서 상호 간 합의에 도달할 수 있도록 사안을 해석하고, 필요에 따라 언론을 설득하거나 내가 양보가 필요한 부분의 조언을 받을 수 있기에 합리적인 협상 진행이 가능합니다. 아울러 절차 자체가 재판이 아닌 조정이므로 합의 조건에도 유연성이 있습니다. 언론중재법이 규정하는 방식이 아니더라도 기사삭제, 기사나 제목의 일부 수정 등 다양한 방식의 권리 구제가 가능하며, 언론사와 합의만 된다면 조정 합의서상에 사과 문구를 기재하는 방안에 이르기까지 폭넓은 범위에서 구제 수단을 모색해 볼 수 있습니다.

다만 언론중재위원회 조정은 합의 자체를 강제할 수는 없습니다. 신청서를 받은 언론사가 2회에 걸쳐 출석하지 않으면 언론중재법상 내가 조정을 신청한 취지에 따라 정정보도 등을 이행하는 데 합의한 것으로 보기 때문에(제19조 제3항), 언론의 조정 절차 참석을 어느 정도 강제하는 면은 있습니다. 그러

---

* 단, 강행규정으로 해석되진 않습니다.

나 언론이 내 신청을 전혀 수용하지 않는 태도를 보인다면, 조정은 불성립으로 종결됩니다. 내 주장이 어느 정도 이유가 있다고 판단되면 중재부 직권으로 조정을 갈음하는 결정을 내릴 수는 있으나(직권조정 결정), 이 역시도 언론이 이의를 신청하면 확정되지 않고 소송 절차로 넘어가게 됩니다. 아울러, 언론중재위원회 조정은 언론사를 당사자로 한 절차이므로 취재진 개인에 대한 문제 제기나 그를 통한 피해 회복은 불가능하다는 한계도 있습니다.

한 가지 더, 상대적으로 방송은 언론중재위원회 조정에서 합의에 적극적일 수 있습니다. 앞서 말했듯이 방송사는 주기적으로 재허가(재승인) 심사를 받아야 하며, 이 과정에서 방송평가위원회의 연례 방송평가 결과를 반영하게 됩니다. 이때 방송평가 총점수 중 언론중재위원회의 정정보도 직권조정 결정 시 4점, 허위 사실로 인한 법원의 정정보도 판결 또는 명예훼손 판결 시 8점 감점이란 불이익이 있습니다. 방송평가 총점이 중앙 지상파 700점, 종편 채널 600점이기는 하나, 해당 점수는 방송사의 종합적인 평가 척도로서 매년 보도될 뿐 아니라[14] 재승인 심사에 환산 반영된다는 점까지 고려하면, 감점 부담은 방송사에 결코 가벼운 불이익이 아닙니다.

따라서 방송사로서는 언론중재위원회의 직권조정 결정, 자신들에게 불리한 법원 판결이 내려지기 전에, 조정 합의를 통해 (만약 소송이라면 소송 중 조정을 통해) 원만하게 사안을 해결하고자 할 가능성이 있습니다. 물론, 방송사에 따라 대응 온도가 다르고, 상당한 취재를 거친 보도라면 불이익을 감수하고서라도 합의에 대한 고려 없이 다툴 수 있습니다만, 방송사를 상대로 문제를 제기한다면 이 같은 사정을 고려해 좀 더 적극적으로 합의를 끌어 낼 필요가 있겠습니다.

한국저작권위원회 조정 역시 저작권 침해 사안에 대해 소액의 신청 비용으로(1~10만 원) 신속한 진행(보통 3개월 내)이 가능하며, 전문 조정위원 앞에서 언론을 직접 대면해 다양한 구제 수단을 모색할 수 있다는 장점이 있습니다. 2022년 1월부터는 전자조정 시스템을 도입하여 더 편리한 진행이 가능해지기도 했습니다. 다만, 한국저작권위원회 조정은 언론이 출석하지 않아도 언론중재위원회 조정과 같은 불이익이 없어 출석과 합의를 강제할 수 없다는 한계가 있습니다. 1천만 원 미만의 소액 사건이거나 언론이 조정부가 제시한 조정안을 합리적인 이유 없이 거부한다면 조정부가 직권조정을 결정할 수 있지만, 언론에서 이의를 제기하면 불성립으로 종결됩니다.

저작권 침해 사안은 당사자에 대한 조정이나 형사 고소 외에도 각종 신고 절차를 이용해 볼 수 있습니다. 배상이나 처벌 등 피해 회복에는 한계가 있지만, 침해 상태 중단 등 목적에 따라 활용할 수 있습니다. 내 저작물이 한국음악저작권협회에 신탁된 음악저작물이라면, 민원 접수를 통해 침해 사례를 제보하여 협의의 관리 권한을 행사하도록 할 수 있습니다.* 내 저작물이 음악, 영상, 출판, 만화, 소프트웨어, 게임이라면 온라인상에서의 불법 전송을 이유로 한국저작권보호원의 불법 복제물 신고 절차를 고려해 볼 수 있습니다. 보호원은 심의를 거쳐 온라인서비스 제공자(언론사 홈페이지 운영 주체 등)에게 삭제 등 시정을 권고할 수 있고, 응하지 않을 경우 문화체육관광부가 이를 명할 수도 있습니다.[15]

또한, 저작권 침해는 공익신고자보호법에 따른 공익 침해행위로서, 누구든지 공익신고가 가능합니다(문화체육관광부 관할). 이미지 저작권 침해의 경우, 네이버, 카카오 등 포털에 뉴스를 공급하는 제휴 매체라면 포털 뉴스제휴평가위원회를 통해 부정행위 신고가 가능합니다. 위 위원회는 권리 구제가

---

* 다만, 방송사를 포함한 언론은 한국음악저작권협회 등 신탁단체와 계약을 체결하여 사용료를 정산하고 이용하는 경우가 많으므로 이를 확인할 필요가 있습니다.

아니라 부정행위 언론을 제재하기 위한 기구이기는 하지만, 조치가 필요한 부당언론의 부정행위 유형 가운데 하나로 이미지 저작권 침해(타인이 소유한 이미지를 협의 없이 사용)를 두고 있습니다.[16]

다음으로, 매체에 따른 개별적인 구제 수단을 살펴봅니다. 이 개별적인 수단들은 모두 '심의'와 관련됩니다.

신문, 인터넷 신문, 뉴스통신이 공통으로 기재하는 한국신문윤리위원회의 독자 불만 접수는 신문 매체를 중심으로 조직된 자율 심의기구인 한국신문윤리위원회를 통한 제재를 요청하는 것으로 이해하시면 됩니다. 한국신문윤리위원회는 회원사(서약사)의 기사에 대한 자체 심의를 통해 신문윤리강령, 신문윤리실천요강 등의 규정을 위반한 기사에 주의, 경고, 정정, 사과 등 제재를 가하며, 1년 동안 같은 규정 위반으로 3회 이상 경고를 받고도 시정하지 않을 시 1천만 원 이하의 과징금도 부과할 수 있습니다.

이러한 심의는 위원회 홈페이지(www.ikpec.or.kr)의 '독자 상담센터'를 통해서도 개시될 수 있어, 언론사 대응 수단의 하나로 활용이 가능합니다. 다만, 이런 불만 접수는 한국신문윤리위원회 회원사의 기사에만 가능하고, 제재로 인한 불이익이 크지는 않을 뿐 아니라 무거운 징계가 내려지는 사례가 적습니다(대부분 '주의' 수준). 때문에 피해자에게 실효성 있는 수단으로 보기에는 다소 무리가 있습니다. 인터넷 신문위원회(inc.or.kr)의 '이용자 상담' 역시 회원사(서약사)에 대한 자율심의로서 제재의 불이익이 크지 않고 무거운 징계가 잘 내려지지 않는다는 점은 마찬가지라, 개별 피해 사안에 대한 효과적인 구제 수단으로 보기는 어렵습니다.

신문 심의와 달리 방송에 대한 심의는 방송사에 상당한 부담이 있습니다. 방송 심의는 법령에 따라 설치된 방송통신심의위원회에 의해 이루어지는데,[17] 「방송 심의에 관한 규정」을 위반할 경우 심의위는 그 수위를 살펴 방송법에 따른 제재, 권고, 의견 제시 등의 조치를 정해 방송통신위원회에 처분을 요청하게 됩니다. 방송통신위원회는 이에 따라 △ 방송 프로그램 정정, 수정 또는 중지 △ 방송 편성 책임자, 해당 방송 프로그램 또는 해당 방송 관계자에 대한 징계, △ 주의 또는 경고의 제재 등의 조치와 함께 과징금까지 부과할 수 있습니다.

방송 심의는 위 처분에 따른 직접적인 불이익뿐 아니라 앞서 살펴본 방송 평가와 재승인에도 영향을 미칩니다.[18] 심의규정 위반에 따른 제재 시 수위에 따라 방송평가에서 1~15점에 이르는 감점을 받으며, '공정성', '객관성' 등 일부 유형의 위반을 3회 이상 반복하면 2배 감점이 적용되어 재승인 심사에 반영됩니다.[19]

이러한 방송 심의는 방송통신심의위원회의 자체 모니터링뿐 아니라 시청자 민원에 의해서도 개시됩니다. 심의위 홈페이지(kocsc.or.kr) 또는 전화, 우편, 방문, 팩스로 신청할 수 있고, 신청이 받아들여지면 심의위에 정식 안건으로 상정되어 제재 처분이 내려질 수 있습니다.

이와 같은 심의 민원의 경우, 물론 방송 보도 피해자에 대한 직접적인 피해 구제 수단은 아닙니다. 다만, 취재진 개인에게 형사처벌을 내리는 것과 마찬가지의 불이익을 방송사에 부과할 수 있다는 점에서 대응 수단으로서 의미가 있습니다. 또한, 방송통신심의위원회에 접수한 민원을 취하하는 것을 하나의 합의 조건으로 하여 언론과의 협상에 활용할 수 있다는 점에서도 의미 있는 수단이라 하겠습니다. 참고로 언론 피해와 관련해 민원 사유로 삼을 수 있는 「방송 심의에 관한 규정」 조항은 제1절 공정성(제9조~제13조), 제2절 객관성(제14조~제18조), 제3절 권리침해금지(제19조~제23조)에 집중되어 있으며,[20] 명예훼손을 비롯한 대부분의 인격권 침해와 오보 관련 내용, 나아가 범죄 사건 보도 등 구체적인 경우에서의 준수 사항도 여기 포함되어 있습니다.

인터넷뉴스서비스 사업자, 즉 포털 역시 언론중재법상 청구 대상으로 규정되어 있습니다. 정정보도 등을 청구할 수 있고, 언론중재위원회 조정도 가능합니다. 다만 포털은 신문, 방송 등과 달리 보도를 작성한 주체가 아니기에 이를 대상으로 문제를 제기할 경우 궁극적인 해결에 한계가 있습니다. 우선 언론을 대상으로 한 언론중재위원회 조정이나 소송을 통해 정정 등 보도문이나 수정된 기사를 포털에 전송하도록 하면 효율적으로 문제를 해결할 수 있기에, 포털이 별도로 불법행위를 하지 않았다면 굳이 포털을 피고(피신청인)로 하여 소송(조정)을 진행할 실익이 크지 않습니다.

게다가 예컨대 언론중재위원회 조정에 포털을 당사자로 신청하더라도, 포털은 기사 작성에 대해 구체적으로 아는 바가 없으므로 합의 진행 자체가 어렵습니다. 아울러 포털은 언론중재법상 기사 제공 언론사에 정정보도 등 청구 내용을 통보하고, 통보받은 언론사는 같은 청구를 받은 것으로 보게 되기 때문에(제17조의2), 결국 포털로서는 통상 언론사가 어떻게 처리할지 결정을 기다려 그대로 반영하는 식이 됩니다. 애초부터 언론사를 상대로 조정을 신청하는 것이 빠르고 간명한 문제 해결에 도움이 된다고 볼 수 있는 것이죠. 손해배상의 경우에도 대법원의 판결 취지에 비춰볼 때,[21] 포털이 언론 기사를 직접 선택하고 편집하는 등 적극적인 역할을 했거나, 불법성이 아주 명백한 기사에 대해 피해자의 조치 요구를 무시하거나 제대로 된 관리 없이 방치하는 등 귀책을 인정할 만한 사정이 따로 없다면 받아들여지기 어렵습니다.[22]

지식⁺ 선거방송에 관한 규정

객관적이고 공정한 언론보도는 특히 선거 기간에 그 필요성이 커집니다. 언론보도는 유권자의 선택에 중요한 영향을 미치므로, 공직선거법은 왜곡된 여론 형성을 방지하기 위한 심의규정을 대부분의 매체에 대해 두고 있습니다. 특히나 언론 피해자의 관점에서 보면, 기사를 바로잡거나 반론을 싣는 등 신속한 구제가 필요한 주체는 곧 정당과 후보자, 후보자가 되려는 사람이라 할 수 있습니다. 이들은 불공정한 보도 등을 한 매체에 대해 아래와 같이 청구할 수 있습니다(제8조의2~제8조의6 참조).

매체	담당 (운영 주체)	신청인	신청 내용	받아들여질 경우
방송	선거방송 심의위원회 (방송통신심의위원회)	정당, 후보자	반론 보도 청구	언론에 대한 방송 반론 협의 실패 시 심의위에 회부, 인용 시 반론보도 결정
		후보자	시정 요구	심의 후 인용 시 방송통신위원회를 통해 △ 방송 프로그램 정정, 수정 또는 중지 △ 관계자 징계 △경고, 주의, 권고 의견 제시 조치
신문, 잡지 등 정기간행물, 뉴스통신	선거기사 심의위원회 (언론중재위원회)	정당, 후보자	반론 보도 청구	언론에 대한 방송 반론 협의 실패 시 심의위에 회부, 인용 시 반론보도 결정.
		후보자	시정 요구	심의 후 인용 시 △ 정정보도문, 반론보도문, 경고결정문, 주의 사실 게재 △ 경고, 주의, 권고 등 조치
인터넷신문 기사 제공 사이트 운영자	인터넷선거보도 심의위원회 (중앙선거관리위원회)	정당, 후보자	반론 보도 청구	언론에 대한 기사 반론 협의 실패 시 심의위에 청구, 인용 시 반론보도 결정.
			이의 신청	심의 후 인용 시 △ 정정보도문, 경고문 게재 △ 경고, 주의, 공정 보도 협조 요청 등 조치

※ "후보자"는 후보자가 되려는 사람 포함

3. 까다로운 신생 매체 1인 미디어

1인 미디어는 그 폭발적인 증가와 접근성 확장으로 인해 매체 영향력이 갈수록 커지고 있습니다. 한국언론진흥재단이 발표한 2021년 언론수용자 의식 조사에서 유튜브가 다수의 기성 언론매체를 제치고 가장 영향력 있는 매체 8위, 가장 신뢰하는 매체 10위에 꼽혔다는 사실은 1인 미디어의 성장한 위치를 잘 보여 줍니다.[23]

이와 같은 1인 미디어 콘텐츠는 다양한 의견 개진과 정보 교환을 통해 활발한 여론 형성에 이바지한다는 장점이 있습니다. 그러나 조회 수에 눈먼 일부 크리에이터의 무분별한 허위 사실 유포와 인격권 침해로 인해 극심한 고통에 시달리는 피해자가 양산되는 단점도 분명 존재합니다. 이 책에서 말하는 '언론'은 아니지만, 이제 기존의 언론에 버금가는 파급력과 피해 발생 가능성이 있기에, 간략하게나마 1인 미디어에 대한 대응 수단도 추가로 다뤄보고자 합니다.

ⓠ 1인 미디어는 어떤 게 다를까?

1인 미디어는 '언론'이 아니기에 언론중재법상 정정보도 등을 청구하거나 조정을 신청하기 어렵습니다. 관련자의 신원과 소재가 불분명한 경우도 많아, 언론에 비해 대응이 쉽지 않습니다.

먼저 유튜버 등 1인 미디어는 언론중재법에서 규정한 '언론'이 아닙니다. 그렇기에 이들에 대해서는 언론중재법상 할 수 있는 정정보도, 반론보도, 추후보도 등 유용한 청구권을 행사할 수 없습니다. 언론중재법의 적용 대상이 아니라는 점은, 특히 언론 대응 시 비용 없이 신속하게 언론을 마주해 피해를 알리고 요구 사항을 주장할 수 있는 언론중재위원회 조정 제도를 활용할 수 없다는 점에서 피해자에게 큰 한계로 작용합니다. 법 개정에 대한 논의는 있지만, 아직 이 법을 통해 피해를 구제받기는 어렵습니다.*

나아가 1인 미디어 관련자는 신원과 소재가 불분명할 때가 많습니다. 자극적인 표현으로 짜깁기 콘텐츠를 만들어 빠르게 이슈를 선점하는 1인 미디어를 소위 '사이버 렉카Cyber Wrecker'라고 하는데, 이들은 해외 서버 플랫폼에서 가면으로 얼굴을 가린 채 방송하는 경우가 많습니다. 민사 소송을 통해 피해를 회복하려 해도 상대의 신원과 소재를 알지 못하면 제대로 소송을 시작할 수 없고, 형사 고소를 하더라도 수사기관이 신원을 특정할 수 없으면 기소가 불가능합니다. 국내 서버를 둔 플랫폼의 경우 강제로라도 신원 확인에 협조하게 하여 수사할 수 있기에 상대적으로 이런 위험이 적지만, 구글 유튜브와 같이 해외에 서버를 둔 플랫폼이라면 자발적인 협조가 없는 한 강제로 신원을 알아낼 방법이 없습니다. 대중에 잘 알려진 유명인의 채널이 아니라면 손해배상과 형사 처벌까지 가는 데 현실적인 어려움이 있는 것입니다.

---

* 언론중재위원회가 2022년 9월 류호정 정의당 의원실에 제출한 '조정대상 매체 기준 제안 보고서'는 언론중재법상 언론사가 유튜브 채널에 게시한 보도물이 언론중재위 조정 대상에 포함된다는 가이드라인을 제시했습니다. 2023년 1월에는 이를 반영한 법안이 발의되기도 했습니다. 현재 언론중재위원회는 인터넷 신문 등 언론중재법상 언론사가 유튜브 채널에 게재한 보도성 콘텐츠에 대해 조정 접수를 받고 있기도 합니다. 향후 인터넷 언론으로 등록한 유튜브 채널의 경우 보도성 유튜브 콘텐츠에 대해 법 적용이 가능할 수 있겠습니다. 관련 기사는 고성욱, 〈언론중재위, 조정대상에 유튜브 채널 포함 제안〉, 《미디어스》, 2022.09.06.

http://www.mediaus.co.kr/news/articleView.html?idxno=301293

⊕ 1인 미디어에 대응하는 효과적 수단은?

> 우선 증빙을 확보한 후 플랫폼 자체의 문제 제기 창구를 활용해 피해 확산을 방지할 필요가 있습니다. '이용자 정보 제공' 청구 등 정보 확인 제도를 활용하면 민사, 형사 조치가 가능합니다. 다만 해외 플랫폼에 게시된 콘텐츠는 법적 대응을 진행하기 어려울 수 있습니다.

앞서 살펴본 대표적인 특수성을 고려할 때, 1인 미디어에 대해선 어떻게 대응해야 효과적일 수 있을까요?

우선, 피해 확산을 신속히 방지하기 위해 운영자에게 권리 침해 콘텐츠를 삭제해 달라는 등의 조치를 요청할 필요가 있습니다. 플랫폼 대부분은 내부 규정에 따른 신고 절차를 두어 피해구제 방안을 마련하고 있습니다. 예를 들어 유튜브는 권리 침해, 증오 또는 악의적인 콘텐츠 등을 신고할 수 있고, 자체 규정인 커뮤니티 가이드라인Community Guidelines 위반 여부를 검토해 콘텐츠 삭제, 주의, 누적에 따라 경고, 계정 제한, 채널 삭제 등의 불이익을 줄 수 있습니다. 그 외 개인 정보 침해 신고, 저작권 게시 중단 요청, 명예훼손 콘텐츠에 대한 법률 위반사항 신고 등 개별 문제 제기 절차도 두고 있습니다. 국내 플랫폼은 피해자의 요청에 따라 사생활 침해나 명예훼손 등 권리를 침해한 콘텐츠의 삭제, 반박 내용의 게재 또는 임시 조치를 하도록 정보통신망법상 규정되어 있으며, 저작권 침해 역시 피해자의 요구에 따라 콘텐츠(저작물)의 복제, 전송을 플랫폼이 중단하도록 규정되어 있어 피해자의 대응이 더 원활할 수 있습니다.*

---

* 단, 미조치 자체에 대한 벌칙은 없고, 조치 시 플랫폼은 이로 인한 배상 책임을 줄이거나 면제받을 수 있습니다(「정보통신망법」 제44조의2; 「저작권법」 제103조 제5항).

한 가지 유의할 점은, 플랫폼에 조치를 요청하기에 앞서 법적 조치를 위해 필요한 증빙을 반드시 남겨 놓는 것입니다. 권리를 침해한 영상 부분, 인터넷 주소와 날짜, 시간이 잘 드러나는 영상 게시 캡처 화면 등 침해행위를 입증할 수 있는 자료를 반드시 확보해야, 추후 민·형사상 대응에 근거로 이용할 수 있습니다.

그 외 법적인 수단으로는 민사 소송과 형사 고소를 생각해 볼 수 있습니다. 물론 앞서 말했듯이 민사 소송은 상대방의 신원과 소재를 알지 못하면 진행이 어렵습니다. 이때는 방송통신심의위원회의 '이용자 정보 제공 청구' 제도를 활용하거나 형사 고소를 먼저 진행하는 것이 좋습니다.

이용자 정보제공 청구는 방송통신심의위원회의 인터넷 피해구제 센터 (remedy.kocsc.or.kr)에서 신청과 조회가 가능합니다. 사생활 침해나 명예훼손 등 권리 침해 게시물을 증빙하여 접수하면 통상 30일 이내에 정보의 제공 여부가 결정되며, 승인 시 정보통신서비스 제공자가 보유한 정보 중 성명, 주소 등 민·형사 조치를 위해 필요한 정보가 제공될 수 있습니다. 다만, 해외 서버 플랫폼이라면 이 제도를 통한 정보 확보가 어려울 수 있습니다. 또 정보 제공을 청구한 사실이 상대방에게 전달될 수 있고, 민·형사 조치 외 다른 용도로 사용하면 처벌받을 수 있다는 점에 유의해야 합니다.* 만약 어느 정도 신원이 파악된다면 민사상 손해배상 청구, 인격권 등 권리 침해 게시물을 삭제하고 더 이상의 게시를 금지하도록 하는 청구가 가능합니다. 금지 청구의 경우 신속한 조치를 위해 가처분 형태로 많이 제기됩니다.

---

* 저작권 침해 역시 이와 유사한 제도가 있습니다. 온라인서비스 제공자(플랫폼 사이트 등)에 민·형사 조치 목적의 정보 제공을 요청했다가 거절당할 경우, 문화체육관광부에 관련 정보의 제공을 명령하여 줄 것을 청구할 수 있습니다(「저작권법」 제103조의3).

민사 소송이 부담된다면, 정확한 신원까지는 아니더라도 플랫폼 아이디 등 어느 정도 특정할 만한 정보를 바탕으로 형사 고소부터 진행하는 방법이 있습니다. 확보한 침해행위 증빙을 경찰에 제출하고 수사 진행 상황에 따라 민사 소송에 착수하거나 배상 합의 의사를 타진해 보는 식으로 대응을 이어갈 수 있습니다. 다만, 앞서 언급한 바와 같이 해외 서버 플랫폼은 신원 파악이 어려워 수사가 중지될* 가능성이 큽니다. 신원 파악에 도움이 될 만한 자료가 있다면 우선 최대한 확보해 수사기관에 제출해 볼 필요가 있습니다.

인터넷 신문 등 언론중재법상 언론사가 유튜브 채널에 개재한 보도성 콘텐츠라면, 언론중재위원회에 조정을 접수해 볼 수 있습니다.

방송통신심의위원회의 권리침해정보 심의, 불법 유해정보 신고, 명예훼손 분쟁조정 제도를 활용하는 것도 좋은 방법입니다. 권리침해정보 심의는 명예훼손, 모욕 및 초상권, 사생활 등 권리 침해 콘텐츠에 대한 통신 심의를 요청하는 절차로, 앞서 언급한 방송통신위원회의 인터넷 피해구제 센터에서도 신청할 수 있습니다. 심의 결과 「정보통신에 관한 심의규정」을 위반한 콘텐츠에 대해선 플랫폼에 삭제, 차단, 이용 정지, 이용 해지 등을 통한 시정 요구가 내려집니다. 특히 비방을 목적으로 한 명예훼손 콘텐츠의 경우 플랫폼에 해당 콘텐츠의 취급 거부, 정지 또는 제한 명령까지 내려질 수 있고, 불응 시에는 형사 처벌도 가능합니다.

불법 유해정보 신고는 비방 목적의 명예훼손 콘텐츠 등 정보통신망법상의 불법 정보(제44조의7)를 신고하는 것으로 방송통신심의위원회의 홈페이지(kocsc.or.kr)에서 전자 민원으로도 접수할 수 있습니다. 다만 해외 플랫폼의 경우 이러한 심의위의 시정 요구에 응하는 비율이 낮다는 한계가 있습니다.

---

* 경찰의 수사중지 또는 검사의 기소 중지

명예훼손 분쟁조정은 언론중재위 조정과 유사하게 전문위원의 조정을 통한 문제 해결이 가능하다는 장점이 있는 제도입니다. 권리 침해자의 정확한 신원을 몰라도 아이디나 닉네임, 이메일 주소를 기재해 접수할 수 있고, 역시 방송통신심의위원회 인터넷 피해구제 센터를 통해 신청할 수 있어 편리합니다. 다만, 조정 진행에 강제성이 없다는 단점이 있습니다.

저작권 침해는 앞서 언론 대응에서 살펴본 수단과 같이 신원 정보를 알고 있다면 한국저작권위원회 조정 제도를 이용해 볼 수 있습니다. 국내 플랫폼에 게재된 콘텐츠라면 한국저작권보호원에 신고 접수가 가능할 것입니다. (해외 플랫폼의 경우 방송통신심의위원회에 신고할 수 있습니다) 그 외 (신탁 음악이라면) 한국음악저작권협회 민원, 공익신고 역시 고려해 볼 수 있습니다.

언론을 상대하는 법

방식별 대응하기

1. 접근성이 좋은 언론중재위원회 조정

앞서 살펴본 바와 같이 언론중재위원회 조정은 전문성과 효율성 면에서 장점이 매우 많은 대응 수단입니다. 현명하게 활용한다면 소송에 가지 않더라도 적정 수준의 피해 회복을 이룰 수 있어, 실제 많은 언론 피해자가 이 제도를 활용해 분쟁 해결을 도모합니다.

그러나 소송에 비해 절차가 엄격하지 않고 진행이 편의하다고 해서 별다른 준비 없이 무작정 조정에 임한다면, 원하는 목적을 이루기 어려울 뿐 아니라 불필요한 시간만 낭비할 수 있습니다. 특히, 언론중재법상 정정보도 등 제소 기간에 제한이 있는 청구라면, 대응에 필요한 시간을 허비하는 것은 상당한 부담으로 작용할 수 있습니다.

아래서는 진행 절차별로 신경 써야 할 점을 알아보고, 언론중재위 조정 과정에서 중요도가 높은 문서인 언론조정 신청서 작성 방법을 구체적으로 알아봅시다. 효율적인 조정 진행을 위한 배경지식은 곧 내 권리 구제 전략의 유용한 자양분이 될 수 있습니다.

⑦ 어떻게 진행되고, 무엇이 중요할까?

> 조정은 신청서 접수, 조정기일 출석, 결정 순으로 진행되며, 특히 조정기일이 중요합니다. △ 시작에 앞서 조정보다는 소송이 더 적합한 절차인지 고민하고, △ 미리 합의할 수 있는 마지노선을 정하되 현장에서 유연하게 생각하며, △ 중재부를 존중하는 태도를 가져야 합니다. 또한 △ 1회 기일이 마지막이라는 생각으로 필요한 의사를 전달하고, △ 핵심은 보도에서 잘못된 부분과 내가 받은 피해라는 점을 생각해야 하며, △ 조정은 판결을 내는 곳이 아니므로 다투는 데 너무 치중하지 말아야 합니다. 그 외 △ 불가능한 요구보다 가능한 요구에 집중하고, △ 합의서를 쓸 때 이행 사항과 문구를 꼼꼼히 살펴봐야 하며, △ 항상 소송을 염두에 두고 조정에서 얻을 이익과 비교에 유의해 진행해야 합니다.

일단 언론중재위원회 조정은 크게 ① 신청서 접수 ② 조정기일 출석(심리) ③ 결정으로 절차를 나눠볼 수 있습니다. 각 절차가 어떻게 진행되는지, 어떤 점을 신경 써야 하는지 살펴봅시다.

신청서 접수는 언론중재위 조정 절차를 시작하는 첫 단추입니다. 이는 언론중재법상 조정 신청 기간인 보도가 있은 날로부터 6개월 이내면서 보도가 있음을 안 날로부터 3개월 이내에 해야 합니다.* 신청은 언론중재위원회 홈페이지(www.pac.or.kr) 내 전자신청 시스템을 이용하거나, 신청서 양식을 내려받아 이메일로 발송하거나 관할 지역 중재부에 우편, 방문하여 접수할 수 있습니다.**

---

* 추후보도 청구는 형사 무죄 판결 또는 이와 동등한 절차로 종결된 사실을 안 날로부터 3개월 이내에 해야 합니다. 1장의 추후보도 청구 부분을 참조하세요.

** 중재부 관할 구역은 다음과 같습니다. △ 서울 제1~제8중재부: 서울, 경기 일부(가평, 고양, 구리, 남양주, 동두천, 양주, 연천, 의정부, 파주, 포천) △ 부산중재부: 부산, 울산 △ 대구중재부: 대구, 경북 △ 광주중재부: 광주, 전남 △ 대전중재부: 대전, 충남 △ 경기중재부: 인천, 경기 일부(서울중재부 관할 외 지

신청서는 내가 어떤 언론을 대상으로 어떤 피해를 주장하며, 원하는 것은 무엇인지를 보여 주는 문서입니다. 추후 직권조정 결정 및 이의신청으로 절차가 소송으로 이관될 때는 민사 소장과 같은 문서로 받아들여지기 때문에 신중히 작성할 필요가 있습니다. 그만큼 중요한 과정이므로 이어지는 '핵심: 조정 신청서 작성하기'에서 기재란별로 자세히 설명토록 하겠습니다.

조정 신청에 앞서 언론중재위원회의 전화 상담(02-397-3000)을 받아보는 것도 추천합니다. 조정 신청 후 접수 담당자가 신청서의 형식적 요건을 살피고, 누락 사항이 있으면 신청인에게 연락해 보완 후 접수하게 됩니다. 신청의 접수 시점은 신청서상 접수인이 날인된 때(전자신청 시스템의 경우 신청이 시스템에 전자 기록된 때)이며, 이를 기준으로 언론중재법상 조정 신청이 가능한 기간인지를 판단하게 됩니다.

신청서가 접수되면 신청이 형식적인 요건을 갖추지 못해 각하되거나,* 기각되지** 않는 한 담당 중재부에서 몇 주 내 조정기일을 지정합니다. 그리고 지정된 기일과 시간에 출석할 것을 요구하는 '기일 출석 요구서'를 신청인과 언론에 송달합니다. 이때 언론에 보내는 기일 출석 요구서는 통상 신청서 사본과 함께 전달됩니다. 담당 조사관이 양측 입장을 파악하여 합의할 의지

역) △ 강원중재부: 강원 △ 충북중재부: 충북 △ 전북중재부: 전북 △ 경남중재부: 경남 △ 제주중재부: 제주 (각 군, 시, 도 명칭은 생략)

* △ 당사자가 존재하지 않거나 △ 신청서 기재 사항을 보완하지 않았거나, △ 언론 보도가 아닌 것을 대상으로 했거나, △ 언론과 합의하여 조정을 신청하지 않기로 했거나, △ 신청 기간을 넘긴 경우 등을 말합니다.

** 앞서 1장에서 살펴본 각 요건에 맞지 않는 청구는 신청이 기각됩니다. 즉 △ 사실적 주장이 아닌 부분에 대한 청구, △ 보도로 피해를 받은 자가 아닌데도 하는 청구, △ 이미 정정, 반론이 이루어지거나 기사 중 지엽말단적이고 사소한 부분에 불과한 내용을 문제 삼는 등 정당한 이익이 없는 청구, △ 명백히 진실에 반하는 내용에 대한 정정, 반론 청구, △ 상업적 광고만을 목적으로 하는 청구 등입니다.

가 상당하다면, 기일 전이라도 당사자 간 합의가 성립되어 신청이 취하될 때도 있습니다만, 대부분은 정해진 기일에 조정이 진행됩니다. 신청서를 받은 언론은 그에 대한 답변서를 제출할 수 있으나 의무는 아니며, 만약 언론이 내 주장을 반박하는 답변서를 낸다면 이에 대해 재차 준비서면을 제출해 반박할 수 있습니다.

출석 요구서상의 조정 날짜와 시간에 맞춰 출석하면 본격적인 조정이 진행됩니다. 조정은 신청인인 나와 중재부장, 중재위원들, 조사관, 언론 측 출석인이 모인 자리에서 비공개로 진행이 됩니다. 중재부는 1명의 중재부장과 4명의 중재위원 총 5명으로 구성되는데, 중재부장은 현직 부장판사가 맡고, 중재위원은 변호사, 교수, 전직 언론인 등 전문성을 갖춘 사람으로 위촉됩니다.* 중재부를 마주 보고 왼편에는 신청인 측이, 오른편에는 언론 측이 앉아 조정을 진행하게 됩니다.

언론이 2회에 걸쳐 출석하지 않으면 내 청구대로 합의한 것으로 보기 때문에 언론이 출석하지 않는 경우는 거의 없습니다.** 언론 측은 합의 사항 결정이 가능한 데스크 급의 식책 기자가 수로 출석하고, 경영 관련 부서의 선임급 기자나 대리인(변호사)이 대신 또는 함께 출석하기도 합니다. 취재기자는 출석하지 않아도 무방하기에 많은 경우 조정기일에 나오지는 않습니다. 나오더라도 위 인원들과 함께 나오거나 방청인으로 출석하는 경우가 많습니다.

조정은 보통 30분 내외로 진행되는 경우가 많지만, 사안에 따라 1시간을 넘겨 장시간 절차가 이어질 때도 있습니다. 조정이 시작되면 신청인과 언론

---

* 중재부장 출석이 어려우면 변호사 위원이 중재부장 역할을 대신 수행합니다. 결원 시라도 통상 최소 3인의 중재부가 구성된 상태에서 조정이 진행됩니다.

** 첫 기일에 출석하지 않더라도, 차회 기일에는 출석합니다. 한편, 신청인이 2회 불출석하면 조정 신청을 취하한 것으로 봅니다.

사의 각 입장을 먼저 청취하고, 이어 중재부의 진행하에 양측 의사를 좁혀 가게 됩니다. 신청서 내용을 바탕으로 나의 피해 내용과 원하는 사항을 진술하고, 필요하면 중재부에 자료를 제시하기도 하며, 요구 사항에 대한 언론사와의 간극을 좁히는 협상을 진행하게 되는 것이죠.

이 협상은 추상적인 내용이 아닌, 어떤 매체에 어떤 방식으로 어느 문구의 보도문을 싣는지에 관한 구체적인 내용입니다. 그렇기에 신중히 임할 필요가 있지만, 너무 부담 가질 필요는 없습니다. 통상 중재부에서 사전에 사안을 파악하고 논의를 거쳐 양 당사자에게 권고할 만한 합의안을 준비하는 경우가 많고, 꼭 합의안이 아니더라도 언론중재위 조정 합의에서 주로 협의하는 이행 사항이나 그것을 표현하는 방식, 보도문 관련 문구를 중재부가 제시하여 도움을 줍니다. 조정 경험이 없는 사람이라도 중재부의 이런 도움을 받아 무난히 합의에 다다를 수 있습니다.

그럼에도 효율적으로 조정 절차를 진행하기 위해 꼭 알아 두어야 할 사항이 있습니다. 이들은 조정에서 내가 어떤 전략으로 임해야 할지를 정하는 데 있어 중요한 배경지식이라 하겠습니다. 아래 9가지로 정리합니다.

① 시작에 앞서 조정보다는 소송이 더 적합한 절차가 아닌지 고민하자

조정은 장점이 매우 많은 제도입니다. 하지만 애초부터 소송이 더 유리하거나 적합한 사안이라면 그에 집중하는 것이 더 효과적입니다. 예를 들어 반드시 정정보도를 받으려는 사안인데 그 대상이 수사 중이거나 재판 중인 사실관계에 관한 내용이라면, 조정을 통해 목적을 달성하긴 어렵습니다. 언론이 수용할 가능성이 매우 낮고, 중재부로서도 반론 이상의 합의를 권고하기도 힘듭니다. 또한, 언론중재법상 청구 기간이 얼마 남지 않은 사안이라면 조정보다는 소송부터 제기하는 것이 안전합니다.

② 미리 합의할 수 있는 마지노선을 정하되 현장에서 유연하게 생각하자

조정을 효율적으로 진행하려면 내가 양보할 수 없는 최저선을 미리 정하고 가는 것이 좋습니다. 소액이라도 손해배상은 반드시 받아내야 한다거나, 인터넷 게재까지는 수용하되 내용은 정정보도문이어야 한다는 식으로 최저 수준의 합의선을 정해 놓으면 조정장에서 빠른 판단을 내리는 데 도움이 됩니다. 단, 내가 생각한 그런 합의안이 전문가들이 보기에는 불합리할 수 있고, 언론에서 생각지 못한 대안을 제시할 수도 있습니다. 그렇기에 내가 정한 마지노선에 대해서도 현장에서 어느 정도 유연하게 변경할 수 있음을 명심해야 합니다. 즉, 마지노선을 가이드라인 정도로 생각하고 조정에 임해야 합의할 가능성이 커집니다.

③ 중재부를 존중하는 태도로 조정에 임하자

중재부는 언론과 합리적인 수준의 합의에 도달할 수 있도록 도움을 주는 조정자입니다. 중재부의 진행을 무시하거나 무례한 언사 등 부적절한 태도를 보이는 것은 전혀 도움이 되지 않습니다. 진행에 다소 불만이 있다면 분명히 어필하되, 표현은 정중해야 합니다. 나의 상대는 중재부가 아니라 언론이라는 점을 잊지 말아야겠습니다.

④ 첫 번째 조정기일이 마지막이라는 생각으로 필요한 의사를 전달하자

조정은 보통 1회 기일로 종결됩니다. 필요시 2~3회 열리기도 하나, 이는 특별한 사정이 있을 때만 그렇습니다. 그러므로 첫 번째 기일에 보도에서 문제시되는 내용이 무엇인지, 내가 입은 피해가 무엇인지, 요구 사항이 무엇인지를 명확하게 알려야 합니다. 다음에 보완하겠다는 생각으로 소극적으로 임하면 목적을 달성하기 어려울 수 있습니다.

⑤ 핵심은 보도에서 잘못된 부분과 내가 받은 피해

조정 신청서이든 조정장에서 하는 진술이든, 언론과 중재부에 어필해야 하는 핵심은 보도에서 잘못된 부분과 내가 받은 피해입니다. 본질과 무관한 내용에 대해 장황하게 글과 말을 더하는 것은 절차의 효율성을 떨어뜨릴 수밖에 없습니다. 보도의 어떤 부분이 잘못된 것인지에 관한 나의 주장은 곧 내 요구 사항이 받아들여져야 하는 근거이기도 합니다. 기사가 허위라면 어떤 부분이 허위이고, 왜 허위이며, 무얼 보면 그걸 알 수 있는지를, 반론을 구하는 것이라면 기사에서 어떤 부분에 왜 반박이 필요한지를, 명확히 알려야 합니다. 내가 받은 피해는 내 요구 사항이 받아들여져야 하는 근거에 더해, 왜 꼭 그 요구가 받아들여져야 하는지, 얼마만큼 받아들여져야 하는지에 영향을 미칩니다. 비중이 클 필요는 없지만, 보도로 인한 내 피해 실상을 알리고 중재부가 나의 피해 회복 요구에 공감할 수 있을 정도의 설명은 필요합니다.

⑥ 조정은 판결을 내는 곳이 아니므로 다투는 데 너무 치중하지 말자

조정은 재판이 아닙니다. 내 입장을 분명히 어필하는 정도를 넘어, 언론으로부터 사실관계에 관하여 확인받으려 하거나 중재부로부터 위법성에 대해 인정받으려 하는 것은 도움이 되지 않습니다. 애초에 중재부는 사실관계나 위법성을 확정하는 기관이 아니기 때문이죠. 싸우는 데만 조정 시간을 할애하면 정작 합리적인 합의안을 끌어낼 시간은 부족해질 수 있습니다.

⑦ 불가능한 요구에 집착하기보다는 가능한 요구에 집중하자

매체마다 받아들이기 매우 어려운 이행 사항이 있습니다. 예컨대 저녁 메인 뉴스에 장문의 정정보도 방송을 요구하거나, 신문 1면에 상당한 크기의 정정보도문을 게재하도록 요구한다면, 언론이 이를 받아들일 가능성은 상당히 희박합니다. 그러한 조건으로 합의하느니 소송으로 가서 다퉈 보겠다고 판단할 수 있다는 것이죠. 사장이 직접 사과해야 한다거나 관리 권한이 없는 사이트에 게시된 기사까지 삭제해야 한다는 등, 언론사에 강제할 수 없거나 의무를 지울 수 없는 요구도 마찬가지입니다. 불가능한 요구는 합의 가능한 수준으로 변경해 의사를 타진할 필요가 있습니다. 조정에서는 가능한 요구를 최대한 많이 관철하는 방향으로 합의를 이루는 게 더 유익하며, 수용 가능성이 희박한 요구라면 아예 소송을 통해 받아내는 방법을 고려하는 게 나을 수 있습니다.

⑧ 합의서를 쓸 때 이행 사항과 문구를 꼼꼼히 살펴보자

조정 합의는 재판상 화해와 같은 효력이 있습니다. 이미 합의된 사항은 무르거나 변경할 수 없고, 같은 사안으로 다시 조정을 진행하거나 소송을 진행할 수 없습니다. 조정에서 어느 정도 의사 교환이 이루어지고 협의 사항이 정리되었을 때, 혹은 그렇진 않더라도 양측 의사를 고려한 합리적인 수준의 합의안 제시가 가능할 때, 보통 중재부는 합의서 안을 조정장 스크린에 띄우고 양측 의사를 반영해 조금씩 내용을 수정하며 최종 합의안을 도출합니다. 이때 의미를 잘 모르는 문구가 있으면 확실히 질의해 파악하고, 생각지 못한 불리한 내용이 있거나 합의된 내용이 빠져 있다면 분명히 수정을 요구해야 합니다. 조정 과정 자체가 다수의 의사를 진술로써 교환하는 과정이다 보니, 언론과 중재부, 나의 이해가 다를 가능성이 늘 존재합니다. 자칫 집중력이 흐려져 마지막에 제대로 내용을 살피지 못한다면 애써 조정을 진행하고도 불만족스러운 결과를 얻을 위험이 있습니다. 합의서에서 체크할 대표적인 몇 가지 사항은 다음과 같습니다.

> △ 방송, 신문의 인터넷 기사에 대해서도 조치가 취해졌는지?

방송, 신문은 통상 인터넷 홈페이지에 기사를 함께 게재하므로 이에 대해서도 조치가 필요합니다.

> △ 인터넷 기사의 노출 방식에 대해 빠짐없이 조치가 취해졌는지?

인터넷 기사는 별도 보도문 기사가 나가는 동시에 (첫 화면이나 섹션 화면의 기사 목록에 제목이 뜨고, 클릭하면 본문이 노출) 원래 기사와 함께 (보통 하단에) 보도문이 게재되도록 조치가 취해져야 효과적이고, 통상 그와 같이 조정 합의에 반영됩니다.

> △ 포털에 대한 전송 또는 요청 의무가 반영되었는지?

독자나 시청자는 포털을 통해 기사를 접하는 경우가 많습니다. 포털이 조치를 하도록 언론사가 강제할 순 없지만, 관련 조치를 포털에 전송 또는 요청하는 의무를 언론에 지울 수는 있습니다.

> △ 이행 강제금이 잘 부과되어 있는지?

보도문 게재나 삭제 등의 의무를 제대로 이행하지 않을 시 하루당 얼마간의 금액이 부가되도록 반영할 필요가 있습니다.

⑨ 항상 소송을 염두에 두고, 조정에서 얻을 이익과 비교해 보자

조정과 소송은 항상 비교해야 할 대상입니다. 조정의 장점은 결국 소송의 단점을 보완하는 면에 있습니다. 소송으로 가지 않고자 조정을 먼저 택하는 이유가 크기에, 조정에서 얻을 이익이 소송에서 얻을 이익보다 적다면 과감히 조정을 포기(불성립 종결)하는 선택지도 고려해야 합니다. 피해 회복이 절실한 상황인데 언론은 소극적인 합의안만 제시한다면, 소송 판결을 포기하면서까지 원하지 않는 합의를 이룰 필요는 적을 것입니다. 반대로 소송에 투입될 비용과 시간을 고려한다면, 다소간 양보하더라도 어느 정도의 피해 회복을 이룰 수 있는 수준의 조정 합의안이 더 이익이라고도 볼 수 있습니다. 결국, 소송을 진행하는 게 내게 이익일지 아닐지를 기준으로 합의안의 수용 여부나 직권조정 결정에 대한 이의 신청 여부를 결정하는 것이 현명하겠습니다.

조정은 대부분 △ 조정 불성립, △ 조정 합의(성립), △ 조정에 갈음하는 결정(직권조정 결정) 중 하나로 종결됩니다.

조정 불성립은 보통 당사자 간 의견 차이가 커 합의 여지가 없을 때 중재부가 내리는 결정입니다. 더 이상 조정 절차를 통해 해결을 기대할 수 없으므로, 별도 소송을 제기해 대응을 이어갈지 판단해야 합니다.

조정 합의(성립)는 조정기일에 양 당사자 간 합의가 도출된 경우입니다. 합의가 이뤄지면 조정합의서가 작성되고, 양 당사자와 조사관이 현장에서 서명합니다. 보통 현장에서 조정합의서 사본을 당사자에게 배부하는데, 이후 해당 내용을 그대로 반영한 조정조서가 각 당사자에게 송달됩니다. 조정 합의는 재판상 화해와 동일한 효력이 있어 확정판결과 마찬가지로 사안을 확정하는 구속력이 있고, 이를 근거로 한 집행도 가능합니다.

조정에 갈음하는 결정(직권조정 결정)은, 당사자 간 합의가 이루어지지는 않았지만, 신청인 주장이 어느 정도 이유가 있다고 판단될 때 중재부에서 여러 사정을 참작해 직권으로 내리는 결정입니다. 보통 당사자 간 합의에 거의 달했으나 사소한 이견으로 합의하지 못했거나 합의할 의사는 있으나 감정적인 대립으로 합의가 이뤄지지 않았을 때 많이 내려지며, 합의를 이룬 당사자가 종결 방식으로 이 형태를 요구하여 내려질 때도 있습니다.

직권조정 결정 시 당사자에게 결정문이 송달되며, 당사자는 결정문을 송달받은 날로부터 7일 이내에 이의를 신청할 수 있습니다. 이의 신청이 없으면 직권조정 결정이 확정되어 재판상 화해와 같은 효력을 갖게 됩니다. 다만 어느 한쪽이라도 이의 신청을 하면 결정은 효력을 잃고, 소가 제기된 것으로 간주되어 (신청인을 원고, 피신청인 언론을 피고로 하여) 절차가 소송으로 이관됩니다. 즉 중재부는 사건 기록 등본을 관할 법원으로 신속히 송부하고, 신청인은 별도로 소장을 제출할 필요 없이 (조정 신청서를 소장으로 간주) 법원의 보정명령에 따른 인지대 등 비용만 납부하면 변론기일 지정 등 본격적인 소송 절차가 진행됩니다.

◎ 핵심: 조정 신청서 작성하기

조정 신청서는 조정 과정에서 가장 중요한 문서로, 원활한 진행을 위해 충실히 작성해야 합니다. 특히 신청 취지는 요구 사항이 명확히 드러나도록 예문을 참고해 정리하고, 신청 이유는 쟁점별로 내게 유리한 사실관계가 포함되도록 작성해야 합니다.

앞서 언급한 바와 같이 언론중재위원회 조정은 신청서 작성이 중요합니다. 신청서는 내 청구와 근거를 담은 문서이고, 상대 언론이 받아보는 항의서이자, 조정에 앞서 중재부가 사건을 파악하는 기초 자료입니다. 소장과 같은 엄격성은 덜하지만 잘 정리해 작성하면 그만큼 도움이 됩니다. 언론중재위원회의 기본 양식을 바탕으로 작성 방법을 살펴봅시다.[1]

① 청구명

내가 구하려는 청구가 무엇인지 체크하는 칸입니다. 사실 청구 기간만 지

언 론 조 정 신 청 서

① 청 구 명	(□정정보도 □반론보도 □추후보도 □손해배상) 청 구				
② 신 청 인	성명 또는 단체명			대표자 성명 ※단체인 경우	
	주소 또는 소재지			생년월일 ※단체인 경우 사업자등록번호 또는 단체고유번호	
	전화번호			E-mail	
③ 피신청인	성명 또는 법인명			대표자 성명 ※법인인 경우	
	주소 ※법인인 경우 주된 사무소의 소재지			연락처	
④ 조정 대상	매 체 명				
	보도일자				
	보도면 / 보도시간 ※ 포털사이트 및 언론사닷컴의 경우 인터넷 주소(URL)도 함께 기재 요망				
	보도가 있음을 안 날 ※추후보도청구인 경우 무죄판결 또는 무혐의처분 사실을 안 날				
조정신청취지	※ 별지 작성 (정정보도청구등의 경우 청구하는 보도문 / 손해배상청구의 경우 배상청구액)				⑥
조정신청이유	※ 별지 작성				⑦

「언론중재 및 피해구제 등에 관한 법률」 제18조 제1항 및 제2항의 규정에 의하여 위와 같이 조정을 신청합니다.

년　　　월　　　일

신 청 인 :　　　　　(서명 또는 인)

언론중재위원회 위원장 귀하

⑤ 구비 서류 : 조정대상 표현물의 사본 ※인쇄매체, 인터넷신문 및 뉴스통신의 경우 보도기사의 전문 　인터넷뉴스서비스 및 인터넷 멀티미디어 방송의 경우 매개기사의 전문 　영상매체(TV 등)의 경우 녹화물과 녹취록 　라디오의 경우 녹음과 녹취록	수수료
	없음

켰다면 크게 고민하지 않아도 됩니다. 정정보도인지 반론보도인지 등은 소송에서도 서로 변경할 수 있고, 추가할 수도 있기 때문입니다. 조정에서의 논의 역시 자유로워, 예컨대 정정보도를 체크했어도 반론보도에 관하여 협상할 수 있습니다. 두 가지 모두 체크할 수도 있고, 손해배상이 꼭 필요한 사안이라면 손해배상까지 중복으로 체크해도 됩니다.

② 신청인

보도 대상이자 피해자로서 청구를 구하는 당사자 정보를 기재합니다. 4장 151쪽 '누가 할 수 있을까?' 부분을 참고합시다. 법인 등 단체가 당사자라면, 서류를 작성하는 내가 아니라 해당 단체의 정보를 기입해야 합니다. 다수의 당사자를 써도 되며, 주민등록상 주소지를 (법인은 등기부상 본점 소재지를) 쓰되, 다른 곳으로 송달받으려면 해당 주소를 따로 추가해서 쓰도록 합니다.

③ 피신청인

문제를 제기하는 대상인 언론사의 정보를 기입합니다. 제4장 154쪽 '상대방은 누구로 해야 할까?' 부분에서 살펴본 것처럼, 언론사 홈페이지, 언론중재위원회 홈페이지의 '피신청인 목록', '언론사 정보 검색' 파일, 문화체육관광부의 '정기간행물 등록관리 시스템', 법인일 경우 등기부 정보까지 확인하면 정확한 정보 기재가 가능합니다. 신청서는 언론사별로 작성해야 합니다.* 전자신청 시스템 이용 시에는 피신청인 명칭과 매체명을 검색, 선택해 입력할 수 있습니다.

---

* 다만 동일한 기사인데 매체별 운영사만 다를 때는 1개의 신청서에 같이 작성해도 됩니다. 예를 들어 같은 기사가 종이 신문, 인터넷 신문에 각각 나왔는데 양쪽 운영사가 다를 경우, 방송과 방송사 홈페이지의 운영사가 다를 경우, 당사자 구분을 위해 보통 매체 운영사별로 항을 나눠 쓰게 됩니다.
　e.g. 1. 동아일보, 2. 동아닷컴 / 1. 주식회사 문화방송, 2. 주식회사 아이엠비씨

④ 조정 대상

내가 문제 삼고자 하는 기사를 특정해서 쓰는 칸입니다. 이때 '매체명'은 ③에서 쓴 법인명 등이 아니라 해당 보도가 나온 언론사의 '매체 이름'을 뜻합니다. 각 매체의 정확한 이름은 ③과 마찬가지로 언론중재위원회의 '피신청인 목록'에서 확인할 수 있습니다.

이때 매체별로 피해 회복 협상이 가능하므로, 기사가 나온 매체는 가급적 모두 표시하는 것이 좋습니다. 종이와 인터넷 신문에 모두 기사가 나왔다면 "○○일보/인터넷 ○○일보"와 같이 종이 매체와 인터넷 매체의 이름을 기재하면 됩니다. 예컨대 "조선일보/조선닷컴" 혹은 "경향신문/인터넷 경향신문"처럼 말입니다. 방송 기사가 방송사 홈페이지의 뉴스 섹션에도 게시되었다면, "□□□/인터넷 □□□", 예컨대 "KBS-1TV/인터넷 KBS" 혹은 "JTBC/인터넷 JTBC"처럼 기재할 수 있을 것입니다.

'보도 일자'는 각 매체에서 문제의 기사가 나온 날로, 방송이면 방송 날짜, 신문이나 인터넷 신문이면 기사 발행일을 말합니다. 이어 '보도면/보도시간'은 문제 삼는 보도가 나온 구체적인 부분을 특정하는 기재란입니다.

신문의 경우 '보도 일자'의 발행 신문에서 어느 면에 기사가 나왔는지를 기재하는데, 보통 신문지 상단에 표시된 것을 예컨대 "A7면", "종합 3면", "사회 8면" 등으로 쓰면 됩니다. 인터넷 신문은 인터넷 신문 홈페이지에서 해당 기사가 속한 섹션을 예컨대 "홈 〉사회", "홈 〉스포츠"처럼 순서대로 표시하고, 해당 기사의 인터넷 주소를 함께 기재하면 됩니다. 방송의 경우 해당 기사가 나온 프로그램 이름을 "9시 뉴스", "뉴스○○○"처럼 표시하면 되겠습니다. 앞서 말했듯이 종이 신문이나 방송은 대부분 인터넷 매체에 함께 기사가 게재되므로, 이를 별도 매체로 구분해 추가로 써줄 필요가 있습니다.

다음 '보도가 있음을 안 날'은 내가 각 보도를 확인한 날짜입니다. 이는 '보도 일자'와 함께 언론중재법상의 조정 신청 기간, 즉 보도가 있은 날로부터 6개월, 보도가 있음을 안 날로부터 3개월을 넘겨 접수된 것인지 살피는 근거가 됩니다.*

'보도가 있음을 안 날'은 그저 기재하기만 하면 되고, 따로 증빙할 필요가 없습니다. 즉 내가 기사를 언제 알았는지, 그래서 신청 기간을 넘긴 것인지는 상대방이 입증할 내용입니다. 따라서 명확한 반대 자료가 없는 한, 가급적 나에게 유리하게 해석될 수 있는 방향으로 기재하는 것이 좋습니다. 특히, '보도가 있음을 안 날'은 언론조정이 불성립된 후 별도 소송이 진행될 때도 정정보도, 반론보도 청구 기간을 판단하는 근거가 될 수 있다는 점을 유의할 필요가 있습니다.

⑤ 구비 서류

조정 신청 시 대상 보도 사본을 함께 제출해야 합니다. 양식에 적힌 설명과 같이 인쇄, 인터넷 매체는 보도기사 전문이 나온 문서(사본이나 출력물)를, 영상 매체는 녹화물과 녹취록(음성을 문자로 풀어쓴 문서)을 제출합니다. 녹취록의 경우 영상 매체의 인터넷 홈페이지에 텍스트로 된 기사가 있다면 따로 만들 필요 없이 이를 출력해서 제출해도 됩니다. 신청서상에 이들을 특정해서 기재할 수도 있겠으나, 이 양식처럼 "조정 대상 표현물의 사본"으로 기재해 제출해도 무방합니다. 주장을 뒷받침할 입증·소명 자료의 명칭까지 목록화해서 아래 살펴볼 ⑦ 신청 이유 부분에 첨부로 기재하는 방식이 더 편리합니다.

---

* 앞에도 언급한 것처럼 추후보도 청구는 형사 무죄 판결 또는 이와 동등한 절차로 종결된 사실을 안 날로부터 3개월 내에 해야 합니다. 1장의 추후보도 청구 부분을 참조하세요.

남은 것은 ⑥ '조정 신청 취지'와 ⑦ '조정 신청 이유'입니다. 보통 이들은 내용이 많기에, 양식에서처럼 "별지 작성"으로 표시하고 별도의 문서를 첨부해 제출합니다. 역시 언론중재위원회 홈페이지에 게재된 예시 양식을 기준으로, 구체적으로 살펴봅시다.[2]

---

⑥ 신청 취지

1. 피신청인 1은 ○○일보 □□면에 아래의 정정 및 반론보도문을 게재한다. 단, 정정 및 반론보도문의 제목활자는 조정대상기사의 부제목 활자와 동일한 크기로, 본문활자는 조정대상기사의 본문활자크기와 같게 한다.

2. 피신청인 2는 ○○일보 인터넷 홈페이지 사회□□면과 조정대상기사의 하단에 아래의 정정 및 반론보도문을 통상적인 방식으로 각 게재하고, 기사DB에 보관하여 검색되도록 한다.

3. 피신청인 1은 신청인에게 *,***,***원, 피신청인 2는 신청인에게 *,***,***원을 지급한다.

〈정정 및 반론보도문〉
가. 제목 : [정정 및 반론보도] 〈홍길동 씨, 병역기피 의혹〉 관련
나. 본문 : 본 신문은 지난 *월 *일자 □□면에 〈홍길동 씨, 병역기피 의혹〉이라는 제목으로 장관 후보자인 홍길동 씨가 정당한 사유 없이 고의로 병역을 기피했다고 보도하였습니다.

　　그러나 사실확인 결과 홍길동 씨는 지병인 허리 디스크로 인해 병무청 신체검사 결과 공익근무 판정을 받은 것이며, 고의로 병역을 회피한 것이 아님이 밝혀져 이를 바로잡습니다.

　　홍길동 씨는 또 "같은 지병의 수준으로 공익근무 판정을 받은 사례가 있으므로 판정에 오류가 있거나 특혜를 받은 것이 아니"라고 밝혔습니다.

이 보도는 언론중재위원회의 조정에 따른 것입니다.

⑦ 신청 이유

1. 당사자의 지위

신청인은 보도에서 고의로 병역을 회피했다고 언급된 홍길동이며, 피신청인들은 해당 내용을 보도한 언론사입니다.

2. 사실과 다른 보도내용

피신청인은 제가 정당한 사유 없이 고의로 병역을 회피하였다고 보도하였으나 이는 사실과 다릅니다.

저는 지병인 추간판 탈출증(이른바 허리디스크)으로 인해 병무청 신체검사결과 4급 판정을 받아 공익근무요원으로 복무하게 된 것으로 병역을 회피할 의도는 전혀 없었습니다. (별첨 진단서, 병무청 확인서 참조)

그리고, 저와 같은 지병의 수준으로 공익근무 판정을 받았던 다른 사람의 사례도 있었으므로 제가 4급 판정을 받은 것을 특혜라고 볼 수 없으며, 판정에 오류가 있었다고 단정할 수도 없습니다.

그럼에도 피신청인은 신청인이 고의로 병역을 회피하고 특혜를 받아 도덕적으로 문제가 있는 장관 후보인 것처럼 매도했습니다.

3. 보도로 인한 피해사항

신청인은 피신청인의 잘못된 보도로 인하여 저의 명예가 심각하게 훼손되었으며 회복할 수 없는 피해를 입고 있어 정정 및 반론보도와 손해배상을 구하는 조정을 신청합니다.

첨부 : 1. 해당 보도문(지면)
　　　 2. 해당 보도문(인터넷)
　　　 3. 입증 자료

⑥ 신청 취지

언론이 하길 바라는 내 요구를 정리해서 쓰는 부분입니다. 기본적으로 '어디에', '어떤 보도문을', '어떤 방식으로' 게재할지를 담고, 보도문을 아래 별도로 기재하는 방식입니다. 작성 시 법으로 정해진 틀이 있는 것은 아니며, 중재부가 이해할 수 있는 수준에서 통용되는 수준에서의 신청 취지는 예시 양식과 같은 문구로 쓰면 된다고 볼 수 있겠습니다.

각 항목을 아주 구체화하여 기재하는 것도 가능합니다. 예시 양식은 신문사(피신청인 1)에 대한 청구로, 인터넷 기사 운영 주체(피신청인 2)가 다른 사안에서 기사 일부에 대해선 정정보도를, 일부에 대해서는 반론보도를 청구하고, 이와 함께 손해배상도 구하고 있습니다. 여기서 조금 더 나아간, 신문사와 방송사 각각에 대한 아주 구체적인 형태의 예문을 살펴봅시다.

> **✔ 예시 | 신문과 인터넷 홈페이지를 함께 운영하는 언론사를 대상으로**
>
> 1. 피신청인은 이 사건 조정 합의일로부터 1주일 이내에 다음 항목들을 이행한다.
>   가. ○○일보 □□면에 아래의 정정 및 반론보도문(이하 '보도문')을 게재하되, '보도문'의 제목 활자는 조정 대상 기사의 부제목 활자와 동일한 크기로, 본문 활자는 조정 대상 기사의 본문 활자 크기와 같게 한다.
>   나. ○○일보 인터넷 홈페이지 사회 섹션 초기화면 상단에 아래의 '보도문' 제목을 [ ] 안에 표시하여 48시간 동안 고정하여 게재하고 제목을 클릭하면 '보도문' 본문이 표시되도록 하되 제목과 본문은 통상 게재되는 크기와 활자체로 하며, 48시간 게재 이후에는 기사 DB에 보관하여 검색되도록 한다.
>   다. ○○일보 인터넷 홈페이지에 게재된 이 사건 조정 대상 기사 본문 하단에 본문 글자와 같은 크기로 아래의 '보도문'을 게재하되, 조정 대상 기사와 구별할 수 있도록 상자 또는 볼드 처리하여 게재한다.
>   라. 네이버, 다음 등 계약에 의해 이 사건 조정 대상 기사를 공급하는 인터넷 뉴스서비스 사업자에게 나 호부터 다 호까지의 사항을 전송한다.
> 2. 피신청인은 신청인에게 금 ○○○만 원을 지급한다.
> 3. 피신청인이 제1항 중 어느 하나라도 이행하지 않은 경우 신청인에게 이행기일 다음 날부터 이행 완료일까지 1일 ○○만 원을 지급한다.

1. 피신청인은 이 사건 조정 합의일로부터 1주일 이내에 다음 항목들을 이행한다.

  가. 〈○○○○○〉 프로그램 첫머리에 진행자가 아래의 정정 및 반론보도문 (이하 '보도문')을 통상의 속도로 낭독하되, 낭독하는 동안 '보도문' 제목 을 통상의 뉴스 보도 제목과 같은 크기로 표시하고 배경화면은 이 사건 조 정 대상 보도의 자료화면으로 한다.

  나. 피신청인 인터넷 홈페이지 뉴스 〉 사회 섹션 초기화면 상단에 아래의 '보 도문' 제목을 [ ] 안에 표시하여 48시간 동안 고정하여 게재하고 제목을 클릭하면 '보도문' 본문이 표시되도록 하되 제목과 본문은 통상 게재되는 크기와 활자체로 하며, 48시간 게재 이후에는 기사 DB에 보관하여 검색 되도록 한다.

  다. 피신청인 인터넷 홈페이지에 게재된 이 사건 조정 대상 기사 본문 하단에 본문 글자와 같은 크기로 아래의 '보도문'을 게재하되, 조정 대상 기사와 구별할 수 있도록 상자 또는 볼드 처리하여 게재한다.*

  라. 네이버, 다음 등 계약에 의해 이 사건 조정 대상 기사를 공급하는 인터넷 뉴스서비스 사업자에게 나 호부터 다 호까지의 사항을 전송한다.

2. 피신청인은 신청인에게 금 ○○○만 원을 지급한다.

3. 피신청인이 제1항 중 어느 하나라도 이행하지 않은 경우 신청인에게 이행기 일 다음 날부터 이행 완료일까지 1일 ○○만 원을 지급한다.

위 예문들과 같이 신청 취지에 △ 이행 기한, △ 보도문 게재의 구체적인 방식,** △ 포털에 보도문 전송, △ 이행 강제금 등을 추가로 기재할 수 있습

---

* 별도의 항을 추가해, "인터넷 홈페이지에 게재된 조정 대상 보도 다시보기 영상 말미에 보도문을 시청 자들이 알아볼 수 있는 크기의 자막으로 표시해 내보낸다"처럼 넣을 수도 있습니다. 이는 중재부에서 조정 합의 사항에 삽입하기도 하는 조항으로, 언론사가 수용한다면 텍스트 기사를 보지 않는 시청자에 게도 보도문을 전달할 수 있고, 텍스트 기사가 따로 게재되지 않는 방식의 게재물에 대해서도 조치할 수 있어 유용합니다. 또한 방송사가 운영하는 유튜브 채널에도 위와 같은 보도문을 반영해달라는 사항 을 삽입하기도 합니다.

** 언론사 홈페이지 초기화면의 기사 목록에 일정 시간 보도문 제목을 띄우고 클릭 시 본문을 노출하거 나, 원 기사 하단에 보도문 게재하는 방식 등이 있겠습니다.

니다. 이를 기준으로 자신의 상황에 맞게 게재면, 게재 시간 등 구체적인 방식을 수정하거나 보도 형태에 따라 피신청인을 구분해 작성하는 등, 항목을 적절히 수정해 신청 취지를 구성하면 됩니다.

다만 이행 기한, 포털로의 보도문 전송, 이행 강제금의 경우 중재부가 조정 합의 단계에서 합의서상에 반영해 제시할 때가 많습니다. 따라서 신청서에 기재하지 않았더라도, 최종 합의 단계에서 반영 여부를 체크해 기재되도록 하면 됩니다. 보도문의 구체적인 게재 방식도 중재부에서 어느 정도 합리적인 합의안을 제시합니다만, 조정 합의의 예측 가능성을 높이고 최종 합의 시 반영 여부를 체크할 수 있다는 점에서 신청서에 미리 기재하면 좋습니다. 게재 방식을 자칫 추상적으로만 합의하면 실제 이행 과정에서 신청인에게 불리할 때가 많으므로,* 유리한 방향을 신청서에 적어 두거나 조정 합의 시 잘 체크해 구체적인 합의를 이루는 것이 좋습니다.

한편, 언론중재위원회 조정의 대상은 아니지만, 조정 실무상 기사의 삭제에 대한 합의가 이루어질 때가 많습니다. 예컨대 청구 취지에서 "피신청인은 인터넷 홈페이지에 게재된 이 사건 조정 대상 기사를 삭제한다"라는 조항을 (또는 "열람, 검색되지 않도록 조치한다"라는 조항을) 삽입할 수 있겠습니다. 나아가 이를 포털 전송 대상에 포함하는 방식으로 작성할 수도 있고, 조금 더 범위를 넓혀 "피신청인은 인터넷 홈페이지, 피신청인이 운영하는 유튜브 채널(주소나 채널명 기재)에 게재된 이 사건 조정 대상 기사를 삭제한다"라는 식으로 (또는 "열람, 검색되지 않도록 조치한다"와 같이) 직접 관리 권한을

---

* 예를 들어 '인터넷 홈페이지에 게재'라고만 정하면 찾기 어려운 섹션에 게재되거나 관련 섹션 최하단에 게재되어 금방 순서가 밀려날 수 있습니다. 그래도 어쨌든 게재는 한 것이기에, 언론의 불이행을 주장하긴 어렵습니다.

가진 플랫폼에서 삭제할 것을 반영해 볼 수도 있겠습니다.

신청취지 부분에 기재하는 정정 등 보도문은 예시 양식과 같은 방식으로 작성하면 됩니다. 보도문 제목을 먼저 쓰고, 보도문 본문에는 문제되는 보도 내용, 밝히고자 하는 정정 등 내용, 마지막으로 이 보도가 언론중재위원회 조정에 따른 것이라는 문구를 쓰면 됩니다. 보도문에 관하여는 1장에 소개된 여러 예시와 실제 보도문을 참고합시다.

⑦ 신청 이유

나의 신청 취지가 받아들여져야 하는 이유를 쓰는 부분입니다. 정해진 틀이 있는 것은 아니나 보통 예시 양식과 같이 △ 당사자의 지위, △ 보도의 문제점, △ 나의 피해를 기재합니다. 이 중 가장 신경 써서 기재해야 할 것은 '보도의 문제점'입니다. '나의 피해'가 더 중요하지 않나 생각할 수 있지만, 이는 피해 상황을 구체적으로 보일 수 있는 (예컨대 직장에서 불이익을 얻었다거나 심각한 정신적 고통으로 치료받는 등의) 사정이 있다면 기재하는 것이 좋고, 그게 아니라면 조정 당일 중재부에 진술하게 표현하는 것이 더 효과적일 수 있습니다.

이와 달리 '보도의 문제점'은 현장에서의 정리되지 않은 진술에 기대기보다는 논리적이고 명확한 내용으로 정리된 글을 제출하는 것이 중재부의 이해와 설득에 더 도움이 됩니다. 특히 그것은 법리적인 내용과 연관성을 가지므로, 청구 쟁점별로 언론의 책임이 인정되는 근거에 집중해 기술할 필요가 있습니다. 예컨대 정정보도 청구라면 기사에서 허위인 부분과 허위를 밝힐 수 있는 근거에 집중해서 기재하고, 약점으로 생각되는 부분이 있다면 중재부의 선입견을 방지하고 상대방의 반박에 대비하기 위해 미리 유리한 내용을 주장해 두는 것이 좋습니다. 즉 문제 내용이 기사에서 다소 비중이 적다면 그것이 기사에서 결코 지엽말단적인 부분이 아니라 중요한 내용에 해당함을 밝히고, 문제 내용이 의혹이나 의견 제시로 보이는 표현이라면 기사 전체 내용에 미뤄 볼 때 사실관계를 적시한 것이나 다름없다는 점을 미리 제시하는 것이죠.

청구 쟁점별로 유리한 주장이 구체적으로 무엇인지는 다음 이어지는 '법정에서 봅시다, 민사 소송' 부분의 설명을 참고합시다.

2. 법정에서 봅시다, 민사 소송

민사 소송은 앞서 살펴본 언론중재위 조정보다 난도가 높고, 그 무게도 다릅니다. 비용과 전문지식이 없어도 조사관의 도움, 중재위원의 개입으로 어렵지 않게 절차를 진행할 수 있는 언론중재위 조정 절차와 달리, 민사 소송은 소송비용이 투입되며 오롯이 당사자인 내가 절차를 책임지고 진행해야 합니다. 1~2개월 내 끝나는 언론중재위 조정과 달리 1심에만 보통 6개월이 넘는 시간이 소요되기도 합니다. 무엇보다 가장 큰 차이점은, 언론중재위 조정은 '조정' 절차이기에 나의 요구가 받아들여지지 않아도 크게 손해 볼 일이 없지만, 소송은 '패소'의 부담을 떠안아야 한다는 점입니다. 상대방이 소송에 맞서기 위해 들인 비용 일부를 물어 줘야 하고, 진 소송의 결과로 확정된 사실관계나 판단에 대해서는 다시 다툴 수 없습니다.

나아가, 언론은 소송에서 대부분이 변호사를 소송대리인으로 선임합니다. 그렇기에 민사 소송에 돌입하는 단계에서는 법률 전문가의 도움을 받아 효과적으로 절차를 진행하는 것이 좋습니다.

이 파트에서는 소송 절차 과정을 개략적으로 이해하고, 대응 과정에서 알아 두면 좋은 지식을 소개하고자 합니다. 법률 전문가의 도움을 받더라도, 나의 무기에 대한 배경지식을 갖춘다는 차원에서 유용한 내용이 되리라 생각합니다. 만약 혼자 소송을 진행할 수밖에 없는 상황이라면, 이 파트와 부록 1에 소개된 도움 되는 사이트의 정보를 활용하여 절차 진행의 효과를 높일 수 있을 것입니다.

⊕ 어떻게 진행되고, 무엇이 중요할까?

> 소송은 소장 접수에 이어 변론기일을 거치며, 주장을 담은 각종 서면과 필요한 증거로 상대방과 공방을 펼친 후 판결 선고에 이르게 됩니다. 혼자서 소장을 접수하더라도, 되도록 '청구 취지'는 법률 전문가의 도움을 받아 작성하는 게 좋습니다.

원고 입장에서 민사 소송 절차를 쉽게 나눠보면, ① 소장 접수 ② 변론기일 ③ 판결 선고로 구분해 볼 수 있습니다. ①부터 ③의 절차가 진행되는 중에 서로의 주장을 담은 답변서, 준비서면, 참고 서면이* 오가고, 주장을 뒷받침할 증거들을 제출하면서 원고와 피고가 다투게 되는 것입니다.

소송의 첫 단계인 ① 소장 접수는, 내가 문제를 제기하는 상대방과 그로부터 구하고자 하는 (예컨대 보도문 게재, 손해배상 등의) 사항, 이를 구하는 이유를 정리해 법원에 제출하는 단계입니다. 접수 기한에 제약이 있는 것은 아니나, 언론중재법에 따른 정정·반론·추후보도 청구는 기간을 넘기거나 그 외 청구의 소멸시효를 넘긴다면 결국 받아들여지지 않습니다.[3] 소장은 관할 법원에 가거나 우편으로 접수할 수도 있지만, 전자소송 홈페이지(ecfs.scourt. go.kr)에서 온라인으로 접수하는 방식을 많이 이용합니다.

소장 예시 하나를 살펴보겠습니다. 아래 예시는 설명을 위해 작성한 것으로, 어떤 내용이 들어가는지 참고로만 활용하시기 바랍니다. 실제 소송에서라면 청구 원인 등이 더 상세히 채워질 것입니다.

---

* 참고서면은 변론이 끝난 후 판결 선고 사이에 제출합니다.

소 장

원 고   박 청 렴
　　　　청렴시 청렴구 청렴로 1

피 고   ㈜○○일보
　　　　○○시 ○○구 ○○로 2
　　　　대표이사 ○○○

정정보도 등 청구의 소

청 구 취 지

1. 피고는 이 사건 판결 확정일로부터 7일 이내에 ○○ 홈페이지 사회면 기사 목록 상단
   에 〈별지1〉기재 정정보도문 제목을 [ ] 안에 표시하여 48시간 동안 게재하고 제목을
   클릭하면 정정보도문 본문이 표시되도록 하되 위 정정보도문 제목과 본문은 정정보도
   대상 기사의 제목 및 본문과 같은 크기와 활자체로 하고, 위 정정보도 대상 기사의 본문
   하단에 위 정정보도문을 같은 형식으로 이어서 게재하며, 위 48시간 게재 이후에는 위
   정정보도문을 기사 DB에 보관하여 검색되도록 하고, 네이버, 다음 등 검색 제휴된 포털
   사이트에도 전송한다.
2. 피고는 원고에게 ○○○원 및 이에 대하여 2022. X. X.부터 이 사건 소장 부본 송달일
   까지 연 5%, 그다음 날부터 다 갚는 날까지 연 12%의 각 비율로 계산한 돈을 지급하라.
3. 피고가 제1항을 이행하지 않을 경우 피고는 원고에게 그 기간 만료일 다음날부터 이행
   완료일까지 1일 1,000,000원의 비율로 계산한 돈을 지급하라.
4. 소송비용은 피고가 부담한다.
5. 제2항은 가집행할 수 있다.
라는 판결을 구합니다.

청 구 원 인

1. 당사자의 지위

원고는 선출직 공무원으로 2020년부터 청렴도 청렴시의 시장직을 수행하고 있으며, 피고는 인터넷 신문 매체를 운영하는 법인입니다.

2. 피고의 보도 사실

피고는 2022. X. X. ○○ 홈페이지 사회면에 '박청렴 시장, 공사업자로부터 뇌물 받아' 제목의 기사를 게재하였습니다(갑 제1호증 2022. X. X. 자 기사, 이하 '이 사건 기사'라 함). '이 사건 기사'는 원고가 A 업체 대표이사로부터 2022. X. X. 청렴시의 한 식당에서 청렴시 ○○공사 수의계약 체결을 대가로 3억 원 받은 사실이 있다고 보도하였습니다.

3. 피고의 정정보도 및 손해배상 의무

피고가 '이 사건 기사'에서 보도한 내용은 사실이 아닙니다. 원고는 2022. X. X. ~ 2022. X. X.까지 해외 출장을 간 상태였기 때문에 2022. X. X.에는 국내에 있지 않았고(갑 제2호증 출입국에 관한 사실 증명), A 업체 대표이사와 만나거나 대화한 사실이 없습니다. A 업체는 수의계약이 아닌 공정한 입찰절차에 따른 낙찰자로서, 외부 평가위원회의 평가 결과에 따라 ○○공사 계약을 체결하게 된 것입니다(갑 제3호증 입찰공고문, 갑 제4호증 평가 결과지 참조).

따라서 피고는 '이 사건 기사'에 대해 〈별지 1〉 기재의 정정보도를 게재하여 사실과 다른 보도를 바로잡을 의무가 있으며, '이 사건 기사'로 인한 원고의 명예훼손에 대하여는 위자료 ○○○원 및 이에 대한 '이 사건 기사' 게재일로부터 이 사건 소장부본 송달일까지는 민법에서 정한 연 5%의, 그다음 날부터 다 갚는 날까지 소송촉진 등에 관한 특례법에 따른 연 12%의 각 비율에 의한 지연손해금을 지급할 의무가 있습니다.

4. 결론

살펴본 바와 같이 피고의 '이 사건 기사'는 사실과 다르므로 원고의 청구를 인용하여 주시기 바랍니다.

입 증 방 법

1. 갑 제1호증   2022. X. X. 자 기사
2. 갑 제2호증   출입국에 관한 사실 증명
3. 갑 제3호증   입찰공고문
4. 갑 제4호증   평가 결과지

첨 부 서 류

1. 위 입증방법   각 1통
1. 소장부본   1통
1. 송달료납부서   1통

2022. X. X.

원고 박 청 렴 (인)

청렴지방법원 귀중

소장에서 원고인 내가 '피고'로 특정해 적은 사람이 내 소송의 상대 당사자가 되며, 함께 적은 주소로 소장이 송달됩니다. 언론 소송은 상대방(언론사 또는 취재진)의 신원이 확실한 경우가 대부분이기에, 소장이 송달되는 데 문제가 발생할 일은 많지 않습니다.*

---

* 단, 취재진만을 상대로 할 때 취재진의 이름과 회사 주소로만 피고를 특정하면, 나중에 판결에 따른 집행을 해야 할 상황에서 어려움이 발생할 수 있습니다. 이와 관련해서는 법률 전문가의 도움이 필요합니다.

소장에 내가 구하는 내용을 적은 부분을 '청구 취지'라고 합니다. 청구 취지는 앞서 언론중재위원회 조정 신청서의 '신청 취지'와 비슷한 내용이라고 생각하면 됩니다. '신청 취지'처럼 보통 보도문 게재나 손해배상에 관한 내용을 기재하며, 통상 소송비용을 상대방이 모두 부담케 하는 청구를 추가합니다. 또 손해배상의 경우 배상금에 대한 지연손해금과 손해배상에 대해 가집행할 수 있도록 해달라는 내용을 더하게 됩니다.*

청구 취지는 소장에서뿐 아니라 소송 전체에서 상당히 중요합니다. 내가 소송으로 얻고자 하는 내용과 범위, 법원이 판결을 낼 수 있는 범위를 명확히 정하는 기능을 하기 때문입니다. 예를 들어 내가 상대의 불법행위에 대해 1,000만 원의 배상을 구한다는 청구 취지를 내면, 실제 손해액이 2,000만 원이라고 법원이 판단하더라도 판결에서는 1,000만 원의 배상액만 인정됩니다. 그리고 이 판결이 확정되면, 나는 같은 내용에 대해 더 이상 아무런 배상도 받을 수 없습니다. 이처럼 청구 취지는 소송의 결과물에 직접 영향을 미치기에, 소송대리인을 선임하지 않더라도 가급적 법률 전문가의 조언을 얻어 작성하는 것이 좋습니다.

'청구 취지'에 이어 작성하는 '청구 원인'은, 앞선 나의 청구 취지가 왜 인정되어야 하는지 설명하는 부분입니다. 정해진 형식은 없으나, 보통 원고와 피고가 누구인지를 간략히 설명한 후 내가 침해당한 권리에 관한 사실관계를 뒷받침할 증거와 함께 제시합니다. 예를 들어 정정보도 청구라면 기사가 허위라는 점을 구체적으로 설명할 것이고, 초상권 침해가 손해배상 청구의 이

---

* 지연손해금은 배상금에 덧붙여, 통상 기사가 나간 날(불법행위일)로부터 상대방에게 소장이 송달된 날까지는 민법에 따른 연 5%, 그다음 날부터 다 갚는 날까지는 소송비용촉진 등에 관한 특례법에 따른 12% 이율의 지급을 청구합니다. 이를 가집행한다는 것은 판결이 확정되지 않아도 미리 받아두기 위해 집행한다는 뜻입니다.

유라면 나의 동의 없이 언론사가 내 초상을 이용했음을 설명할 것입니다. 청구 원인에서 중점적으로 기재해야 할 내용에 관하여는 이어지는 '핵심: 입증책임과 쟁점별 주장 파악하기'에서 정리해 살펴보기로 합니다.

소장을 접수하고 인지대와 송달료까지 납부하고 나면, 관할 법원의 담당 재판부가 정해지고 내가 소장에 적은 상대방과 주소로 소장이 송달됩니다. 상대방이 정상적으로 소장을 받으면, 보통 상대방이 내가 적은 청구 취지와 원인에 대한 답변서를 제출하고 이어 변론기일이 잡힙니다. 법원이 통지한 날짜, 시간, 장소(법정)에 나(원고) 또는 변호사 등 소송대리인이 출석하여 판사 앞에서 상대방 측과 주장, 증거에 대해 진술하게 되는 것이죠.

통상 치열한 사실관계나 법리 다툼은 (소장, 답변서, 준비서면, 참고서면 등의) 서면을 통해 이루어지고, 변론기일에는 주장과 증거를 정리하고 설명하거나 앞으로의 공방에 대한 방향을 밝히는 식의 진행이 이루어집니다. 이러한 변론기일이 몇 차례 이어지면 변론이 끝나게 되는데(변론 종결), 이때까지 원고와 피고는 증인을 신청해 증인신문 기일을 갖는 등, 공방을 계속하며 주장을 입증하고자 노력하게 됩니다.

다만, 소액 사건의 경우 절차가 신속히 진행되기에 변론기일이 1회로 끝날 때도 있습니다. 소액 사건은 특별한 경우를 제외하면 소송목적의 값(소가)이 3,000만 원 이하의 사건을 말합니다.* 쉽게 말해 손해배상을 내가 3,000만 원 이하로 청구하면 소액 사건으로 소송이 진행될 수 있습니다. 다만 정정·반론·추후보도 청구와 같이 액수를 따지기 어려운 소송은 대법원 규칙에 따라[4] 소가를 5,000만 원으로 하기에, 위 청구가 포함되면 소송이 소액 사건으로 진행되지 않을 것입니다.

---

* '소가'란 원고가 소송으로 이루려는 목적을 경제적인 이익, 돈으로 평가한 금액을 말합니다.

변론이 종결되면, 보통은 한 달 정도 후로 지정된 판결 선고기일에 판결이 내려집니다. 판결 선고기일에는 청구 취지에 관한 판결 결과, 즉 판결 주문을 알 수 있고, 이후 판결 이유가 적힌 판결문을 송달받게 됩니다. 이어 1심 판결에 불복한다면 판결문이 송달된 날로부터 2주 내 항소를, 2심 판결에 불복한다면 역시 같은 기간 내 상고를 제기해 3심 대법원의 최종 판결까지 받아볼 수 있습니다.

가처분도 진행 절차는 이와 유사하다고 보면 됩니다. 소장이 아닌 신청서를 접수한 후 보통은 변론기일이 아닌 심문기일이 열리고, 앞서 살펴본 바와 같이 신속히 절차가 진행되어 결정이 내려집니다. 가처분 역시 항고, 재항고를 통해 3심 판결까지 받아 볼 수 있습니다.

◎ 핵심: 입증책임과 쟁점별 주장 파악하기

민사 소송에서 내가 주장한 사실을 입증할 책임은 원칙적으로 나에게 있습니다. 이렇게 내가 입증해야 하는 부분을 우선 집중해 밝히고, 상대방이 밝혀야 하는 부분에서 쟁점화된 내용을 반박하거나 필요할 경우 먼저 제시하는 방식이 효과적입니다.

원칙적으로 민사 소송에서는 자신이 주장하는 사항을 스스로 증명해야 합니다. 관련 증거를 제출하는 등 내 주장을 증명하면 법원이 나의 청구를 받아들이는 판결을, 그렇지 못하면 청구를 받아들이지 않는 판결을 내리는 것이죠. 소송에서 나온 증거들을 살펴도 법원이 사실관계가 진짜인지 분명하지 않은 경우, 법원은 결국 그 사실이 없는 것으로 판단합니다. 이로 인해 당사자가 입게 되는 불이익을 '입증책임'(증명책임, 거증책임)이라고 합니다. 즉 언론과 관련한 민사 소송에서 원고인 내가 주장하는 사항은 내가 입증책임을 지는 것입니다. 예컨대 대법원은 다음과 같이 분명히 판시하고 있습니다.

> 사실적 주장에 관한 언론 보도 등의 내용에 관한 정정보도를 청구하는 피해자 는 그 언론 보도 등이 진실하지 아니하다는 데 대한 증명책임을 부담한다.[5]

앞서 민사 소송 절차를 살필 때 소장의 청구 원인은 내 청구가 왜 받아들여 져야 하는지를 작성하는 부분이라고 했는데, 이 부분은 증명책임과도 관련이 있습니다. 내 청구 취지가 받아들여지려면 청구 원인에서 이를 잘 설명해 법원을 설득해야 합니다. 결국, 소송 전체를 나의 주장 내용에 대한 '증명' 과정이라고 생각하고 임해야 청구 원인을 효과적으로 작성할 수 있는 것입니다. 이는 비단 청구 원인뿐 아니라, 소장에 이어 내가 법원에 제출하는 준비서면과 각종 증거에도 해당하는 말입니다.

앞서 예시로 들었던 박청렴 시장의 소장을 살펴봅시다. 예시 소장은 박 시장이 공사업자로부터 뇌물을 받았다는, 사실과 다른 기사에 대해 정정보도와 명예훼손을 이유로 한 손해배상을 구하는 내용입니다. 원고인 박청렴 시장이 정정보도와 손해배상을 얻기 위해 밝혀야 할 핵심적인 사실관계는 '기사가 사실과 다르다는 것'입니다. 그리고 이러한 기사의 허위성은 해당 주장을 하는 원고 박청렴 시장이 증거를 내서 입증해야 합니다.

그렇기에 예시 소장에서 박청렴 시장은 출입국 사실과 입찰계약에 대한 자료를 증거로 제출하면서, 공사 계약을 대가로 돈을 받았다는 기사가 허위임을 증명하는 데 집중하는 것입니다. 박 시장이 그동안 얼마나 청렴하게 살아왔고 얼마나 훌륭한 시정 활동을 펼쳤는지, ○○일보에 정보를 제공한 취재원이 누구인지 등은 박 시장이 법원에 우선으로 밝혀야 할 사항이 아닙니다. 이러한 내용은, 만약 그것이 입증책임을 지는 내 주장을 뒷받침하는 유용한 재료가 될 때, 비로소 힘을 실어 소송에 드러내야 합니다.

물론, 모든 입증책임이 원고에게만 있는 것은 아닙니다. 박청렴 시장의 청구에 대하여 피고인 언론사는 기사가 진실이라는 점과 이 기사가 공익성이 있다는 점을 밝혀야 합니다. 대법원은 원고와 피고의 입증책임에 관하여 다음과 같이 밝힙니다.

> 언론·출판을 통해 사실을 적시함으로써 타인의 명예를 훼손한 경우, 원고가 청구 원인으로 그 적시된 사실이 허위 사실이거나 허위평가라고 주장하며 손해배상을 구하는 때에는 그 허위성에 대한 입증책임은 원고에게 있다고 할 것이고, 다만 피고가 그 적시된 사실이 진실한 사실로서 오로지 공공의 이익에 관한 것이므로 위법성이 없다고 항변할 경우 그 위법성을 조각시키는 사유에 대한 증명책임은 피고에게 있다.[6]

그렇기에 재판에서 ○○일보는 이 기사가 사실이고, 공직자의 도덕성에 관한 공익성 있는 기사임을 주장하며 그에 대한 증거 제출에 집중할 것입니다. 이에 대해 박청렴 시장은 재차 기사의 허위성을 드러낼 반박 증거를 제출하고, 그것이 공익성이 없는 기사라는 반박 주장을 펼치면서 공방을 이어갈 것입니다.

이러한 박청렴 시장의 사건은 사실 쉬운 예에 속합니다. 소송과 입증책임은 결코 쉽지 않은 주제입니다. 사건의 세세한 사실관계 모두에 대해 미리 입증책임이 정해져 있는 것도 아니고, 어떤 증거를 얼마나 내야 주장이 입증되었다고 보는지 구체적인 기준이 있는 것도 아닙니다. 입증책임에 관하여는, 결국 소송에서는 스스로 증거를 내어 나의 주장을 밝혀내야 한다는 점, 그리고 집중해서 밝혀내야 할 쟁점이 있다는 점, 이 두 가지를 명확히 인지하는 것으로 우선 충분하겠습니다.

소송에서 중점적으로 주장해야 할 내용을 아래 정리해 보았습니다. 앞서 제1~3장에서 다루었던 주제 중 민사 소송에서 많이 다루는 주제들을 정리했습니다. 물론 각자의 소송에 따라 중점적인 주장이 다를 수 있고, 아래 내용이 언론 소송에서 다루는 모든 쟁점을 포함하는 것도 아닙니다. 그래도 많이 다투어지는 쟁점들을 중심으로 정리했으므로, 해당 주제로 진행되는 소송의 뼈대를 이해하는 데 도움이 될 것입니다.

아래서 '중점 주장'이란 청구가 인정되기 위해 꼭 밝혀야 하는 사항을 말합니다. 대부분 나에게 입증책임이 있으므로 이를 밝히지 않으면 패소할 수 있습니다. '예상 쟁점 주장'은 해당 주제에서 많이 다뤄지는 쟁점으로서, 상대방에게 입증책임이 있거나, 상대방이 반박하면 내가 입증책임이 있는 사항들입니다. 즉 언론이 쟁점화하면 꼭 반박해야 하는 사항들로서, 만약 언론이 쟁점화할 가능성이 크다면 내가 먼저 주장하며 증거를 제시하는 것도 좋은 방법입니다.

① 정정보도 청구 (1장 14쪽)

중점 주장	· 기사 내용이 진실이 아니다. · (바로잡으려는 내용이 기사에 명시적으로 나오지 않는다면) 기사의 전체 취지, 경위, 내용 등을 통해 볼 때 내용을 적시 또는 암시하고 있다.
예상 쟁점 주장	· 기사 내용이 의견이나 평가가 아닌, 사실을 적시한 부분이다. · 기사 내용이 보도에 있어 지엽말단적이거나 사소한 부분이 아니다. · 기사에서 틀린 내용은 사실관계를 약간 틀리거나 단순히 수사적인 과장이 있는 정도가 아니라, 중요 부분의 진실이 다른 수준이다. · 언론은 정정보도를 낸 적이 없고, 냈더라도 제대로 된 정정보도가 아니다. · (언론중재법상 청구의 경우) 보도를 안 날로부터 3개월 이내, 보도가 있은 날로부터 6개월 이내에 청구했다.

② 반론보도 청구* (1장 33쪽)

중점 주장	· (바로잡으려는 내용이 기사에 명시적으로 나오지 않는다면) 기사의 전체 취지, 경위, 내용 등을 통해 볼 때 내용을 적시 또는 암시하고 있다.
예상 쟁점 주장	· 기사 내용이 의견이나 평가가 아닌, 사실을 적시한 부분이다. · 반론을 구하는 내용이 위법하거나 명백히 사실이 아닌 경우에 해당하지 않는다. · 기사 내용이 보도에 있어 지엽말단적이거나 사소한 부분이 아니다. · 언론은 반론보도를 낸 적이 없고, 냈다고 하더라도 제대로 된 반론보도가 아니다. · (언론중재법상 청구의 경우) 보도를 안 날로부터 3개월 이내, 보도가 있은 날로부터 6개월 이내에 청구했다.

③ 추후보도 청구 (1장 53쪽)

중점 주장	· 기사에서 범죄 혐의가 있거나 형사상 조치를 받았다고 나왔다. · 무죄, 무혐의로 종결되었다.
예상 쟁점 주장	· 언론이 무죄(무혐의)를 알린 적이 없다. · (언론중재법상 청구의 경우) 무죄, 무혐의로 끝난 사실을 안 날로부터 3개월 내 청구했다.

④ 허위 사실 적시 명예훼손** (2장 62쪽)

중점 주장	· 기사 내용이 진실이 아니다. · (바로잡으려는 내용이 기사에 명시적으로 나오지 않은 경우라면) 기사의 전체 취지, 경위, 내용 등을 통해 볼 때 내용을 적시 또는 암시하고 있다. · 기사 때문에 사회적 평가가 저하되었다.
예상 쟁점 주장	· 기사에서 누구 얘기인지 특정되었다. · 기사 내용이 의견이나 평가가 아닌, 사실을 적시한 부분이다. · 기사 내용이 보도에 있어 지엽말단적이거나 사소한 부분이 아니다.

---

* 반론보도 청구는 정정보도 청구가 받아들여지지 않는다면 반론이 받아들여져야 한다는 (예비)식으로 많이 청구되며, 예상 쟁점 주장 중 몇 가지를 중점으로 다투는 식으로 공방이 진행됩니다.

** '허위성'과 관련한 요소를 빼면 사실적시 명예훼손도 동일합니다.

예상 쟁점 주장	· 기사에서 틀린 내용은 사실관계를 약간 틀리거나 단순히 수사적인 과장이 있는 정도가 아니라, 중요 부분의 진실이 다른 수준이다. · 기사는 공공의 이익에 관한 것이 아니다. · 공인에 관한, 공적 관심사에 관련한 내용이 아니며, 그러한 보도라 하더라 도 악의적이거나 심히 경솔한 공격으로서 상당성을 현저히 잃은 보도다. · 언론이 허위를 진실로 믿을 만한 상당한 이유가 없다. 즉, 취재 근거가 부족 하고, 취재 노력을 제대로 기울이지 않았다.

⑤ 모욕 (2장 75쪽)

중점 주장	· 사회적 평가를 저하할 만한 추상적 판단이나 경멸적인 감정 표현이 기사에 나왔다.
예상 쟁점 주장	· 기사에서 누구 얘기인지 특정되었다. · 문제에 대한 자기 의견의 타당함을 강조하는 과정에서 부분적으로 사용되 는 등 사회상규를 위배하지 않는 범위 내에서의 표현이 아니다. · 공인에 관한, 공적 관심사에 관련한 내용이 아니며, 그러한 보도라 하더라 도 악의적이거나 심히 경솔한 공격으로서 상당성을 현저히 잃은 보도다.

⑥ 초상권/사생활/성명권/음성권 침해 (2장 80쪽)

중점 주장	· 동의 없이 아래 행위를 했다. - 초상을 촬영 또는 보도하거나 영리적으로 이용함 - 사적 공간에 침입하거나 사생활을 보도함 - 성명을 공개 보도함 - 음성을 녹음하거나 공개 보도함
예상 쟁점 주장	· 동의했더라도 언론의 이용이 동의 범위를 넘었다. · 묵시적으로 동의했다고 볼 만한 사정이 없다. · 공개와 관련하여 누군지 전혀 알아볼 수 없을 정도로 공개된 수준에 해당 하지 않는다. · 침해로 달성하려는 공익의 내용과 중대성, 침해행위의 필요성, 효과성, 보 충성, 긴급성, 침해방법의 상당성, 침해된 내 권리의 내용, 중대성, 보호 가 치, 피해 정도를 고려했을 때 보도가 위법하다. · 공인에 관한, 공적 관심사에 관련한 내용이더라도 수인할 수 있는 범위를 넘어섰다.

⑦ 저작권 침해 (3장 130쪽)

중점 주장	· 동의 없이 내가 저작재산권을 지닌 저작물(창작성, 표현)을 이용했거나, 내가 창작한 저작물의 저작인격권을 침해했다. · (대상이 유사한 경우) 언론 저작물이 내 저작물에 의거해 만들어졌고, 실질적으로 유사하다.
예상 쟁점 주장	· 동의했더라도 언론의 이용이 동의 범위를 넘었다. · 저작권법상 보호받지 못하는 저작물에 해당하지 않는다. · 저작재산권 제한 사유에 해당하지 않는다. 대표적으로, 「저작권법」 제28조 '공표된 저작물의 인용'이나 제35조의5 '저작물의 공정한 이용'에 해당하지 않는다.

⑧ 기사삭제 등 금지 청구* (1장 43쪽)

중점 주장	· 명예 등 인격권을 침해했다. · 기사가 진실이 아니거나 공공 이해에 관한 사항이 아니다. · 인격권이 중대하고 현저하게 침해받고 있는 상태에 있다.
예상 쟁점 주장	· 각 인격권 침해 쟁점 관련 주장과 동일함

---

* 허위 기사일 경우 믿을 만한 상당한 이유가 있어도 여전히 기사삭제 청구가 인정될 수 있습니다. 한편 표현행위의 사전억제인 보도금지 가처분은 중대하고 분명하게 회복하기 어려운 손해를 입을 우려가 있다는 점, 기사가 허위이거나 공익 목적이 아니라는 점을 주장하며, 법원이 여타 금지 청구, 가처분보다 엄격한 기준으로 판단합니다.

있는 사실을 증명하는 것은 어렵지 않습니다. 내가 오늘 12시에 ○○식당에서 밥을 먹었단 걸 증명할 때, 영수증을 내면 되는 것처럼요. 그렇다면 없는 사실은 어떨까요? 특정한 기간, 장소, 행위에 관한 것이라면 이 역시 어렵지 않습니다. 오늘 12시에 내가 ○○식당에서 밥을 먹지 않았단 걸 증명하려면, 예컨대 그 시간에 다른 곳에 있었던 사진을 내면 됩니다. 그러나 시간이나 장소 등이 구체적이지 않은 일에 대해서, 그것이 사실이 아님을 증명하는 건 매우 어렵습니다.

예를 들어, "박청렴 시장이 작년에 시정 관련해서 뇌물을 받은 사실이 있다더라"라는 수준의 추상적인 내용의 기사가 나왔다고 합시다. 이 기사 내용이 허위임을 박 시장이 증명하는 건 애초부터 불가능합니다. 시정과 관련하여 작년에 만나거나 대화했던 사람 전부를 증인으로 세울 수도, 그와 관련한 모든 현금 거래 내역을 제시할 수도 없기 때문입니다. 이러한 점을 고려해, 법원은 아래와 같이 보고 있습니다.

> 특정되지 아니한 기간과 공간에서의 구체화되지 아니한 사실의 부존재의 증명에 관한 것이라면 이는 사회 통념상 불가능에 가까운 반면 그 사실이 존재한다고 주장·증명하는 것이 보다 용이한 것이어서 이러한 사정은 증명책임을 다하였는지를 판단함에 있어 고려되어야 하는 것이므로 의혹을 받을 일을 한 사실이 없다고 주장하는 사람에 대하여 의혹을 받을 사실이 존재한다고 적극적으로 주장하는 자는 그러한 사실의 존재를 수긍할 만한 소명자료를 제시할 부담을 지고 피해자는 제시된 자료의 신빙성을 탄핵하는 방법으로 허위성의 입증을 할 수 있다[7]

즉 구체적이지 않은 어떤 사실이 거짓이라는 점에 대해서는 내가 증거를 내는 것이 아니라, 상대방이 낸 자료가 못 믿을 자료라는 방식으로 공격해 가며 거짓을 입증하는 게 가능합니다. 예컨대 박 시장은 작년에 자신의 모든 시정 활동을 증명할 필요 없이, 뇌물수수에 대해 언론이 제시한 근거가 믿을 만하지 않다는 점을 피력함으로써 기사의 허위성을 입증할 수 있는 것입니다.

3. 수사기관을 통하는 형사 고소

　형사 고소 절차를 진행할 때는 신중해야 합니다. 단지 언론을 적대하려는 목적으로 별다른 이유 없이 형사 고소를 한다면 무고죄에 해당할 위험이 있고, 뜻하지 않은 방향으로 수사가 진행되어 무혐의 처분이 난다면 그것이 증거로 활용되어 손해배상 등의 민사 소송에 부정적인 영향을 미칠 수도 있습니다. 아울러 형사 절차는 어디까지나 범죄능력이 있는 취재진 개인에 대한 조치이므로, 언론사에 대해 취해야 할 권리 회복 수단으로서는 한계가 있습니다.

　그러나 형사 고소는 수사기관이 수사를 진행하며, 범죄사실에 대한 입증책임을 집니다. 따라서 피해자로서는 현실적으로 민사보다 절차나 비용 부담이 크지 않은 면이 있습니다. 특히 주거침입이나 절도 등 취재 행위에 수반한 물리적인 불법행위는 당사자 간 주장과 입증보다는 수사를 통해 명확히 확인할 필요가 있습니다. 이런 경우 형사 고소는 취재진을 대상으로 즉각 취할 수 있는 대응 수단으로서 고려할 실익이 있습니다.

　형사는 절차 자체가 수사기관에 의해 진행되므로 민사에 비해 당사자의 역할이 크지는 않습니다. 이 파트에서는 수사기관의 처분에 이르기까지의 형사 절차를 개략적으로 알아보고, 고소 시 유의하여 주장할 내용은 무엇인지 살펴보겠습니다.

⑦ 어떻게 진행되고, 무엇이 중요할까?

형사 절차에서 수사는 수사기관이 진행하지만, 효율적일 수 있도록 고소장을 잘 정리하고 필요한 증거를 제출하는 등 협조할 필요가 있습니다. 한편, 경찰의 불송치 결정에 대한 이의 신청, 검사의 불기소 결정에 대해 항고 및 재정신청으로 고소 관련하여 불복해 볼 수 있습니다.

　형사 절차를 언론 피해자 입장에서 쉽게 나눠보면, ① 고소 ② 수사 ③ 수사 결과 통지로 구분할 수 있습니다.

　첫 단계인 ① 고소는 수사기관에 범죄사실을 알리고 처벌해 달라는 의사를 표시하는 것입니다. 수사기관에 범죄사실을 알리는 방식은 고소 외에 신고나 진정도 있지만, 고소는 접수와 함께 수사기관이 '입건', 즉 수사를 개시하여 이를 형사사건으로 삼는 반면, 신고나 진정은 그렇지 않다는 차이가 있습니다.*

　고소는 꼭 고소장을 제출하는 방식으로 하지 않아도 됩니다. 수사기관에 찾아가 말로 이야기를 전하고, 수사기관이 이를 조서로 작성하는 식도 가능합니다. 다만 상당수는 고소장을 작성해 제출하는 방식으로 진행하게 되는데, 고소인과 피고소인의 정보, 범죄사실 등 수사기관에 필요한 내용을 정리함으로써 효과적으로 수사의 개시를 도울 수 있기 때문입니다.

　고소장 양식은 따로 정해져 있지 않습니다만, 법률 전문가의 도움이 없는 상태라면 경찰 민원포털(minwon.police.go.kr)의 고객센터 〉 민원서식 항목에 게시된 고소장 양식을 사용해 접수하는 것이 좋습니다. 수사 진행에 필요

---

* 신고나 진정은 입건 전 조사(내사)를 통해 범죄를 인지하면 수사를 개시합니다.

한 항목이 잘 정리된 편이고, 항목별로 간략한 설명이 있어 큰 어려움 없이 내용을 작성할 수 있습니다.

다만 작성해야 하는 내용 중 고소 취지와 범죄사실에 관한 부분은 고소하려는 죄명과 해당 죄 적용에 필요한 사실관계를 잘 특정해서 작성해야 합니다. 고소 이유도 대상의 범죄사실이 잘 드러날 수 있도록 작성해야 좋습니다. 물론 민사 소장 정도의 부담을 가질 필요가 있는 건 아닙니다만, 원활한 수사 진행을 도울 수 있으므로 가급적 법률 전문가의 조언을 받아보는 것을 추천합니다.

고소 후에는 ② 수사가 시작됩니다. 통상 고소장이 접수되면 관할 경찰서 담당 수사관의 연락에 따라 경찰서에 출석, 고소인 조사를 진행합니다. 이때 고소 사실과 처벌 의사에 대해 담당 수사관의 물음에 답하는 식으로 구체적인 진술을 하고, 조서를 작성합니다. 보통은 1회 출석하여 진술을 마무리하는 경우가 많습니다.

이후 위의 진술 내용과 내가 제출한 증거에 기반을 두고 수사관이 본격적인 수사를 진행합니다. 이 과정에서 피의자를 출석게 하여 조사를 하거나(피의자 신문), 사건에 관련된 참고인의 진술을 듣습니다. 이 외에도 필요시 수사기관은 압수, 수색 등 강제 수사를 포함해 다양한 방법을 동원합니다. 수사 과정에서 피의자를 체포하거나 구속할 때도 있지만, 언론 사건은 대부분 취재진의 신원이 분명하고 출석을 거부하는 일도 잘 없으며 범죄의 중대성 역시 크지 않은 면이 있기에, 체포나 구속이 이루어지는 경우는 상당히 드뭅니다.

언론 사건의 경우에만 국한된 것은 아니지만, 수사 과정에서 고소인이 가장 유의해야 할 점은 바로 수사에 적극적으로 협조해야 한다는 것입니다. 당연하게 들리는 소리일 수 있습니다만, 사실 고소장 접수를 비롯해 수사가 이뤄지는 동안 '수사는 수사기관이 알아서 하겠지'란 생각으로 별다른 협조 노력을 하지 않을 때가 많습니다.

수사는 물론 수사기관이 하는 것이지만, 형사책임을 지우길 가장 원하는 건은 피해자인 나입니다. 어찌 보면 사안을 가장 잘 아는 것도 나일 수 있습니다. 나에 대해 학력 위조 기사를 쓴 취재진을 상대로 명예훼손의 책임을 묻는 고소가 진행될 때, 기사의 허위성을 가장 잘 알고 있는 사람은 그 학교에 다닌 나이며, 허위성을 밝히는 증거를 가장 잘 제출할 수 있는 사람도, 예컨대 직접 그 학교의 졸업증명서를 발급할 수 있는 나입니다. 내 선에서 가능한 증거를 최대한 수집하여 제출하면 수사의 효율성을 높일 수 있고, 그만큼 형사고소의 목적을 달성할 가능성도 커질 것입니다.

수사가 모두 진행되어 고소 사실에 대한 결론이 나면, 경찰은 고소인에게 ③ 수사 결과 통지서를 보냅니다. 통지서는 경찰의 수사 결과에 따른 결정을 담고 있습니다. 경찰은 범죄 혐의가 있다고 판단했다면 '송치' 결정과 함께 사건 기록을 검사에게 송부합니다. 반대로 범죄 혐의가 인정되지 않는다고 판단했다면, '불송치' 결정을 내립니다. 불송치 결정은 구체적으로 '혐의없음', '죄가 안 됨', '공소권 없음' 그리고 '각하'가 있습니다.*

---

* '혐의없음'은 피의사실이 범죄를 구성하지 않거나, 범죄가 인정되지 않거나(범죄인정 안 됨), 피의사실을 인정할 만한 충분한 증거가 없는 경우(증거불충분)를 말합니다. '죄가 안 됨'은 피의사실이 범죄 구성요건에 해당하지만, 법률상 범죄의 성립을 조각하는 사유(위법성이 없거나 정당행위에 해당함 등)가 있어 범죄를 구성하지 않는 경우를 말합니다. '공소권 없음'은 공소시효가 완성된 경우, 친고죄에서 고소가 없거나 고소가 무효 또는 취소된 경우, 반의사불벌죄에서 피해자가 처벌을 희망하지 않거나 철회한 경우를 말합니다. 한편 '각하'는 고소, 고발로 수리한 사건이 아래 어느 하나에 해당하는 것을 말합니다.

　가. 고소인 또는 고발인의 진술이나 고소장 또는 고발장에 따라 혐의없음, 죄가 안 됨, 공소권 없음이 명백하여 더 이상 수사를 진행할 필요가 없다고 판단되는 경우

　나. 동일 사건에 대해 사법경찰관의 불송치 또는 검사의 불기소가 있었던 사실을 발견한 경우에 새로운 증거 등이 없어 다시 수사해도 동일하게 결정될 것이 명백하다고 판단되는 경우

　다. 고소인·고발인이 출석 요구에 응하지 않거나 소재 불명이어서 고소인·고발인에 대한 진술을 청취

불송치 결정 시 수사 결과 통지서와 함께 오는 별지의 불송치 이유를 살펴본 후, 이를 받아들이기 어려울 때는 해당 경찰서에 '이의 신청'을 해야 합니다. 고소인이 이의 신청을 하면 경찰은 즉시 사건을 검사에게 송치하고, 서류와 증거물을 송부해 고소인에게 이를 통지합니다. 이제 검찰로 넘어간 사건을 받은 검사는 이를 직접 수사하거나, 다시 경찰에 보완 수사를 요구할 수 있습니다. 경찰 불송치에 대한 이 이의 신청에는 기간의 제한이 없습니다.

별도로 이의를 신청하지 않아도, 수사가 이어질 때도 있습니다. 경찰은 불송치 결정 시에도 검사에게 서류와 증거물을 송부하고, 검사는 90일 내 기록을 검토한 후 이를 경찰에 반환합니다. 이때 경찰의 불송치 결정이 위법하거나 부당하다고 검사가 판단하면, 경찰에 재수사를 요청하게 됩니다. 다만 경찰의 재수사 결과 여전히 불송치 결정이 유지되면, 검사가 또다시 재수사를 요청할 수는 없습니다.

송치와 불송치 외에 '수사중지' 결정이 내려질 때도 있습니다. 경찰은 피의자의 소재가 불명하거나 수사 종결에 필요한 증거가 외국에 있어 상당한 시간이 걸리는 경우(피의자중지), 혹은 참고인이나 피해자 등의 소재 불명으로 수사를 종결할 수 없는 경우(참고인중지) 수사중지 결정을 내리며, 관련 사유가 해소될 때까지 수사는 중단됩니다.

앞서 먼저 살핀 것처럼, 범죄 혐의가 있다고 판단하면 경찰은 송치 결정을 내리고 사건 기록을 검사에게 송부합니다. 혹은 앞서 말했듯이 불송치 결정

할 수 없고, 제출된 증거 및 관련자 등의 진술에 의해서도 수사를 진행할 필요성이 없다고 판단되는 경우

라. 고발이 진위 여부가 불분명한 언론 보도나 인터넷 등 정보통신망의 게시물, 익명의 제보, 고발 내용과 직접적인 관련이 없는 제3자로부터의 전문(傳聞)이나 풍문 또는 고발인의 추측만을 근거로 한 경우 등으로서 수사를 개시할 만한 구체적인 사유나 정황이 충분하지 않은 경우

에 대한 고소인의 이의 신청에 따라 검사에게 사건이 송부될 수도 있습니다. 이제 검사가 직접 수사를 한 결과 혐의가 인정되었다면, 공소 제기, 즉 기소에 이르게 됩니다. 기소 후에는 형사 재판이 열리고 법원이 범죄 유무와 형벌에 대해 최종 판결을 내립니다. 단, 가벼운 사안이라면 '약식기소'에 따라 별도 재판이 열리지 않은 채 피의자에게 벌금 수준의 '약식명령'이 내려지기도 합니다.*

검사의 수사 결과 기소할 사건이 아닌 것으로 판단되었다면 '불기소' 결정이 내려집니다. 경찰의 불송치 결정과 마찬가지로 불기소는 '혐의없음', '죄가 안 됨', '공소권 없음', '각하'로 나뉘며, 범죄사실은 인정되지만 피해 정도, 전과 등 여러 사정을 고려해 기소하지 않는다는 '기소유예'도 있습니다.[8] '기소유예'는 어찌 되었건 범죄사실이 인정된다는 취지이긴 하므로, 해당 처분 결과를 민사 소송에서 유리하게 활용할 수 있습니다.

만약 고소한 사건에 불기소 결정이 내려졌다면, 형사사법 포털(www.kics. go.kr)에서 신속히 불기소 이유 고지를 청구하여 살펴보고 신속히 '항고'를 검토해야 합니다. 항고는 불기소 통지를 받은 날로부터 30일 이내에 검사가 속한 지방검찰청 또는 지청을 거쳐 관할 고등검찰청에 하는 것으로, 항고가 받아들여지면 검사에게 다시 수사하라거나(재기 수사), 공소를 제기하라는 (공소 제기) 등의 명령이 내려집니다. 항고도 받아들여지지 않을 경우, 마지막으로 고소인은 항고 기각 결정을 통지받은 날로부터 10일 이내에 관할 고등법원에 재정신청을 하여 공소 제기가 이루어지도록 요청해 볼 수 있습니다.

---

* 이때 피의자가 정식재판을 청구할 수도 있습니다.

🎯 핵심: 쟁점별 주장할 사항 파악하기

제1~3장에서 다루었던 주제와 관련하여 형사사건에서 다루어지는 쟁점에 대해 살펴봅시다. 형사 고소 시 고소인이 중점적으로 주장하면 좋은 내용을 추려 봤습니다. 물론 구체적인 사안마다 주장해야 할 사항은 다를 것이나, 통상 언론 사건에서 다뤄지는 주제를 중심으로 정리했기에 언론 피해 사건의 쟁점을 이해하고 수사기관에 어떤 점을 피력하면 좋을지 가늠하는 데 도움이 될 것입니다.

상대방이 다투면 반박 주장해야 할 쟁점들이 있는 민사와 달리, 형사는 처음부터 내가 수사에 필요할 만한 주장을 모두 하면서 증거를 내는 것이 유리합니다. 즉, 아래 중점 주장 중 혐의가 인정되기에 부족한 부분이 있을 것 같으면 그 부분을 중점적으로 주장하고, 증거를 제시해 수사에 도움을 줄 필요가 있습니다.

① 명예훼손 (2장 62쪽)

중점 주장	· 기사에서 누구 얘기인지 특정되었다. · 기사 내용이 의견이나 평가가 아닌, 사실을 적시한 부분이다. · 기사 내용이 진실이 아니다. · 기사 때문에 사회적 평가가 저하되었다. · (바로잡으려는 내용이 기사에 명시적으로 나오지 않은 경우라면) 기사의 전체 취지, 경위, 내용 등을 통해 볼 때 내용을 적시 또는 암시하고 있다. · 기사 내용이 보도에 있어 지엽말단적이거나 사소한 부분이 아니다. · 기사가 공공의 이익에 관한 것이 아니다. · 공인에 관한, 공적 관심사에 관련한 내용이 아니며, 그러한 보도라 하더라도 악의적이거나 심히 경솔한 공격으로서 상당성을 현저히 잃은 보도다. · (허위 사실 적시 명예훼손의 경우) 취재진이 기사 내용이 허위가 아니라는 걸 인식하거나 충분히 인식할 수 있었다.

중점 주장	- 취재진이 허위임을 인식하지 못했다면 사실적시 명예훼손이 적용될 수 있으므로 형법상 죄의 경우 위법성 조각(제310)을 막을 필요 있음. 따라서 언론이 허위를 진실로 믿을 만한 상당한 이유가 없다는 점, 즉 취재 근거가 부족하며 취재 노력을 제대로 기울이지 않았음을 주장 - 필요시, 기사 내용은 사실관계를 약간 틀리거나 단순히 수사적인 과장이 있는 정도가 아니라 중요 부분의 진실이 다른 수준이라는 점을 주장 · (형법상 출판물 등에 의한 명예훼손, 정보통신망법상 명예훼손의 경우) 기사가 '비방의 목적'이 있다. - 단, 법원은 기사가 공익에 관한 것이라면 비방의 목적이 부인된다고 보므로, 비방의 목적과 함께 기사의 공익성이 없다는 점을 강조

② 모욕 (2장 75쪽)

중점 주장	· 사회적 평가를 저하할 만한 추상적 판단이나 경멸적인 감정 표현이 기사에 나왔다. · 기사에서 누구 얘기인지 특정되었다. · 문제에 대한 자기 의견의 타당함을 강조하는 과정에서 부분적으로 사용되는 등 사회상규를 위배하지 않는 범위 내에서의 표현이 아니다. · 공인에 관한, 공적 관심사에 관련한 내용이 아니며, 그러한 보도라 하더라도 악의적이거나 심히 경솔한 공격으로서 상당성을 현저히 잃은 보도다.

③ 주거침입 (3장 107쪽)

중점 주장	· 동의 없이 주거 또는 건조물 등에 침입했다(신체 일부가 진입했다). · 주거의 사실상 평온 상태가 침해되었다. - 침입한 주거 또는 건조물 등 장소가 일반의 출입이 허용된 곳이 아니라거나, 통상적인 출입방법으로 들어오지 않았다거나, 출입한 행위가 불법 또는 위협적이었다는 점 등 평온상태가 침해된 근거를 제시하며 주장 · 정당행위에 해당하지 않는다. - 취재의 공익성이 크지 않으며, 긴급한 상황도 아니었고, 대체할 다른 수단이 있었으며, 침입 방법이 상당하지 않았고, 내 침해 피해가 크다는 점을 주장. (이하 다른 쟁점에서도 동일) - 퇴거불응의 경우, 나가 달라는 권리자(주거, 관리, 점유자 또는 위임받은 사람)의 요구에도 응하지 않았다는 점을 주장

④ 업무방해 (3장 115쪽)

중점 주장	· 취재 행위로 인해 내 업무가 방해받거나, 지장을 줄 만한 위험이 발생했다. · 그러한 업무방해가 취재진의 위력(내 의사를 제압, 혼란케 할 만한 유무형의 일체 행위) 또는 위계(오인, 착각 또는 부지를 일으켜 이를 이용)에 의해 발생했다. · 정당행위에 해당하지 않는다.

⑤ 협박 (3장 115쪽)

중점 주장	· 취재 시 공포심을 느낄 정도의 불이익(해악)을 알렸다. · 정당행위에 해당하지 않는다.

⑥ 통신비밀보호법 위반 (3장 122쪽)

중점 주장	· (주로 문제시되는 녹음과 공개 관련하여) 공개되지 않은 대화를 동의 없이 녹음하거나 이를 공개했다. · 취재진은 녹음 시 대화에 참여하지 않은 상태였다. 즉, 대화하는 사람이 아니었다. · 정당행위에 해당하지 않는다.*

⑦ 절도 (3장 126쪽)

중점 주장	· 허락 없이 내 물건을 가져갔다. · 취재진이 물건을 다시 돌려준 바 없다. 혹은 물건을 돌려줬지만 가져갔던 기간이 길거나, 아예 가져가려는 의사로 가져갔다가 문제가 되자 돌려놓았다. · 정당행위에 해당하지 않는다.

---

* 구체적으로 3장 124~126쪽의 기준을 참고하세요.

⑧ 저작권 침해 (3장 130쪽)

중점 주장	· 동의 없이 내가 저작재산권을 지닌 저작물(창작성, 표현)을 이용했거나, 내가 창작한 저작물의 저작인격권을 침해했다. · (대상이 유사한 경우) 언론 저작물이 내 저작물에 의거해 만들어졌고, 실질적으로 유사하다. · 동의했더라도 언론의 이용이 동의 범위를 넘었다. · 저작권법상 보호받지 못하는 저작물에 해당하지 않는다. · 저작재산권 제한 사유에 해당하지 않는다. 대표적으로, 「저작권법」 제28조 '공표된 저작물의 인용'이나 제35조의5 '저작물의 공정한 이용'에 해당하지 않는다

지식⁺ 친고죄와 반의사불벌죄

친고죄는 고소가 있어야 기소할 수 있는 죄를 말합니다. 고소가 없어도 수사는 할 수 있지만, 결국 기소할 수는 없으므로 대부분은 수사가 진행되지 않습니다. 고소는 형사 재판 1심 선고 전까지 취소할 수 있는데, 고소 취소(취하) 시 수사 단계라면 검사는 '공소권 없음'의 불기소 처분(경찰은 불송치 처분)을, 재판 단계라면 법원은 공소기각 판결을 내립니다.

반의사불벌죄는 고소가 없어도 수사기관이 수사 및 기소, 처벌까지 할 수 있지만, 피해자가 처벌을 원치 않는다는 의사를 표시하면 처벌하지 못하는 죄를 말합니다. 처벌을 원하지 않는다는 의사표시는 형사 재판 1심 선고 전까지 해야 하며, 이때 친고죄와 마찬가지로 수사 단계라면 검사는 '공소권 없음'으로 불기소 처분(경찰은 불송치 처분)을, 재판 단계라면 법원은 공소기각 판결을 내리게 됩니다. 언론 관련 형사 쟁점으로 다룬 내용 중 반의사불벌죄에 해당하는 죄는 아래와 같습니다.

· 친고죄: 모욕죄(「형법」 제311조), 사자명예훼손죄(「형법」 제308조), 저작권 침해(「저작권법」 제136조~제138조)*
· 반의사불벌죄: 협박죄(「형법」 제283조 제1항), 명예훼손죄(「형법」 제307조 제1항, 제2항), 출판물 등에 의한 명예훼손(「형법」 제309조 제1항, 제2항)

---

* 단 영리 목적 또는 상습적으로 저작재산권을 침해한 경우 등 일부는 제외됩니다.

부록

부록 1. 도움 되는 사이트

① 언론중재위원회 조정 / 민 · 형사 관련

언론중재위원회 www.pac.or.kr
언론중재위원회 조정 절차에 관한 상세한 정보, 양식을 얻을 수 있습니다.
조정의 전자신청도 가능합니다.

대법원 전자소송 ecfs.scourt.go.kr
전자소송 시스템으로 민사, 가사, 행정 등 소송을 진행할 수 있습니다.

대한민국 법원 나홀로 소송 pro-se.scourt.go.kr
혼자 소송을 진행하는 데 필요한 상세한 정보와 양식을 얻을 수 있습니다.
법률 서식 작성 시스템을 이용해 민사 서류도 작성할 수 있습니다.

대한법률구조공단 혼자 하는 소송 법률 지원센터 support.klac.or.kr
마찬가지로 홀로 소송 진행 시 필요한 정보와 양식을 찾을 수 있습니다.

대한민국 법원 전자민원센터 help.scourt.go.kr
소송 진행 절차, 재판 지원 등 소송에 필요한 정보와 양식이 있습니다.

나의 사건검색
www.scourt.go.kr/portal/information/events/search/search.jsp
사건번호를 입력하여 사건의 현재 진행 상황을 조회할 수 있습니다.

법무부 형사사법 포털 www.kics.go.kr
내 형사사건(경찰, 검찰)을 조회하고, 각종 전자 민원을 신청할 수 있습니다.

② 법률 일반 / 법률 조력 관련

대한민국 법원 종합법률정보 glaw.scourt.go.kr
판례, 법령, 규칙 등 법률정보를 열람할 수 있습니다.

법제처 국가법령정보센터 www.law.go.kr
역시 판례, 법령, 규칙 등 법률정보를 열람할 수 있습니다.

케이스노트 casenote.kr
판례를 열람할 수 있습니다. 위의 두 사이트에 없는 하급심 판례도 일부 무료로 찾아볼 수 있습니다.

판결서 인터넷 열람
www.scourt.go.kr/portal/information/finalruling/peruse/peruse_status.jsp
확정된 민·형사 사건의 (비실명 처리된) 판결서를 유료로 열람할 수 있습니다.*

헌법재판소 통합검색 search.ccourt.go.kr
헌법재판소 판례와 발간자료를 열람할 수 있습니다.

대한법률구조공단 www.klac.or.kr
법률구조 공단의 방문 상담을 예약하거나, 사이버 상담을 신청할 수 있고, 유용한 상담 사례도 찾을 수 있습니다.**

재단법인 대한변협 법률구조재단 www.legalaid.or.kr
사회 소외계층 등 재단이 정한 대상의 법률구조에 관하여 신청 안내를 받을 수 있습니다.

---

* 형사사건은 2013년 1월 1일, 민사사건은 2015년 1월 1일부터 확정된 판결서부터 열람 가능합니다.

** 저소득층의 경우 법률 상담을 통해 신청하면 유/무료 법률구조를 받을 수도 있습니다.

③ 저작권 관련

 한국저작권위원회 www.copyright.or.kr
저작권과 관련한 법제, 교육, 정보 자료를 얻을 수 있고 상담도 예약할 수 있습니다. 또한, 저작권 등록과 조정, 분쟁조정, 중소기업 지원 사이트로의 연결도 가능합니다.

 한국저작권위원회 저작권 등록 www.cros.or.kr
저작권의 온라인 등록을 진행할 수 있고, 관련 안내를 찾을 수 있습니다.

 저작권 전자조정 시스템 adr.copyright.or.kr
저작권 조정 절차를 전자 진행할 수 있습니다.

 한국저작권보호원 www.copy112.or.kr
국내 플랫폼의 저작권 침해를 신고하고 상담할 수 있습니다.*

---

* 해외 플랫폼은 방송통신심의위원회에 신고합니다.

④ 기타 문제 제기 수단 / 언론 일반 관련

대법원 인터넷 등기소 www.copyright.or.kr
법인등기부를 열람하고, 발급받을 수 있습니다.

정기간행물 등록관리 시스템 pds.mcst.go.kr
언론사 정보를 파악할 수 있습니다. 4장을 참조하세요.

방송통신심의위원회 www.kocsc.or.kr
방송 심의를 신청하고, 불법·유해 정보를 신고할 수 있습니다.

방송통신심의위원회 인터넷 피해구제 센터 remedy.kocsc.or.kr
명예훼손 분쟁조정을 처리하고 이용자 정보 제공을 청구할 수 있습니다. 권리침해정보 심의도 신청할 수 있습니다.

한국신문윤리위원회 www.ikpec.or.kr
회원사에 대한 심의(자율심의)를 신청할 수 있습니다.

인터넷 신문위원회 inc.or.kr
마찬가지로 회원사에 대한 심의(자율심의)를 신청할 수 있습니다.

인터넷 선거보도심의위원회 www.iendc.go.kr
정당, 후보자가 인터넷 기사에 대해 반론 보도를 청구하거나 이의 신청 등 구제를 진행할 수 있습니다.

부록 2 도움 되는 법 조항

언론중재법

제2조(정의) 이 법에서 사용하는 용어의 뜻은 다음과 같다.

1. "언론"이란 방송, 신문, 잡지 등 정기간행물, 뉴스통신 및 인터넷신문을 말한다.

2. "방송"이란 「방송법」 제2조제1호에 따른 텔레비전방송, 라디오방송, 데이터방송 및 이동멀티미디어방송을 말한다.

3. "방송사업자"란 「방송법」 제2조제3호에 따른 지상파방송사업자, 종합유선방송사업자, 위성방송사업자 및 방송채널사용사업자를 말한다.

4. "신문"이란 「신문 등의 진흥에 관한 법률」 제2조제1호에 따른 신문을 말한다.

5. "신문사업자"란 「신문 등의 진흥에 관한 법률」 제2조제3호에 따른 신문사업자를 말한다.

6. "잡지 등 정기간행물"이란 「잡지 등 정기간행물의 진흥에 관한 법률」 제2조제1호 가목 및 라목에 따른 잡지 및 기타간행물을 말한다.

7. "잡지 등 정기간행물사업자"란 「잡지 등 정기간행물의 진흥에 관한 법률」 제2조제2호에 따른 정기간행물사업자 중 잡지 또는 기타간행물을 발행하는 자를 말한다.

8. "뉴스통신"이란 「뉴스통신 진흥에 관한 법률」 제2조제1호에 따른 뉴스통신을 말한다.

9. "뉴스통신사업자"란 「뉴스통신 진흥에 관한 법률」 제2조제3호에 따른 뉴스통신사업자를 말한다.

10. "인터넷신문"이란 「신문 등의 진흥에 관한 법률」 제2조제2호에 따른 인터넷신문을 말한다.

11. "인터넷신문사업자"란 「신문 등의 진흥에 관한 법률」 제2조제4호에 따른 인터넷신문사업자를 말한다.

12. "언론사"란 방송사업자, 신문사업자, 잡지 등 정기간행물사업자, 뉴스통신사업자 및 인터넷신문사업자를 말한다.

13. "언론사 등의 대표자"란 제14조제1항에 따른 언론사 등의 경영에 관하여 법률상 대표권이 있는 자 또는 그와 같은 지위에 있는 자를 말한다. 다만, 외국 신문 또는

외국 잡지 등 정기간행물로서 국내에 지사 또는 지국이 있는 경우에는 「신문 등의 진흥에 관한 법률」 제28조에 따라 등록을 한 자 또는 「잡지 등 정기간행물의 진흥에 관한 법률」 제29조에 따라 등록을 한 자를 말한다.

14. "사실적 주장"이란 증거에 의하여 그 존재 여부를 판단할 수 있는 사실관계에 관한 주장을 말한다.
15. "언론보도"란 언론의 사실적 주장에 관한 보도를 말한다.
16. "정정보도"란 언론의 보도내용의 전부 또는 일부가 진실하지 아니한 경우 이를 진실에 부합되게 고쳐서 보도하는 것을 말한다.
17. "반론보도"란 언론의 보도내용의 진실 여부에 관계없이 그와 대립되는 반박적 주장을 보도하는 것을 말한다.
18. "인터넷뉴스서비스"란 언론의 기사를 인터넷을 통하여 계속적으로 제공하거나 매개하는 전자간행물을 말한다. 다만, 인터넷신문 및 인터넷 멀티미디어 방송, 그 밖에 대통령령으로 정하는 것은 제외한다.
19. "인터넷뉴스서비스사업자"란 제18호에 따른 전자간행물을 경영하는 자를 말한다.
20. "인터넷 멀티미디어 방송"이란 「인터넷 멀티미디어 방송사업법」 제2조제1호에 따른 인터넷 멀티미디어 방송을 말한다.
21. "인터넷 멀티미디어 방송사업자"란 「인터넷 멀티미디어 방송사업법」 제2조제5호에 따른 인터넷 멀티미디어 방송사업자를 말한다.

제14조(정정보도 청구의 요건) ① 사실적 주장에 관한 언론보도 등이 진실하지 아니함으로 인하여 피해를 입은 자(이하 "피해자"라 한다)는 해당 언론보도 등이 있음을 안 날부터 3개월 이내에 언론사, 인터넷뉴스서비스사업자 및 인터넷 멀티미디어 방송사업자(이하 "언론사 등"이라 한다)에게 그 언론보도 등의 내용에 관한 정정보도를 청구할 수 있다. 다만, 해당 언론보도 등이 있은 후 6개월이 지났을 때에는 그러하지 아니하다.
② 제1항의 청구에는 언론사 등의 고의·과실이나 위법성을 필요로 하지 아니한다.

③ 국가·지방자치단체, 기관 또는 단체의 장은 해당 업무에 대하여 그 기관 또는 단체를 대표하여 정정보도를 청구할 수 있다.

④ 「민사소송법」상 당사자 능력이 없는 기관 또는 단체라도 하나의 생활 단위를 구성하고 보도내용과 직접적인 이해관계가 있을 때에는 그 대표자가 정정보도를 청구할 수 있다.

제15조(정정보도청구권의 행사) ① 정정보도 청구는 언론사 등의 대표자에게 서면으로 하여야 하며, 청구서에는 피해자의 성명·주소·전화번호 등의 연락처를 적고, 정정의 대상인 언론보도 등의 내용 및 정정을 청구하는 이유와 청구하는 정정보도문을 명시하여야 한다. 다만, 인터넷신문 및 인터넷뉴스서비스의 언론보도 등의 내용이 해당 인터넷 홈페이지를 통하여 계속 보도 중이거나 매개 중인 경우에는 그 내용의 정정을 함께 청구할 수 있다.

② 제1항의 청구를 받은 언론사 등의 대표자는 3일 이내에 그 수용 여부에 대한 통지를 청구인에게 발송하여야 한다. 이 경우 정정의 대상인 언론보도 등의 내용이 방송이나 인터넷신문, 인터넷뉴스서비스 및 인터넷 멀티미디어 방송의 보도과정에서 성립한 경우에는 해당 언론사 등이 그러한 사실이 없었음을 입증하지 아니하면 그 사실의 존재를 부인하지 못한다.

③ 언론사 등이 제1항의 청구를 수용할 때에는 지체 없이 피해자 또는 그 대리인과 정정보도의 내용·크기 등에 관하여 협의한 후, 그 청구를 받은 날부터 7일 내에 정정보도문을 방송하거나 게재(인터넷신문 및 인터넷뉴스서비스의 경우 제1항 단서에 따른 해당 언론보도 등 내용의 정정을 포함한다)하여야 한다. 다만, 신문 및 잡지 등 정기간행물의 경우 이미 편집 및 제작이 완료되어 부득이할 때에는 다음 발행 호에 이를 게재하여야 한다.

④ 다음 각 호의 어느 하나에 해당하는 사유가 있는 경우에는 언론사 등은 정정보도 청구를 거부할 수 있다.

1. 피해자가 정정보도청구권을 행사할 정당한 이익이 없는 경우
2. 청구된 정정보도의 내용이 명백히 사실과 다른 경우
3. 청구된 정정보도의 내용이 명백히 위법한 내용인 경우
4. 정정보도의 청구가 상업적인 광고만을 목적으로 하는 경우
5. 청구된 정정보도의 내용이 국가·지방자치단체 또는 공공단체의 공개회의와 법원의 공개재판절차의 사실보도에 관한 것인 경우

⑤ 언론사 등이 하는 정정보도에는 원래의 보도내용을 정정하는 사실적 진술, 그 진술의 내용을 대표할 수 있는 제목과 이를 충분히 전달하는 데에 필요한 설명 또는 해명을 포함하되, 위법한 내용은 제외한다.

⑥ 언론사 등이 하는 정정보도는 공정한 여론형성이 이루어지도록 그 사실공표 또는 보도가 이루어진 같은 채널, 지면(紙面) 또는 장소에서 같은 효과를 발생시킬 수 있는 방법으로 하여야 하며, 방송의 정정보도문은 자막(라디오방송은 제외한다)과 함께 통상적인 속도로 읽을 수 있게 하여야 한다.

⑦ 방송사업자, 신문사업자, 잡지 등 정기간행물사업자 및 뉴스통신사업자는 공표된 방송보도(재송신은 제외한다) 및 방송프로그램, 신문, 잡지 등 정기간행물, 뉴스통신 보도의 원본 또는 사본을 공표 후 6개월간 보관하여야 한다.

⑧ 인터넷신문사업자 및 인터넷뉴스서비스사업자는 대통령령으로 정하는 바에 따라 인터넷신문 및 인터넷뉴스서비스 보도의 원본이나 사본 및 그 보도의 배열에 관한 전자기록을 6개월간 보관하여야 한다.

제16조(반론보도청구권) ① 사실적 주장에 관한 언론보도 등으로 인하여 피해를 입은 자는 그 보도내용에 관한 반론보도를 언론사 등에 청구할 수 있다.

② 제1항의 청구에는 언론사 등의 고의 · 과실이나 위법성을 필요로 하지 아니하며, 보도내용의 진실 여부와 상관없이 그 청구를 할 수 있다.

③ 반론보도 청구에 관하여는 따로 규정된 것을 제외하고는 정정보도 청구에 관한 이 법의 규정을 준용한다.

제17조(추후보도청구권) ① 언론 등에 의하여 범죄혐의가 있거나 형사상의 조치를 받았다고 보도 또는 공표된 자는 그에 대한 형사절차가 무죄판결 또는 이와 동등한 형태로 종결되었을 때에는 그 사실을 안 날부터 3개월 이내에 언론사 등에 이 사실에 관한 추후보도의 게재를 청구할 수 있다.

② 제1항에 따른 추후보도에는 청구인의 명예나 권리 회복에 필요한 설명 또는 해명이 포함되어야 한다.

③ 추후보도청구권에 관하여는 제1항 및 제2항에 규정된 것을 제외하고는 정정보도 청구권에 관한 이 법의 규정을 준용한다.

④ 추후보도청구권은 특별한 사정이 있는 경우를 제외하고는 이 법에 따른 정정보도 청구권이나 반론보도청구권의 행사에 영향을 미치지 아니한다.

제17조의2(인터넷뉴스서비스에 대한 특칙) ① 인터넷뉴스서비스사업자는 제14조 제1항에 따른 정정보도 청구, 제16조 제1항에 따른 반론보도 청구 또는 제17조 제1항에 따른 추후보도 청구(이하 "정정보도청구 등"이라 한다)를 받은 경우 지체 없이 해당 기사에 관하여 정정보도청구 등이 있음을 알리는 표시를 하고 해당 기사를 제공한 언론사 등(이하 "기사제공언론사"라 한다)에 그 청구 내용을 통보하여야 한다.

② 제1항에 따라 정정보도청구 등이 있음을 통보받은 경우에는 기사제공언론사도 같은 내용의 청구를 받은 것으로 본다.

③ 기사제공언론사가제15조 제2항(제16조 제3항및제17조 제3항에 따라 준용되는 경우를 포함한다)에 따라 청구에 대하여 그 청구의 수용 여부를 청구인에게 통지하는 경우에는 해당 기사를 매개한 인터넷뉴스서비스사업자에게도 통지하여야 한다.

제18조(조정신청) ① 이 법에 따른 정정보도청구 등과 관련하여 분쟁이 있는 경우 피해자 또는 언론사 등은 중재위원회에 조정을 신청할 수 있다.

② 피해자는 언론보도 등에 의한 피해의 배상에 대하여 제14조 제1항의 기간 이내에 중재위원회에 조정을 신청할 수 있다. 이 경우 피해자는 손해배상액을 명시하여야 한다.

제21조(결정) ① 중재부는 조정신청이 부적법할 때에는 이를 각하(却下)하여야 한다.

② 중재부는 신청인의 주장이 이유 없음이 명백할 때에는 조정신청을 기각할 수 있다.

③ 중재부는 당사자 간 합의 불능 등 조정에 적합하지 아니한 현저한 사유가 있다고 인정될 때에는 조정절차를 종결하고 조정불성립결정을 하여야 한다.

제22조(직권조정결정) ① 당사자 사이에 합의(제19조 제3항에 따라 합의한 것으로 보는 경우를 포함한다)가 이루어지지 아니한 경우 또는 신청인의 주장이 이유 있다고 판단되는 경우 중재부는 당사자들의 이익이나 그 밖의 모든 사정을 고려하여 신청취지에 반하지 아니하는 한도에서 직권으로 조정을 갈음하는 결정(이하 "직권조정결정"이라 한다)을 할 수 있다. 이 경우 그 결정은 제19조 제2항에도 불구하고 조정신청 접수일부터 21일 이내에 하여야 한다.

② 직권조정결정서에는 주문(主文)과 결정 이유를 적고 이에 관여한 중재위원 전원이 서명·날인하여야 하며, 그 정본을 지체 없이 당사자에게 송달하여야 한다.

③ 직권조정결정에 불복하는 자는 결정 정본을 송달받은 날부터 7일 이내에 불복 사

유를 명시하여 서면으로 중재부에 이의신청을 할 수 있다. 이 경우 그 결정은 효력을 상실한다.

④ 제3항에 따라 직권조정결정에 관하여 이의신청이 있는 경우에는 그 이의신청이 있은 때에 제26조 제1항에 따른 소(訴)가 제기된 것으로 보며, 피해자를 원고로 하고 상대방인 언론사 등을 피고로 한다.

제23조(조정에 의한 합의 등의 효력) 다음 각 호의 어느 하나의 경우에는 재판상 화해와 같은 효력이 있다.

1. 조정 결과 당사자 간에 합의가 성립한 경우

2. 제19조 제3항에 따라 합의가 이루어진 것으로 보는 경우

3. 제22조 제1항에 따른 직권조정결정에 대하여 이의신청이 없는 경우

제26조(정정보도청구 등의 소) ① 피해자는 법원에 정정보도청구 등의 소를 제기할 수 있다.

② 피해자는 정정보도청구 등의 소를 병합하여 제기할 수 있고, 소송계속(訴訟繫屬) 중 정정보도청구 등의 소 상호 간에 이를 변경할 수 있다.

③ 제1항의 소는 제14조 제1항(제16조 제3항에 따라 준용되는 경우를 포함한다) 및 제17조 제1항에 따른 기간 이내에 제기하여야 한다. 피해자는 제1항의 소와 동시에 그 인용(認容)을 조건으로 「민사집행법」 제261조 제1항에 따른 간접강제의 신청을 병합하여 제기할 수 있다.

④ 제1항은 「민법」 제764조에 따른 권리의 행사에 영향을 미치지 아니한다.

⑤ 제1항에 따른 소에 대한 제1심 재판은 피고의 보통재판적(普通裁判籍)이 있는 곳의 지방법원 합의부가 관할한다.

⑥ 정정보도 청구의 소에 대하여는 「민사소송법」의 소송절차에 관한 규정에 따라 재판하고, 반론보도 청구 및 추후보도 청구의 소에 대하여는 「민사집행법」의 가처분 절차에 관한 규정에 따라 재판한다. 다만, 「민사집행법」 제277조 및 제287조는 적용하지 아니한다.

⑦ 법원은 청구가 이유 있는 경우에는 제15조 제3항 · 제5항 · 제6항에 따른 방법으로 정정보도 · 반론보도 또는 추후보도의 방송 · 게재 또는 공표를 명할 수 있다.

⑧ 정정보도청구 등의 소의 재판에 필요한 사항은 대법원 규칙으로 정한다.

제27조(재판) ① 정정보도청구 등의 소는 접수 후 3개월 이내에 판결을 선고하여야 한다.

② 법원은 정정보도청구 등이 이유 있다고 인정하여 정정보도 · 반론보도 또는 추후보도를 명할 때에는 방송 · 게재 또는 공표할 정정보도 · 반론보도 또는 추후보도의 내용, 크기, 시기, 횟수, 게재 위치 또는 방송 순서 등을 정하여 명하여야 한다.

③ 법원이 제2항의 정정보도 · 반론보도 또는 추후보도의 내용 등을 정할 때에는 청구취지에 적힌 정정보도문 · 반론보도문 또는 추후보도문을 고려하여 청구인의 명예나 권리를 최대한 회복할 수 있도록 정하여야 한다.

제30조(손해의 배상) ① 언론 등의 고의 또는 과실로 인한 위법행위로 인하여 재산상 손해를 입거나 인격권 침해 또는 그 밖의 정신적 고통을 받은 자는 그 손해에 대한 배상을 언론사 등에 청구할 수 있다.

② 법원은 제1항에 따른 손해가 발생한 사실은 인정되나 손해액의 구체적인 금액을 산정(算定)하기 곤란한 경우에는 변론의 취지 및 증거조사의 결과를 고려하여 그에 상당하다고 인정되는 손해액을 산정하여야 한다.

③ 제1항에 따른 피해자는 인격권을 침해하는 언론사 등에 침해의 정지를 청구할 수 있으며, 그 권리를 명백히 침해할 우려가 있는 언론사 등에 침해의 예방을 청구할 수 있다.

④ 제1항에 따른 피해자는 제3항에 따른 청구를 하는 경우 침해행위에 제공되거나 침해행위에 의하여 만들어진 물건의 폐기나 그 밖에 필요한 조치를 청구할 수 있다.

제31조(명예훼손의 경우의 특칙) 타인의 명예를 훼손한 자에 대하여는 법원은 피해자의 청구에 의하여 손해배상을 갈음하여 또는 손해배상과 함께, 정정보도의 공표 등 명예회복에 적당한 처분을 명할 수 있다.

형법

제20조(정당행위) 법령에 의한 행위 또는 업무로 인한 행위 기타 사회상규에 위배되지 아니하는 행위는 벌하지 아니한다.

제126조(피의사실공표) 검찰, 경찰 그 밖에 범죄수사에 관한 직무를 수행하는 자 또는 이

를 감독하거나 보조하는 자가 그 직무를 수행하면서 알게 된 피의사실을 공소제기 전에 공표(公表)한 경우에는 3년 이하의 징역 또는 5년 이하의 자격정지에 처한다.

제136조(공무집행방해) ① 직무를 집행하는 공무원에 대하여 폭행 또는 협박한 자는 5년 이하의 징역 또는 1천만 원 이하의 벌금에 처한다.

② 공무원에 대하여 그 직무상의 행위를 강요 또는 조지하거나 그 직을 사퇴하게 할 목적으로 폭행 또는 협박한 자도 전항의 형과 같다.

제137조(위계에 의한 공무집행방해) 위계로써 공무원의 직무집행을 방해한 자는 5년 이하의 징역 또는 1천만 원 이하의 벌금에 처한다.

제307조(명예훼손) ① 공연히 사실을 적시하여 사람의 명예를 훼손한 자는 2년 이하의 징역이나 금고 또는 500만 원 이하의 벌금에 처한다.

② 공연히 허위의 사실을 적시하여 사람의 명예를 훼손한 자는 5년 이하의 징역, 10년 이하의 자격정지 또는 1천만 원 이하의 벌금에 처한다.

제308조(사자의 명예훼손) ① 공연히 허위의 사실을 적시하여 사자의 명예를 훼손한 자는 2년 이하의 징역이나 금고 또는 500만 원 이하의 벌금에 처한다.

② 제1항의 방법으로 제307조제2항의 죄를 범한 자는 7년 이하의 징역, 10년 이하의 자격정지 또는 1천500만 원 이하의 벌금에 처한다

309조(출판물 등에 의한 명예훼손) ① 사람을 비방할 목적으로 신문, 잡지 또는 라디오 기타 출판물에 의하여 제307조제1항의 죄를 범한 자는 3년 이하의 징역이나 금고 또는 700만 원 이하의 벌금에 처한다.

② 제1항의 방법으로 제307조제2항의 죄를 범한 자는 7년 이하의 징역, 10년 이하의 자격정지 또는 1천500만 원 이하의 벌금에 처한다.

제310조(위법성의 조각) 제307조제1항의 행위가 진실한 사실로서 오로지 공공의 이익에 관한 때에는 처벌하지 아니한다.

제311조(모욕) 공연히 사람을 모욕한 자는 1년 이하의 징역이나 금고 또는 200만 원 이

하의 벌금에 처한다.

제312조(고소와 피해자의 의사) ① 제308조와 제311조의 죄는 고소가 있어야 공소를 제기할 수 있다.
② 제307조와 제309조의 죄는 피해자의 명시한 의사에 반하여 공소를 제기할 수 없다.

제314조(업무방해) ① 제313조의 방법(허위의 사실을 유포하거나 기타 위계) 또는 위력으로써 사람의 업무를 방해한 자는 5년 이하의 징역 또는 1천 500만 원 이하의 벌금에 처한다.

제319조(주거침입, 퇴거불응) ① 사람의 주거, 관리하는 건조물, 선박이나 항공기 또는 점유하는 방실에 침입한 자는 3년 이하의 징역 또는 500만 원 이하의 벌금에 처한다.
② 전항의 장소에서 퇴거요구를 받고 응하지 아니한 자도 전항의 형과 같다.

제320조(특수주거침입) 단체 또는 다중의 위력을 보이거나 위험한 물건을 휴대하여 전조의 죄를 범한 때에는 5년 이하의 징역에 처한다.

제329조(절도) 타인의 재물을 절취한 자는 6년 이하의 징역 또는 1천만 원 이하의 벌금에 처한다.

제330조(야간주거침입절도) 야간에 사람의 주거, 관리하는 건조물, 선박, 항공기 또는 점유하는 방실(房室)에 침입하여 타인의 재물을 절취(竊取)한 자는 10년 이하의 징역에 처한다.

제331조(특수절도) ① 야간에 문이나 담 그 밖의 건조물의 일부를 손괴하고 제330조의 장소에 침입하여 타인의 재물을 절취한 자는 1년 이상 10년 이하의 징역에 처한다.
② 흉기를 휴대하거나 2명 이상이 합동하여 타인의 재물을 절취한 자도 제1항의 형에 처한다.

정보통신망법

제44조의2(정보의 삭제요청 등) ① 정보통신망을 통하여 일반에게 공개를 목적으로 제공된 정보로 사생활 침해나 명예훼손 등 타인의 권리가 침해된 경우 그 침해를 받은 자는 해당 정보를 처리한 정보통신서비스 제공자에게 침해사실을 소명하여 그 정보의 삭제 또는 반박내용의 게재(이하 "삭제 등"이라 한다)를 요청할 수 있다.

② 정보통신서비스 제공자는 제1항에 따른 해당 정보의 삭제 등을 요청받으면 지체 없이 삭제·임시조치 등의 필요한 조치를 하고 즉시 신청인 및 정보게재자에게 알려야 한다. 이 경우 정보통신서비스 제공자는 필요한 조치를 한 사실을 해당 게시판에 공시하는 등의 방법으로 이용자가 알 수 있도록 하여야 한다.

④ 정보통신서비스 제공자는 제1항에 따른 정보의 삭제요청에도 불구하고 권리의 침해 여부를 판단하기 어렵거나 이해당사자 간에 다툼이 예상되는 경우에는 해당 정보에 대한 접근을 임시적으로 차단하는 조치(이하 "임시조치"라 한다)를 할 수 있다. 이 경우 임시조치의 기간은 30일 이내로 한다.

⑤ 정보통신서비스 제공자는 필요한 조치에 관한 내용·절차 등을 미리 약관에 구체적으로 밝혀야 한다.

⑥ 정보통신서비스 제공자는 자신이 운영·관리하는 정보통신망에 유통되는 정보에 대하여 제2항에 따른 필요한 조치를 하면 이로 인한 배상책임을 줄이거나 면제받을 수 있다.

제70조(벌칙) ① 사람을 비방할 목적으로 정보통신망을 통하여 공공연하게 사실을 드러내어 다른 사람의 명예를 훼손한 자는 3년 이하의 징역 또는 3천만 원 이하의 벌금에 처한다.

② 사람을 비방할 목적으로 정보통신망을 통하여 공공연하게 거짓의 사실을 드러내어 다른 사람의 명예를 훼손한 자는 7년 이하의 징역, 10년 이하의 자격정지 또는 5천만 원 이하의 벌금에 처한다.

③ 제1항과 제2항의 죄는 피해자가 구체적으로 밝힌 의사에 반하여 공소를 제기할 수 없다.

통신비밀보호법

제3조(통신 및 대화비밀의 보호) ① 누구든지 이 법과 형사소송법 또는 군사법원법의 규정에 의하지 아니하고는 우편물의 검열·전기통신의 감청 또는 통신사실확인자료의 제공을 하거나 공개되지 아니한 타인간의 대화를 녹음 또는 청취하지 못한다. 다만, 다음 각호의 경우에는 당해 법률이 정하는 바에 의한다.

제16조(벌칙) ① 다음 각 호의 어느 하나에 해당하는 자는 1년 이상 10년 이하의 징역과 5년 이하의 자격정지에 처한다.
1. 제3조의 규정에 위반하여 우편물의 검열 또는 전기통신의 감청을 하거나 공개되지 아니한 타인 간의 대화를 녹음 또는 청취한 자
2. 제1호에 따라 알게 된 통신 또는 대화의 내용을 공개하거나 누설한 자

저작권법

제2조(정의) 이 법에서 사용하는 용어의 뜻은 다음과 같다.
1. '저작물'은 인간의 사상 또는 감정을 표현한 창작물을 말한다.
2. '저작자'는 저작물을 창작한 자를 말한다.
3. '공연'은 저작물 또는 실연·음반·방송을 상연·연주·가창·구연·낭독·상영·재생 그 밖의 방법으로 공중에게 공개하는 것을 말하며, 동일인의 점유에 속하는 연결된 장소 안에서 이루어지는 송신(전송을 제외한다)을 포함한다.
4. '실연자'는 저작물을 연기·무용·연주·가창·구연·낭독 그 밖의 예능적 방법으로 표현하거나 저작물이 아닌 것을 이와 유사한 방법으로 표현하는 실연을 하는 자를 말하며, 실연을 지휘, 연출 또는 감독하는 자를 포함한다.
5. '음반'은 음(음성·음향을 말한다. 이하 같다)이 유형물에 고정된 것(음을 디지털화한 것을 포함한다)을 말한다. 다만, 음이 영상과 함께 고정된 것을 제외한다.
6. '음반제작자'는 음반을 최초로 제작하는 데 있어 전체적으로 기획하고 책임을 지는 자를 말한다.
7. '공중송신'은 저작물, 실연·음반·방송 또는 데이터베이스(이하 '저작물 등'이라 한다)를 공중이 수신하거나 접근하게 할 목적으로 무선 또는 유선통신의 방법에 의

하여 송신하거나 이용에 제공하는 것을 말한다.

8. '방송'은 공중송신 중 공중이 동시에 수신하게 할 목적으로 음·영상 또는 음과 영상 등을 송신하는 것을 말한다.

9. '방송사업자'는 방송을 업으로 하는 자를 말한다.

10. '전송(傳送)'은 공중송신 중 공중의 구성원이 개별적으로 선택한 시간과 장소에서 접근할 수 있도록 저작물 등을 이용에 제공하는 것을 말하며, 그에 따라 이루어지는 송신을 포함한다.

11. '디지털음성송신'은 공중송신 중 공중으로 하여금 동시에 수신하게 할 목적으로 공중의 구성원의 요청에 의하여 개시되는 디지털 방식의 음의 송신을 말하며, 전송을 제외한다.

22. '복제'는 인쇄·사진 촬영·복사·녹음·녹화 그 밖의 방법으로 일시적 또는 영구적으로 유형물에 고정하거나 다시 제작하는 것을 말하며, 건축물의 경우에는 그 건축을 위한 모형 또는 설계도서에 따라 이를 시공하는 것을 포함한다.

23. '배포'는 저작물 등의 원본 또는 그 복제물을 공중에게 대가를 받거나 받지 아니하고 양도 또는 대여하는 것을 말한다.

25. '공표'는 저작물을 공연, 공중송신 또는 전시 그 밖의 방법으로 공중에게 공개하는 경우와 저작물을 발행하는 경우를 말한다.

32. '공중'은 불특정 다수인(특정 다수인을 포함한다)을 말한다.

제5조(2차적 저작물) ① 원저작물을 번역·편곡·변형·각색·영상제작 그 밖의 방법으로 작성한 창작물(이하 '2차적 저작물'이라 한다)은 독자적인 저작물로서 보호된다.

제9조(업무상 저작물의 저작자) 법인 등의 명의로 공표되는 업무상 저작물의 저작자는 계약 또는 근무규칙 등에 다른 성함이 없는 때에는 그 법인 등이 된다. 다만, 컴퓨터프로그램저작물(이하 "프로그램"이라 한다)의 경우 공표될 것을 요하지 아니한다.

제10조(저작권) ① 저작자는 제11조 내지 제13조의 규정에 따른 권리(이하 '저작인격권'이라 한다)와 제16조 내지 제22조의 규정에 따른 권리(이하 '저작재산권'이라 한다)를 가진다.

② 저작권은 저작물을 창작한 때부터 발생하며 어떠한 절차나 형식의 이행을 필요로 하지 아니한다.

제11조(공표권) ① 저작자는 그의 저작물을 공표하거나 공표하지 아니할 것을 결정할 권리를 가진다.

제12조(성명표시권) ① 저작자는 저작물의 원본이나 그 복제물에 또는 저작물의 공표 매체에 그의 실명 또는 이명을 표시할 권리를 가진다.

② 저작물을 이용하는 자는 그 저작자의 특별한 의사표시가 없는 때에는 저작자가 그의 실명 또는 이명을 표시한 바에 따라 이를 표시하여야 한다. 다만, 저작물의 성질이나 그 이용의 목적 및 형태 등에 비추어 부득이하다고 인정되는 경우에는 그러하지 아니하다.

제13조(동일성유지권) ① 저작자는 그의 저작물의 내용·형식 및 제호의 동일성을 유지할 권리를 가진다.

② 저작자는 다음 각 호의 어느 하나에 해당하는 변경에 대하여는 이의(異議)할 수 없다. 다만, 본질적인 내용의 변경은 그러하지 아니하다.

5. 그 밖에 저작물의 성질이나 그 이용의 목적 및 형태 등에 비추어 부득이하다고 인정되는 범위 안에서의 변경

제16조(복제권) 저작자는 그의 저작물을 복제할 권리를 가진다.

제17조(공연권) 저작자는 그의 저작물을 공연할 권리를 가진다.

제18조(공중송신권) 저작자는 그의 저작물을 공중송신할 권리를 가진다.

제19조(전시권) 저작자는 미술저작물 등의 원본이나 그 복제물을 전시할 권리를 가진다.

제20조(배포권) 저작자는 저작물의 원본이나 그 복제물을 배포할 권리를 가진다. 다만, 저작물의 원본이나 그 복제물이 해당 저작재산권자의 허락을 받아 판매 등의 방법으로 거래에 제공된 경우에는 그러하지 아니하다.

제21조(대여권) 제20조 단서에도 불구하고 저작자는 상업적 목적으로 공표된 음반(이하 '상업용 음반'이라 한다)이나 상업적 목적으로 공표된 프로그램을 영리를 목적으로

대여할 권리를 가진다.

제22조(2차적 저작물 작성권) 저작자는 그의 저작물을 원저작물로 하는 2차적 저작물을 작성하여 이용할 권리를 가진다.

제24조의2(공공저작물의 자유 이용) ① 국가 또는 지방자치단체가 업무상 작성하여 공표한 저작물이나 계약에 따라 저작재산권의 전부를 보유한 저작물은 허락 없이 이용할 수 있다. 다만, 저작물이 다음 각 호의 어느 하나에 해당하는 경우에는 그러하지 아니하다.
1. 국가안전보장에 관련되는 정보를 포함하는 경우
2. 개인의 사생활 또는 사업상 비밀에 해당하는 경우
3. 다른 법률에 따라 공개가 제한되는 정보를 포함하는 경우
4. 제112조에 따른 한국저작권위원회에 등록된 저작물로서 「국유재산법」에 따른 국유재산 또는 「공유재산 및 물품 관리법」에 따른 공유재산으로 관리되는 경우

제26조(시사보도를 위한 이용) 방송·신문 그 밖의 방법에 의하여 시사보도를 하는 경우에 그 과정에서 보이거나 들리는 저작물은 보도를 위한 정당한 범위 안에서 복제·배포·공연 또는 공중송신할 수 있다.

제28조(공표된 저작물의 인용) 공표된 저작물은 보도·비평·교육·연구 등을 위하여는 정당한 범위 안에서 공정한 관행에 합치되게 이를 인용할 수 있다.

제35조의5(저작물의 공정한 이용) ① 제23조부터 제35조의4까지, 제101조의3부터 제101조의5까지의 경우 외에 저작물의 통상적인 이용 방법과 충돌하지 아니하고 저작자의 정당한 이익을 부당하게 해치지 아니하는 경우에는 저작물을 이용할 수 있다.
② 저작물 이용 행위가 제1항에 해당하는지를 판단할 때에는 다음 각 호의 사항 등을 고려하여야 한다.
1. 이용의 목적 및 성격
2. 저작물의 종류 및 용도
3. 이용된 부분이 저작물 전체에서 차지하는 비중과 그 중요성
4. 저작물의 이용이 그 저작물의 현재 시장 또는 가치나 잠재적인 시장 또는 가치에 미치는 영향

제37조(출처의 명시) ① 이 관에 따라 저작물을 이용하는 자는 그 출처를 명시하여야 한다. 다만, 제26조, 제29조부터 제32조까지, 제34조 및 제35조의2부터 제35조의4까지의 경우에는 그러하지 아니하다.

제39조(보호기간의 원칙) ① 저작재산권은 이 관에 특별한 규정이 있는 경우를 제외하고는 저작자가 생존하는 동안과 사망한 후 70년간 존속한다.

제41조(업무상 저작물의 보호기간) 업무상 저작물의 저작재산권은 공표한 때부터 70년간 존속한다. 다만, 창작한 때부터 50년 이내에 공표되지 아니한 경우에는 창작한 때부터 70년간 존속한다.

제42조(영상저작물의 보호기간) 영상저작물의 저작재산권은 제39조 및 제40조에도 불구하고 공표한 때부터 70년간 존속한다. 다만, 창작한 때부터 50년 이내에 공표되지 아니한 경우에는 창작한 때부터 70년간 존속한다.

제44조(보호기간의 기산) 이 관에 규정된 저작재산권의 보호기간을 계산하는 경우에는 저작자가 사망하거나 저작물을 창작 또는 공표한 다음 해부터 기산한다.

100조(영상저작물에 대한 권리) ① 영상제작자와 영상저작물의 제작에 협력할 것을 약정한 자가 그 영상저작물에 대하여 저작권을 취득한 경우 특약이 없는 한 그 영상저작물의 이용을 위하여 필요한 권리는 영상제작자가 이를 양도 받은 것으로 추정한다.
② 영상저작물의 제작에 사용되는 소설·각본·미술저작물 또는 음악저작물 등의 저작재산권은 제1항의 규정으로 인하여 영향을 받지 아니한다.
③ 영상제작자와 영상저작물의 제작에 협력할 것을 약정한 실연자의 그 영상저작물의 이용에 관한 제69조의 규정에 따른 복제권, 제70조의 규정에 따른 배포권, 제73조의 규정에 따른 방송권 및 제74조의 규정에 따른 전송권은 특약이 없는 한 영상제작자가 이를 양도 받은 것으로 추정한다.

제101조(영상제작자의 권리) ① 영상제작물의 제작에 협력할 것을 약정한 자로부터 영상제작자가 양도 받는 영상저작물의 이용을 위하여 필요한 권리는 영상저작물을 복제·배포·공개상영·방송·전송 그 밖의 방법으로 이용할 권리로 하며, 이를 양도

하거나 질권의 목적으로 할 수 있다.

② 실연자로부터 영상제작자가 양도 받는 권리는 그 영상저작물을 복제 · 배포 · 방송 또는 전송할 권리로 하며, 이를 양도하거나 질권의 목적으로 할 수 있다.

제123조(침해의 정지 등 청구) ① 저작권 그 밖에 이 법에 따라 보호되는 권리(제25조 · 제31조 · 제75조 · 제76조 · 제76조의2 · 제82조 · 제83조 및 제83조의2의 규정에 따른 보상을 받을 권리를 제외한다. 이하 이 조에서 같다)를 가진 자는 그 권리를 침해하는 자에 대하여 침해의 정지를 청구할 수 있으며, 그 권리를 침해할 우려가 있는 자에 대하여 침해의 예방 또는 손해배상의 담보를 청구할 수 있다.

② 저작권 그 밖에 이 법에 따라 보호되는 권리를 가진 자는 제1항의 규정에 따른 청구를 하는 경우에 침해행위에 의하여 만들어진 물건의 폐기나 그 밖의 필요한 조치를 청구할 수 있다.

제125조(손해배상의 청구) ① 저작재산권 그 밖에 이 법에 따라 보호되는 권리(저작인격권 및 실연자의 인격권을 제외한다)를 가진 자(이하 '저작재산권자 등'이라 한다)가 고의 또는 과실로 권리를 침해한 자에 대하여 그 침해행위에 의하여 자기가 받은 손해의 배상을 청구하는 경우에 그 권리를 침해한 자가 그 침해행위에 의하여 이익을 받은 때에는 그 이익의 액을 저작재산권자 등이 받은 손해의 액으로 추정한다.

② 저작재산권자등이 고의 또는 과실로 그 권리를 침해한 자에게 그 침해행위로 자기가 받은 손해의 배상을 청구하는 경우에 그 권리의 행사로 통상 받을 수 있는 금액에 상응하는 액을 저작재산권자등이 받은 손해의 액으로 하여 그 손해배상을 청구할 수 있다.

③ 제2항에도 불구하고 저작재산권자등이 받은 손해의 액이 제2항에 따른 금액을 초과하는 경우에는 그 초과액에 대해서도 손해배상을 청구할 수 있다.

제126조(손해액의 인정) 법원은 손해가 발생한 사실은 인정되나 제125조의 규정에 따른 손해액을 산정하기 어려운 때에는 변론의 취지 및 증거조사의 결과를 참작하여 상당한 손해액을 인정할 수 있다.

제136조(벌칙) ① 다음 각 호의 어느 하나에 해당하는 자는 5년 이하의 징역 또는 5천만원 이하의 벌금에 처하거나 이를 병과할 수 있다.

1. 저작재산권, 그 밖에 이 법에 따라 보호되는 재산적 권리(제93조에 따른 권리는 제외한다)를 복제, 공연, 공중송신, 전시, 배포, 대여, 2차적 저작물 작성의 방법으로 침해한 자

① 다음 각 호의 어느 하나에 해당하는 자는 5년 이하의 징역 또는 5천만원 이하의 벌금에 처하거나 이를 병과(倂科)할 수 있다.

1. 저작인격권 또는 실연자의 인격권을 침해하여 저작자 또는 실연자의 명예를 훼손한 자

제137조(벌칙) ① 다음 각 호의 어느 하나에 해당하는 자는 1년 이하의 징역 또는 1천만원 이하의 벌금에 처한다.

1. 저작자 아닌 자를 저작자로 하여 실명·이명을 표시하여 저작물을 공표한 자

2. 실연자 아닌 자를 실연자로 하여 실명·이명을 표시하여 실연을 공연 또는 공중송신하거나 복제물을 배포한 자

제138조(벌칙) 다음 각 호의 어느 하나에 해당하는 자는 500만 원 이하의 벌금에 처한다.

2. 제37조(제87조 및 제94조에 따라 준용되는 경우를 포함한다)를 위반하여 출처를 명시하지 아니한 자

제140조(고소) 이 장의 죄에 대한 공소는 고소가 있어야 한다. 다만, 다음 각 호의 어느 하나에 해당하는 경우에는 그러하지 아니하다.

1. 영리를 목적으로 또는 상습적으로 제136조제1항제1호, 제136조제2항제3호 및 제4호(제124조제1항제3호의 경우에는 피해자의 명시적 의사에 반하여 처벌하지 못한다)에 해당하는 행위를 한 경우

제141조(양벌규정) 법인의 대표자나 법인 또는 개인의 대리인·사용인 그 밖의 종업원이 그 법인 또는 개인의 업무에 관하여 이 장의 죄를 범한 때에는 행위자를 벌하는 외에 그 법인 또는 개인에 대하여도 각 해당 조의 벌금형을 과한다. 다만, 법인 또는 개인이 그 위반행위를 방지하기 위하여 해당 업무에 관하여 상당한 주의와 감독을 게을리하지 아니한 경우에는 그러하지 아니하다.

기타

「민법」 제764조(명예훼손의 경우의 특칙) 타인의 명예를 훼손한 자에 대하여는 법원은 피해자의 청구에 의하여 손해배상에 갈음하거나 손해배상과 함께 명예회복에 적당한 처분을 명할 수 있다.

「민법」 제766조(손해배상청구권의 소멸시효) ① 불법행위로 인한 손해배상의 청구권은 피해자나 그 법정대리인이 그 손해 및 가해자를 안 날로부터 3년간 이를 행사하지 아니하면 시효로 인하여 소멸한다.

② 불법행위를 한 날로부터 10년을 경과한 때에도 전항과 같다.

「특정강력범죄의 처벌에 관한 특례법」 제8조(출판물 게재 등으로부터의 피해자 보호) 특정강력범죄 중 제2조제1항제2호부터 제6호까지 및 같은 조 제2항(제1항제1호는 제외한다)에 규정된 범죄로 수사 또는 심리(審理) 중에 있는 사건의 피해자나 특정강력범죄로 수사 또는 심리 중에 있는 사건을 신고하거나 고발한 사람에 대하여는 성명, 나이, 주소, 직업, 용모 등에 의하여 그가 피해자이거나 신고 또는 고발한 사람임을 미루어 알 수 있는 정도의 사실이나 사진을 신문 또는 그 밖의 출판물에 싣거나 방송 또는 유선방송하지 못한다. 다만, 피해자, 신고하거나 고발한 사람 또는 그 법정대리인(피해자, 신고 또는 고발한 사람이 사망한 경우에는 그 배우자, 직계친족 또는 형제자매)이 명시적으로 동의한 경우에는 그러하지 아니하다.

「성폭력범죄의 처벌 등에 관한 특례법」 제24조(피해자의 신원과 사생활 비밀 누설 금지) ② 누구든지 제1항에 따른 피해자의 주소, 성명, 나이, 직업, 학교, 용모, 그 밖에 피해자를 특정하여 파악할 수 있는 인적사항이나 사진 등을 피해자의 동의를 받지 아니하고 신문 등 인쇄물에 싣거나 「방송법」 제2조제1호에 따른 방송 또는 정보통신망을 통하여 공개하여서는 아니 된다

「성폭력범죄의 처벌 등에 관한 특례법」 제50조(벌칙) ② 다음 각 호의 어느 하나에 해당하는 자는 3년 이하의 징역 또는 3천만 원 이하의 벌금에 처한다.

2. 제24조제2항을 위반하여 피해자의 인적사항과 사진 등을 공개한 자

「가정폭력범죄의 처벌 등에 관한 특례법」 제18조(비밀엄수 등의 의무) ② 이 법에 따른 가정보호사건에 대하여는 가정폭력행위자, 피해자, 고소인, 고발인 또는 신고인의 주소, 성명, 나이, 직업, 용모, 그 밖에 이들을 특정하여 파악할 수 있는 인적사항이나 사진 등을 신문 등 출판물에 싣거나 방송매체를 통하여 방송할 수 없다.

「가정폭력범죄의 처벌 등에 관한 특례법」 제64조(비밀엄수 등 의무의 위반죄) ② 제18조 제2항의 보도 금지 의무를 위반한 신문의 편집인·발행인 또는 그 종사자, 방송사의 편집책임자, 그 기관장 또는 종사자, 그 밖의 출판물의 저작자와 발행인은 500만 원 이하의 벌금에 처한다.

부록 3. 질문으로 찾아보기*

1장 잘못된 기사 상대하기

---

* 표시 쪽수는 질문에 관련된 내용이 시작되는 쪽수입니다.

미주

지식 1장 잘못된 기사 상대하기

1 「방송법」제100조 〈2009년 11월 1일 시행〉 ① 방송통신위원회는 방송사업자 · 중계 유선방송사업자 또는 전광판방송사업자가 제33조의 심의규정 및 제74조 제2항에 의한 협찬 고지 규칙을 위반한 경우에는 5천만 원 이하의 과징금을 부과하거나 다 음 각호의 제재조치를 명할 수 있다. 제35조에 따른 시청자 불만 처리의 결과에 따 라 제재를 할 필요가 있다고 인정되는 경우에도 또한 같다. 다만, 방송통신심의위원 회는 심의규정 등의 위반 정도가 경미하여 제재조치를 명할 정도에 이르지 아니한 경우에는 해당 사업자 · 해당 방송 프로그램 또는 해당 방송 광고의 책임자나 관계 자에 대하여 권고를 하거나 의견을 제시할 수 있다.
   1. 시청자에 대한 사과

2 전원재판부 89헌마160 (1991.04.11. 결정)

3 조선일보, 〈[바로잡습니다] 조민 씨 · 연세대 의료원에 사과드립니다〉,《조선일보》, 2020.08.29. 관련된 기사는 노지민, 〈조선일보 "부정확한 기사, 조민 씨에게 사과"〉, 《미디어오늘》, 2020.08.29.
   https://www.chosun.com/site/data/html_dir/2020/08/29/2020082900101.html
   http://www.mediatoday.co.kr/news/articleView.html?idxno=208987

4 KBS NEWS, 〈"한 건 걸리면 되지" 한동훈-이동재 녹취록 공개…"공모는 아냐"〉, 《KBS NEWS》, 2020.07.09. 관련된 기사는 김영훈, 〈채널A 기자 '녹취록 공개' KBS, 하루 만에 사과방송〉,《한국일보》, 2020.07.20.
   https://news.kbs.co.kr/news/view.do?ncd=4497471
   https://www.hankookilbo.com/News/Read/A2020072001180001311

5 북한의 집권 정당인 조선 노동당과 그 지도자의 정책, 이념 따위를 추종하는 일. 국 립국어원 우리말샘 전문가 감수 정보 참조(2022.11.05. 검색).

6 대법원 2016다206949 판결 (2019.12.12. 선고)

7 서울고등법원 2015나2008030 판결 (2015.12.18. 선고); 관련 기사는 손현수,

〈"종편 패널의 '민언련은 종북' 발언, 명예훼손으로 볼 수 없다"〉, 《법률신문》, 2019.12.30.

https://www.lawtimes.co.kr/Legal-News/Legal-News-View?serial=158423

8   대법원 2015다56413 판결(2017.10.26. 선고.), "해당 언론보도의 객관적인 내용과 아울러 일반 독자가 보통의 주의로 언론보도를 접하는 방법을 전제로, 사용된 어휘의 통상적인 의미, 전체적인 흐름, 문구의 연결 방법뿐만 아니라 해당 언론보도가 게재한 문맥의 보다 넓은 의미나 배경이 되는 사회적 흐름 및 일반 독자에게 주는 전체적인 인상도 함께 고려하여야 한다."

9   대법원 97다28803 판결(1997.10.28.), "피해자가 정정보도청구권의 행사에 정당한 이익을 갖지 않는 경우라 함은 정정보도에 기재된 내용과 원문 기사에 보도된 내용이 본질적인 핵심에 관련되지 못하고 지엽말단적인 사소한 것에만 관련되어 있을 뿐이어서 이의 시정이 올바른 여론 형성이라는 본래의 목적에 기여하는 바가 전혀 없는 경우 등을 포함한다."

10   대법원 2007다2275 판결 (2007.09.06. 선고)

11   부산지방법원 2005카합2383 판결 (2006.02.15. 선고)

12   서울지방법원 95카기1885 결정 (1995.07.05. 선고)

13   KBS NEWS, 〈주식회사 엠엘디엔터테인먼트 관련 정정보도문〉, 《KBS NEWS》, 2021.12.30. 관련 기사는 신혜연, 〈「모모랜드 '멤버 선발 부정행위 없었다…KBS 정정보도문 나와」〉, 《중앙일보》, 2021.12.27.

https://news.kbs.co.kr/news/view.do?ncd=5357071

https://www.joongang.co.kr/article/25035777

14   뉴스투데이, 〈정정보도문〉, 《MBC 뉴스》, 2020.12.12.

https://imnews.imbc.com/replay/2020/nwtoday/article/6024600_32531.html

15   한국일보, 〈[정정보도] '軍 용산 벙커 뚫렸다… 한미연합사 군사기밀 해킹' 관련〉, 《한국일보》, 2022.05.14.

https://m.hankookilbo.com/News/Read/A2022051314090000508

16 「민법」제764조(명예훼손의 경우의 특칙) 타인의 명예를 훼손한 자에 대하여는 법원은 피해자의 청구에 의하여 손해배상에 갈음하거나 손해배상과 함께 명예회복에 적당한 처분을 명할 수 있다.

17 대법원 85다카1973 판결 (1986.01.28. 선고).

18 헌법재판소 89헌마165 결정 (1991.09.16. 선고)

19 대법원 2004다50747 판결 (2006.11.23. 선고)

20 대법원 2004다50747 판결 (2006.11.23. 선고), "반론보도의 내용은 원 보도의 사실적 주장과 관념적으로 연관성을 가지는 사실적 진술과 이를 명백히 전달하는 데 필요한 설명에 국한되는 것"

21 대법원 2004다50747 판결 (2006.11.23. 선고), "원보도의 사실적 주장에는 원보도에서 직접적으로 기술한 사항은 물론 원보도가 직접적으로 기술하지 않은 사실이라도 전체적인 보도의 취지, 경위, 내용 등을 통하여 간접적으로 표현하거나 암시하는 내용으로 인정할 수 있는 사실도 포함된다."

22 대법원 2004다50747 판결 (2006.11.23. 선고), "원보도를 보충하는 내용, 원보도의 불명확성을 해소하는 내용, 반론으로 주장하는 사실의 정당성을 위하여 필요한 증거나 증빙으로서의 새로운 사실 등"

23 한겨레, 〈[반론보도] 살처분 가축 불법 매립 의혹 관련〉,《한겨레신문》, 2020.10.29. https://www.hani.co.kr/arti/society/society_general/967796.html

24 경인일보, 〈천재교육 관련 반론보도문〉,《경인일보》, 2022.05.04. http://www.kyeongin.com/main/view.php?key=20220503010000577

25 YTN, 〈'4년간 발암물질 닭꼬치 수입' 반론 보도〉,《YTN 뉴스특보》, 2014.04.18. https://www.ytn.co.kr/_ln/0115_201404181954025205

26 서울남부지방법원 2013가합13017 판결 (2014.05.01. 선고)

27 서울고등법원 96라265 판결 (1997.06.10. 선고)

28 서울지방법원 남부지원 93카합792 판결 (1993.09.06. 선고)

29 대법원 2004다50747 판결 (2006.11.23. 선고)

30 서울서부지방법원 2018가합1001 판결 (2019.05.08. 선고)

31 서울중앙지방법원 2018가합590223 판결 (2020.05.13. 선고), "정정보도 청구는 그 성질상 반론보도 청구를 포함하고 있으므로, 주위적 청구인 정정보도 청구가 언론중재법상 제소 기간 내에 제기된 이상, 예비적 청구인 반론보도 청구가 제소 기간이 도과된 후 추가로 병합되었다고 하더라도 이를 부적법하다고 볼 수 없다."

32 서울고등법원 2017나2053027 판결 (2018.07.19. 선고), "정정보도 청구 등의 소 상호 간의 변경이라 함은 동일한 언론보도에 관한 정정보도 청구, 반론보도 청구, 추후보도청구 상호 간의 변경뿐 아니라, 정정보도 청구, 반론보도 청구, 추후보도 청구를 각 구하는 내용의 변경도 해당된다고 할 것"

33 대법원 93다40614, 40621 판결 (1996.04.12. 선고)

34 대법원 2003마1477 결정 (2005.01.17. 선고)

35 대법원 2010다60950 판결 (2013.03.28. 선고)

36 「언론중재법」 제30조(손해의 배상) ③ 제1항에 따른 피해자는 인격권을 침해하는 언론사 등에 침해의 정지를 청구할 수 있으며, 그 권리를 명백히 침해할 우려가 있는 언론사 등에 침해의 예방을 청구할 수 있다.

37 대법원 2003마1477 결정 (2005.01.17. 선고), "사람의 품성, 덕행, 명성, 신용 등의 인격적 가치에 관하여 사회로부터 받는 객관적인 평가인 명예를 위법하게 침해당한 자는 손해배상 또는 명예회복을 위한 처분을 구할 수 있는 이외에 인격권으로서 명예권에 기초하여 가해자에 대하여 현재 이루어지고 있는 침해행위를 배제하거나 장래에 생길 침해를 예방하기 위하여 침해행위의 금지를 구할 수도 있다."

38 대법원 2010다60950 판결 (2013.03.28. 선고)

39 「형법」 제307조(명예훼손) ① 공연히 사실을 적시하여 사람의 명예를 훼손한 자는 2년 이하의 징역이나 금고 또는 500만 원 이하의 벌금에 처한다. ② 공연히 허위의 사실을 적시하여 사람의 명예를 훼손한 자는 5년 이하의 징역, 10년 이하의 자격정지 또는 1천만 원 이하의 벌금에 처한다.

40 「형법」 제310조(위법성의 조각) 제307조 제1항의 행위가 진실한 사실로서 오로지 공공의 이익에 관한 때에는 처벌하지 아니한다.

41 대법원 92도3160 판결 (1993.06.22. 선고); 대법원 2000다37524 판결 (2002.01.22. 선고)

42 대법원 2010다60950 판결 (2013.03.28. 선고)

43 서울서부지방법원 2018가합35417 판결 (2019.06.05. 선고); 단, 해당 사안은 2심에서 조정으로 마무리되었습니다. 현재 기사에는 해당 사업이 B 사장 취임 전부터 외부 전문기관 자문을 거쳤으며 이미 상당액을 투자하고 많은 비용이 소진되는 등 긴박한 상황이었고, B 사장은 사업 경제성이 있다는 기존 결정을 신뢰하여 문제 해결을 위해 노력했고, 당시 사업 추가 투자에 반대한 실무진도 없었으며 반대 실무진에 사표를 종용한 적도 없었다는 취지의 반론이 게재되어 있습니다.

44 서울중앙지방법원 2018가합545698 판결 (2019.06.26. 선고)

45 서울고등법원 2018나2001405 판결 (2018.10.19. 선고)

46 서울중앙지방법원 2016가합500622 판결 (2016.07.20. 선고),

47 「정보통신망법」 제44조의2 ⑥ 정보통신서비스 제공자는 자신이 운영·관리하는 정보통신망에 유통되는 정보에 대하여 제2항에 따른 필요한 조치를 하면 이로 인한 배상 책임을 줄이거나 면제받을 수 있다.

48 대법원 2003마1477 결정 (2005.01.17. 선고)

49 대법원 2003마1477 결정 (2005.01.17. 선고), "그 표현내용이 진실이 아니거나 그것이 공공의 이해에 관한 사항으로서 그 목적이 오로지 공공의 이익을 위한 것이 아니며, 또한 피해자에게 중대하고 현저하게 회복하기 어려운 손해를 입힐 우려가 있는 경우에는 그와 같은 표현행위는 그 가치가 피해자의 명예에 우월하지 아니하는 것이 명백하고, 또 그에 대한 유효적절한 구제 수단으로서 금지의 필요성도 인정되므로 이러한 실체적인 요건을 갖춘 때에 한하여 예외적으로 사전 금지가 허용된다."

50 「민사집행법」 제300조(가처분의 목적) ① 다툼의 대상에 관한 가처분은 현상이 바뀌면 당사자가 권리를 실행하지 못하거나 이를 실행하는 것이 매우 곤란할 염려가 있을 경우에 한다. ② 가처분은 다툼이 있는 권리 관계에 대하여 임시의 지위를 정하기 위하여도 할 수 있다. 이 경우 가처분은 특히 계속하는 권리 관계에 끼칠 현저한 손해를 피하거나 급박한 위험을 막기 위하여, 또는 그 밖의 필요한 이유가 있을 경우에 하여야 한다.

51 대법원 2003마1477 결정 (2005.01.17. 선고), "그와 같은 예외적인 사정이 있는지의 여부는 표현행위의 사전억제라고 하는 결과의 중대성에 비추어 일반적인 임시의 지위를 정하기 위한 가처분보다 더욱 신중하게 판단되어야 할 것이다."

52 서울남부지방법원 2006카합3242 결정 (2006.12.06. 선고); 단, 법원은 '진료비 과다 청구' 등의 표현으로 의사와 환자 사이의 불신이 야기되고 최선의 서비스를 제공하려는 의사들의 노력이 왜곡되는 등의 부작용을 막기 위해, 신청인(보도내용 관련 협회)의 반론을 프로그램에 적극 반영하는 게 바람직하다고 언급했습니다.

53 의정부지방법원 고양지원 2013카합339 결정 (2013.09.04.); 단, 해당 결정은 가처분 요건에 부합하는지에 대한 것으로, 영화에서 다룬 사건의 진위나 영화의 위법성 입증에 대한 종국적인 판단은 아님에 유의해야겠습니다.

54 서울동부지방법원 2016가합3537 판결 (2017.06.02. 선고)

55 서울동부지방법원 2016가합3537 판결 (2017.06.02. 선고)

56 서울서부지방법원 2019가합1282 판결 (2020.11.11. 선고)

57 헤럴드경제, 〈[추후보도문] '제자 성추행' 및 '연구 인건비 유용' 의혹 서울대 음대 교수 모두 무혐의로 밝혀져〉,《헤럴드경제》, 2022.02.15. http://news.heraldcorp.com/view.php?ud=20220214000972

58 MBN, 〈교통사고 위장한 형제 보험사기단 검거 관련 추후보도문〉,《MBN 뉴스》, 2017.02.18. https://m.mbn.co.kr/news/society/3146374

59 문재완, 〈잊혀질 권리의 세계화와 국내 적용〉,《헌법재판연구》제4권 제2호, 2017, p.20.

60 Google Spain SL and Google Inc. v AEPD and Mario Costeja González, Court of Justice of the European Union, Case C-131/12 (2014.05.13.)

61 해당 규정을 개인정보보호위원회가 번역하여 게시한 내용을 보면 다음과 같습니다. [ ] 기호 안은 저자가 추가한 것입니다. https://www.pipc.go.kr/np/cop/bbs/selectBoardArticle.do?bbsId=BS105&mCode =D060010000&nttId=5139

「유럽연합 일반 데이터 보호 규칙」 제17조 삭제권('잊힐 권리')

1. 정보 주체는 본인에 관한 개인 정보를 부당한 지체 없이 삭제하도록 컨트롤러 [개인정보처리자]에게 요청할 권리를 가지며, 컨트롤러는 다음 각 호가 적용되는 경우, 부당한 지체 없이 개인 정보를 삭제할 의무를 가진다.

   (a) 개인 정보가 수집된, 그렇지 않으면 처리된 목적에 더 이상 필요하지 않은 경우

   (b) 정보 주체가 제6조(1)의 (a)호 또는 제9조(2)의 (a)호에 따라 처리의 기반이 되는 동의를 철회하고, 해당 처리에 대한 기타의 법적 근거가 없는 경우

   (c) 정보 주체가 제21조(1)에 따라 처리에 반대하고 관련 처리에 대해 우선하는 정당한 근거가 없거나, 정보 주체가 제21조(2)에 따라 처리에 반대하는 경우

   (d) 개인 정보가 불법적으로 처리된 경우

   (e) 컨트롤러에 적용되는 유럽연합 또는 회원국 법률의 법적 의무를 준수하기 위해 개인 정보가 삭제되어야 하는 경우

   (f) 제8조(1)에 규정된 정보사회서비스의 제공과 관련하여 개인 정보가 수집된 경우

62 서울중앙지방법원 2013고합577, 2013고합1060(병합) 판결 (2014.09.11. 선고)

1   대법원 2015다45857 판결 (2018.04.12. 선고), "반드시 사람의 성명이나 단체의 명칭을 명시하는 정도로 특정되어야 하는 것은 아니다. 사람의 성명을 명시하지 않거나 머리글자나 이니셜만 사용한 경우라도 표현내용을 주위 사정과 종합하여 볼 때 피해자를 아는 사람이나 주변 사람이 그 표시가 피해자를 지목하는 것을 알아차릴 수 있을 정도라면 피해자가 특정되었다고 할 수 있다."

2   서울중앙지방법원 2019가단5086606 판결 (2020.06.10. 선고)

3   서울중앙지방법원 2019가합41766 판결 (2020.06.24. 선고)

4   대법원 2020도12861 판결 (2021.09.16. 선고)

5   대법원 2007도5312 판결 (2008.11.27. 선고), "소문이나 제3자의 말, 보도를 인용하는 방법으로 단정적인 표현이 아닌 전문 또는 추측한 것을 기사화한 형태로 표현되었지만, 그 표현 전체의 취지로 보아 그 사실이 존재할 수 있다는 것을 암시하는 이상… '사실의 적시'가 있는 것이고, 이러한 경우 특별한 사정이 없는 한 보도내용에 적시된 사실의 주된 부분은 암시된 사실 자체라고 보아야 할 것이다."

6   대법원 98도2188 판결 (2002.02.25. 선고)

7   「형법」 제307조(명예훼손)는 사실을 적시한 명예훼손의 경우 2년 이하의 징역이나 금고 또는 500만 원 이하의 벌금을(제1항), 허위의 사실을 적시한 명예훼손의 경우 5년 이하의 징역, 10년 이하의 자격정지 또는 1천만 원 이하의 벌금에 처하고 있습니다(제2항). 또한 「형법」 제309조(출판물 등에 의한 명예훼손)는 사실을 적시한 출판물의 명예훼손은 3년 이하의 징역이나 금고 또는 700만 원 이하의 벌금을(제1항), 같은 방법이나 허위의 사실을 적시한 경우에는 7년 이하의 징역, 10년 이하의 자격정지 또는 1,500만 원 이하의 벌금에 처하고 있습니다(제2항). 사이버 명예훼손죄로 불리는 정보통신망법상 명예훼손도 사실의 적시는 3년 이하의 징역 또는 3천만 원 이하의 벌금을, 허위의 사실 적시는 7년 이하의 징역, 10년 이하의 자격정지 또는 5천만 원 이하의 벌금에 처하고 있습니다.

8   대법원 2007도5836 판결 (2009.01.30. 선고)

9   대법원 2004다35199 판결 (2006.05.12. 선고)

10   대법원 2016도14678 판결 (2018.11.29. 선고), "적시된 사실의 중요한 부분이 객관적 사실과 합치되는 경우에는 세부적으로 진실과 약간 차이가 나거나 다소 과장된 표현이 있더라도 이를 거짓의 사실이라고 볼 수 없다."

11 대법원 2006다45275 판결 (2008.05.08. 선고)

12 대법원 2005도2049 판결 (2006.05.25. 선고)

13 대법원 2009. 2. 12. 선고 2008도8310 판결

14 대법원 2000. 2. 25. 선고 98도2188 판결

15 대법원 2006도2074 판결 (2007.12.14. 선고); 대법원 2008다53805 판결 (2008.11.13. 선고), "적시된 사실이 진실이라는 증명이 없더라도 행위자가 진실한 것으로 믿었고 또 그렇게 믿을 만한 상당한 이유가 있는 경우에는 위법성이 없다고 보아야 할 것이다."

16 대법원 2004다35199 판결 (2006.05.12. 선고)

17 대법원 2008다53805 판결 (2008.11.13. 선고), "언론이 그 주요 내용의 정확성에 미심적은 부분이 있음을 충분히 알 수 있음에도 불구하고 가능한 방법을 다하여 그 의문점을 해소함으로써 진실이라고 믿을 만한 상당한 근거가 있는지 여부를 합리적으로 판단하지 아니하고 단지 손쉬운 몇 가지 미진한 조사에 의해 이를 진실이라고 속단한 채 보도하였다면 그 후 그 내용이 허위로 드러난 경우 그에 대하여 책임을 면할 수 없다 할 것이다."

18 대법원 94다333828 판결 (1996.05.28. 선고)

19 서울고등법원 2018나2068088 판결 (2019.06.14. 선고); 기사삭제 청구 인용에 따라 현재 해당 기사는 삭제된 상태입니다.

20 서울중앙지방법원 2017가합515522 판결 (2018.02.09. 선고)

21 대법원 2005도5068 판결 (2005.10.14. 선고), "[비방의 목적이란] 가해의 의사 내지 목적을 요하는 것으로서 공공의 이익을 위한 것과는 행위자의 주관적 의도의 방향에 있어 서로 상반되는 관계에 있다고 할 것이므로, 적시한 사실이 공공의 이익에 관한 것인 경우에는 특별한 사정이 없는 한 비방 목적은 부인된다고 봄이 상당하[다]."

22 대법원 99도5190 판결 (2004.02.26. 선고), "범죄의 고의는 확정적 고의뿐만 아니라 결과 발생에 대한 인식이 있고 그를 용인하는 의사인 이른바 미필적 고의도 포함하는 것이므로 허위 사실 적시에 의한 명예훼손죄 역시 미필적 고의에 의하여도 성립…"

23 대법원 2005도2627 판결 (2005.07.22. 선고)

24 대법원 2016도18024 판결 (2017.04.26. 선고), "행위자에게 허위성에 대한 인식이 없는 경우에는 제307조 제2항의 명예훼손죄가 아니라 제307조 제1항의 명예훼손

죄가 성립될 수 있다."

25 대법원 2003도3972 판결 (2003.11.28. 선고)

26 대법원 2014다220798 판결 (2019.06.03. 선고)

27 대법원 2003도3972 판결 (2003.11.28. 선고)

28 서울중앙지방법원 2016가단5219733 판결 (2017.11.02. 선고)

29 서울중앙지방법원 2018가합538126 판결 (2018.11.30. 선고)

30 대법원 2012다19734 판결 (2014.08.20. 선고)

31 서울남부지방법원 2018노884 판결 (2018.10.04. 선고), "… 사실 확인과 공정성을 생명으로 하는 언론을 악의적으로 이용하여 언론의 신뢰를 훼손하였고, 이는 사명감을 가지고 불철주야로 고생하는 수많은 언론인들의 자긍심마저 훼손하는 것이다. 또한 이 사건과 같은 '가짜 인터넷뉴스'는 급속한 전파력을 가지고 확대 재생산되어 사후에 그로 인한 피해를 회복하기 어렵기 때문에, 유사한 범행의 재발을 방지하기 위해서 피고인들을 엄벌에 처함으로써 사회에 경종을 울릴 필요가 있다."

32 언론중재위원회, 《2021년도 언론 관련 판결 분석보고서》, 2022, pp.27, 29.

33 대법원 2004다16280 판결 (2006.10.13. 선고)

34 수원지방법원 2011가단80889 판결 (2012.09.06. 선고)

35 대법원 2012다31628 판결 (2013.06.27. 선고)

36 서울중앙지방법원 2020가합4480 판결 (2021.11.17. 선고); 김도연, 〈법원, 뉴스타파에 '초상권 침해' 300만 원 배상 판결〉, 《미디어오늘》, 2022.01.10. http://www.mediatoday.co.kr/news/articleView.html?idxno=301653

37 현재 해당 보도 하단에는 공연 참가비가 학부모들의 동의에 따른 것이라는 등의 내용으로 언론중재위원회 조정에 따른 반론보도문이 게재되었습니다.

38 대법원 2001다7865판결 (2001.10.12. 선고)

39 「취재 현장에서의 포토라인 시행준칙」 제2조 제1항 〈2006년 08월 31일 제정〉, 한국사진기자협회, 한국방송카메라기자협회, 한국 인터넷기자협회.

40 「특정강력범죄의 처벌에 관한 특례법」(특정강력범죄법) 제8조의2

41 대법원 2021다265119 판결 (2021.12.10. 선고)

42 서울고등법원 2016나2088859 판결 (2017.08.18. 선고)

43 대법원 2004다16280 판결 (2006.10.13. 선고)

44 서울중앙지방법원 2009가합41071 판결 (2009.10.14. 선고); 단, 해당 사건은 2심에서 양 당사자 조정에 의해 사건이 종결되었습니다.

45 대법원 96다42789 판결 (1998.07.24. 선고), "이들 헌법 규정은 개인의 사생활 활동이 타인으로부터 침해되거나 사생활이 함부로 공개되지 아니할 소극적인 권리는 물론, 오늘날 고도로 정보화된 현대사회에서 자신에 대한 정보를 자율적으로 통제할 수 있는 적극적인 권리까지도 보장하려는 데에 그 취지가 있는 것으로 해석되는바…"

46 대법원 96다11327 판결 (1998.09.04. 선고)

47 대법원 2006다15922 판결 (2006.12.22. 선고)

48 대법원 2012다31628 판결 (2013.06.27. 선고)

49 서울중앙지방법원 2013가합50737 판결 (2014.03.19. 선고)

50 서울고등법원 2014나2006129 판결 (2015.01.30. 선고), "일반적으로 자신의 성명을 타인의 방해를 받지 않고 사용할 수 있는 권리, 자신의 성명이 타인에 의하여 모용(허위로 쓰이는)되거나 무단으로 사용되지 않을 권리를 내용으로 한다", "사람의 성명, 초상 등은 한 개인 인격의 상징이므로 당해 개인은 인격권에서 유래하는 성명, 초상 등을 함부로 이용당하지 않을 권리를 가지고 있다. 따라서 인격 주체의 동의 없이 무단으로 성명을 사용하였다면 이는 인격권을 침해한 것으로서 피해자가 입은 손해를 배상할 책임이 있고, 피해자는 그 침해 금지 및 예방을 청구할 수 있다."

51 대법원 2007다71 판결 (2009.09.10. 선고), "그것이 공공의 이해와 관련되어 공중의 정당한 관심의 대상이 되는 사항에 해당하고 사생활과 관련된 사항의 공개가 공공의 이익을 위한 것이며 또한 그 표현내용·방법 등이 부당한 것이 아닌 경우에는 위법성이 조각될 수 있다."

52 서울남부지방법원 2016가단250681 판결 (2017.06.15. 선고)

53 서울중앙지방법원 2018나68478 판결 (2019.07.10. 선고), "사람은 누구나 자신의 음성이 함부로 녹음되거나 재생, 방송, 복제, 배포되지 않을 권리를 가지는데, 이러한 음성권은 헌법 제10조 제1문에 의하여 헌법적으로도 보장되고 있는 권리이므로, 음성권에 대한 부당한 침해는 불법행위를 구성한다."

54 서울동부지방법원 2006가합6780 판결 (2006.12.21. 선고)

55 서울중앙지방법원 2004가단235324, 판결 (2005.09.27. 선고) 등

56 서울고등법원 2000나42061 판결 (2002.04.16. 선고) 등

57 「부정경쟁방지법」 제2조 제1항 타목

58 「부정경쟁방지법」 제2조 제1항 타목, "국내에 널리 인식되고 경제적 가치를 가지는

타인의 성명, 초상, 음성, 서명 등 그 타인을 식별할 수 있는 표지를 공정한 상거래 관행이나 경쟁질서에 반하는 방법으로 자신의 영업을 위하여 무단으로 사용함으로써 타인의 경제적 이익을 침해하는 행위"

59 대법원 2019마6525 결정 (2020.03.26.); 「부정경쟁방지법」 제2조 제1호 카목, "타인의 상당한 투자나 노력으로 만들어진 성과 등을 공정한 상거래 관행이나 경쟁질서에 반하는 방법으로 자신의 영업을 위하여 무단으로 사용함으로써 타인의 경제적 이익을 침해하는 행위"로 판단되었습니다.

60 대법원 2005다55510 판결 (2007.06.29. 선고)

61 대법원 2007다71 판결 (2009.09.10. 선고), "사회적으로 고도의 해악성을 가진 중대한 범죄에 관한 것이거나 사안의 중대성이 그보다 다소 떨어지더라도 정치 · 사회 · 경제 · 문화적 측면에서 비범성을 갖고 있어 공공에 중요성을 가지거나 공공의 이익과 연관성을 갖는 경우 등의 시사성이 인정되는 경우"

62 범죄 혐의자 검거를 위한 수단이라는 점에서 같습니다만, 공개수배와 지명수배는 차이가 있습니다. 지명수배가 전국 수사기관에 대한 의뢰라면, 공개수배는 검거를 위해 수사기관 외 대중에 혐의자를 공개하는 것입니다. 따라서 공개수배자가 아닌 지명수배자를 언론이 공개할 시 위법 소지가 있습니다.

63 더불어민주당 박주민 의원이 대검찰청으로부터 제출받아 분석한 자료로 언론에 보도되었습니다. 이은재, 〈피의사실 공표죄, 10년간 기소 전무〉, 《리걸타임즈》, 2019.10.04. https://www.legaltimes.co.kr/news/articleView.html?idxno=49139

64 대법원 2001다49692 판결 (2002.09.24. 선고), "수사기관의 피의사실 공표행위가 위법성을 조각하는지의 여부를 판단함에 있어서는 공표 목적의 공익성과 공표 내용의 공공성, 공표의 필요성, 공표된 피의사실의 객관성 및 정확성, 공표의 절차와 형식, 그 표현 방법, 피의사실의 공표로 인하여 생기는 피침해이익의 성질, 내용 등을 종합적으로 참작하여야 한다."

65 미국 연방대법원 판결 사건에서 등장했습니다. New York Times Co. v. Sullivan, 376 U.S. 254 (1964.03.09.)

66 한국법학원, 《공인에 대한 명예훼손의 인정 기준 및 손해배상액 산정에 대한 연구》, 2021, pp.14~15. 마지막 비자발적 공적 인물은 판단 사례가 많지 않습니다.

67 서울중앙지방법원 2014가단123116 판결 (2014.10.28. 선고)

68 대법원 2013다34013 판결 (2016.05.24., 선고)

69 대법원 2004다35199 판결 (2006.05.12. 선고), "언론보도의 내용이 객관적 자료에

의하여 최종적으로 확인되지는 않았다고 하더라도, 공직자의 공직 수행과 관련한 중요한 사항에 관하여 어떤 의혹을 품을 만한 충분하고도 합리적인 이유가 있고 그 사항의 공개가 공공의 이익을 위하여 필요하다고 인정되는 경우에는, 언론보도를 통하여 위와 같은 의혹 사항에 대하여 의문을 제기하고 조사를 촉구하는 등의 감시와 비판 행위는 언론자유의 중요한 내용 중의 하나인 보도의 자유에 속하는 것으로 평가될 수 있으므로, 공직자 개인의 사회적 평가가 다소 저하될 수 있다고 하여 바로 공직자에 대한 명예훼손이 된다고 할 수 없고, 그것이 악의적이거나 심히 경솔한 공격으로서 현저히 상당성을 잃은 것이 아닌 한 쉽게 제한되어서는 아니[된다.]"

70 대법원 2007. 12. 27. 선고 2007다29379 판결

71 대법원 2016도14995 판결 (2021.03.25. 선고), "공적 인물과 관련된 공적 관심사에 관하여 의혹을 제기하는 형태의 표현행위에 대해서는 일반인에 대한 경우와 달리 암시에 의한 사실의 적시로 평가하는 데 신중해야 한다."

72 대법원 2005도3112, 판결 (2006.10.13. 선고)

73 대법원 2000다37524 판결 (2002.01.22. 선고), "의혹의 제기나 주관적인 평가가 진실에 부합하는지 혹은 진실하다고 믿을 만한 상당한 이유가 있는지를 따짐에 있어서는 일반의 경우에 있어서와 같이 엄격하게 입증해 낼 것을 요구해서는 안되고, 그러한 의혹의 제기나 주관적인 평가를 내릴 수도 있는 구체적 정황의 제시로 입증의 부담을 완화해 주어야 한다."

74 대법원 2000다37524 판결 (2002.01.22. 선고)

75 대법원 2014다220798 판결 (2019.06.13. 선고)

76 서울고등법원 2014나2006129 판결 (2015.01.30. 선고)

^{지식} 3장 불법취재, 콘텐츠 도용 상대하기

1 대법원 2003도6133 판결 (2004.06.10. 선고)

2 대법원 92도455 판결 (1993.03.23. 선고)

3 대법원 2020도12630 전원합의체 판결 (2021.09.09. 선고)

4 대법원 94도2561 판결 (1995.09.15. 선고)

5 대법원 2017도18272 전원합의체 판결 (2022.03.24. 선고)

6 대법원 95도2674 판결 (1997.03.28. 선고)

7 대법원 2003도7393 판결 (2004.02.13. 선고)

8 대법원 91도326 판결 (1991.11.08. 선고)

9 대법원 2011도639 판결 (2011.07.14. 선고)

10 대법원 2018도15213 판결 (2022.03.31. 선고); 대법원은 이후 유사한 사안이었던 MBC《리얼스토리 눈》제작 관련 사건에서도 같은 법리에 따라 건조물침입 혐의를 무죄로 판단했습니다(대법원 2019도333 판결 (2022.04.14. 선고)).

11 서울북부지방법원 2020노432 판결 (2020.05.08. 선고); 해당 판결은 2심에서 피고인들이 진입한 장소, 즉 사드 발사대 2대가 설치된 골프장 코스가 건조물(골프클럽 하우스나 식당)의 위요지가 된다고 보기 어렵고, 사드 발사대나 기지도 건조물이라고 볼 수 없다는 이유로 무죄를 선고한 사안이었습니다. 그러나 대법원은 사드 기지 부지가 건조물의 위요지에 해당한다고 판단하여 파기 환송하였고(대법원 2019도16484 판결 (2020.03.12. 선고)), 위 파기 환송심에서 본문과 같은 판단이 내려졌습니다.

12 대법원 2008도11009 판결 (2009.01.30. 선고)

13 대법원 2009도12609 판결 (2010.03.11. 선고)

14 서울남부지방법원 2014노1323 판결 (2014.11.28. 선고)

15 대법원 93도1278 판결 (1994.01.28. 선고)

16 김준석, 〈'몰카 취재 불만 제로' 기소유예〉,《MBC 뉴스》, 2009.11.26. https://imnews.imbc.com/news/2009/society/article/2507335_30915.html

17 다만 이 사안은 약식명령에 대해 정식재판이 청구되었는데, 이후 판결 확정 여부에 대하여는 언론을 통해 알려지지 않은 것으로 보입니다. 기소와 처벌이 내려질 가능성이 있다는 예로 참고하시면 됩니다. 황재하, 〈치과 잠입 취재기자, '주거침입·업무방해' 벌금형 약식명령〉,《연합뉴스》, 2022.10.30. https://www.yna.co.kr/view/AKR20220128188900004

18 대법원 2011도639, 판결 (2011.07.14. 선고)

19 단, 여기서 적법하다는 것은 직무집행 내용이 정당해야 한다는 의미가 아닙니다. 직무집행이 공무원의 추상적 권한에 속할 뿐 아니라 구체적 직무집행에 관한 법률상 요건과 방식을 갖춰야 한다는 뜻입니다(대법원 2006도148 판결 (2006.09.08. 선고)).

20 대법원 2018도15213 판결 (2022.03.31. 선고)

21 대법원 2018도15213 판결 (2022.03.31. 선고), "녹음·녹화 등을 할 수 있는 전자장비가 교정시설의 안전 또는 질서를 해칠 우려가 있는 금지 물품에 해당하여 반입을 금지할 필요가 있다면 교도관은 교정시설 등의 출입자와 반출·반입 물품을

검사·단속해야 할 일반적인 직무상 권한과 의무가 있다. 수용자가 아닌 사람이 위와 같은 금지 물품을 교정시설 내로 반입하였다면 교도관의 검사·단속을 피하여 단순히 금지 규정을 위반하는 행위를 한 것일 뿐 이로써 위계에 의한 공무집행방해죄가 성립한다고 할 수는 없다."

22 부산지방법원 2011가합3841 판결 (2012.06.27. 선고)

23 손태규, 〈취재의 자유와 엠바고 파기의 제재: 부산지법 2012. 6. 27. 선고 2011가합 3841 판결의 문제점〉, 《헌법학연구》 제20권 제2호, 한국헌법학회, 2014, p 46.

24 금준영, 〈"미처 보지 못했다" 연합뉴스 엠바고 파기에 1개월 출입 정지〉, 《미디어오늘》, 2020.11.09.
    http://www.mediatoday.co.kr/news/articleView.html?idxno=210223

25 부산지방법원 2011가합3841 판결 (2012.06.27. 선고), "취재원의 엠바고 요청에 대해 이를 수용할 것인지 여부는 요청을 받은 취재기자들이 자율적으로 결정할 사항이라 할 것이고, 달리 국가기관 등 취재원이 엠바고를 요청할 경우 취재기자들이 이를 수용해야 한다거나 일부 취재기자들이 엠바고 요청을 수용한 경우에 나머지 취재기자들도 이를 준수해야 한다는 등 엠바고의 준수를 강제하는 직접적인 법령의 규정은 없는 이상, 일반적으로 취재기자들이 기사를 작성하여 보도함에 있어서 관련 사안에 대한 엠바고 요청이 있는지 여부를 사전에 확인해야 한다거나, 다른 취재기자들이 취재원의 엠바고 요청을 받아들였음을 알게 된 경우 당연히 그에 따라 관련 내용의 보도를 유예하여야 할 의무가 있다고 볼 수는 없다."

26 대법원 2007도9053 판결 (2007.12.27. 선고)

27 대법원 2013도15616 판결 (2016.05.12. 선고)

28 대법원 2006도8839 전원합의체 판결 (2011.03.17. 선고)

29 대법원 2000도3655 판결 (2000.10.13. 선고); 대법원 2000도493 판결 (2000.03.28. 선고)

30 대법원 2009도9008 판결 (2010.05.27. 선고)

31 대법원 92도118 판결 (1992.04.24. 선고), "그 사용으로 인한 가치의 소모가 무시할 정도로 경미하고 또 사용 후 곧 반환한 것과 같은 때에는 그 소유권 또는 본권을 침해할 의사가 있다고 할 수 없어 불법영득의 의사를 인정할 수 없다."

32 대법원 2012도1132 판결 (2012.07.12. 선고), "일시 사용의 목적으로 타인의 점유를 침탈한 경우에도 사용으로 인하여 물건 자체가 가지는 경제적 가치가 상당한 정도로 소모되거나 또는 상당한 장시간 점유하고 있거나 본래의 장소와 다른 곳에

유기하는 경우에는 이를 일시 사용하는 경우라고는 볼 수 없으므로 영득의 의사가
없다고 할 수 없다.”

33 김재협, 〈위법적 취재 관행과 법적 환경〉,《언론 중재》, 1999 여름호, p.3. (언론중재
위원회 홈페이지 게재 전자문서 기준 페이지)

34 서울지방법원 동부지원 98고단5042 판결 (1999.02.09. 선고)

35 심석태,《사례와 쟁점으로 본 언론법의 이해》, 컬처룩, 2018, pp.147~148; 관
련 기사는 원성윤, 〈법원, 검찰 문건 빼낸 중앙 기자 법정구속〉,《한국기자협회》,
2012.11.29. http://www.journalist.or.kr/news/article.html?no=29917

36 해당 처분 일부에 대해 2018년 서울고검의 재기 수사 결정이 내려졌으나, 언론보
도에 따르면 이름이 확인된 피고발인을 성명불상자로 둔 채 결정한 절차적 문제에
따른 것이라고 합니다. 관련 기사는 고동욱, 〈검찰, JTBC ‘최순실 태블릿’ 입수사
건 재수사… “절차상 문제”〉,《연합뉴스》, 2018.03.27.; 김기태, 〈검찰, JTBC ‘최순
실 태블릿' 입수사건 재수사… “절차상 문제”〉,《SBS 뉴스》, 2018.03.27.; 유동주,
〈[팩트체크] ‘드루킹’ 사무실 무단침입 기자, 처벌될까〉,《머니투데이》, 2018.04.24.

https://www.yna.co.kr/view/AKR20180327032600004?input=1195m

https://news.sbs.co.kr/news/endPage.do?news_id=N1004684372

https://news.mt.co.kr/mtview.php?no=2018042404138246093&type=1

37 서울중앙지방법원 2017고합364-1(분리) 판결 (2018.04.06. 선고)

38 《TV조선》이 밝힌 바에 따르면, 기자는 해당 건물에서 인테리어 업체를 운영하며 건
물주로부터 관리 권한을 위임받았다고 밝힌 인물의 제안에 따라 그와 동행한 것이
며, 압수수색 현장에 남아있던 물건을 입수한 것이라고 합니다. 관련 기사는 김도연,
〈TV조선 기자, 드루킹 절도 혐의 벗었다〉,《미디어오늘》, 2019.01.19.; 노승혁, 〈검찰,
드루킹 출판사 무단침입 의혹 기자들 ‘불기소’ 처분〉,《연합뉴스》, 2019.01.18.

http://www.mediatoday.co.kr/news/articleView.html?idxno=146443

https://www.yna.co.kr/view/AKR20190118137600060

39 서울고등법원 2005나62640 판결 (2006.11.28 선고); 해당 사안에서 법원은 책 제
호 〈영어 절대로 하지 마라〉의 창작성을 부정했습니다. 만화 제호 〈또복이〉의 창작
성을 부정한 판례도 참조할 수 있습니다(대법원 77다90 판결 (1977.07.12. 선고)).

40 서울남부지방법원 2013노822 판결 (2013.08.30. 선고); 이외수 작가의 허락 없이
56개의 트윗을 전자책으로 엮은 사안에서 저작권 침해를 인정했습니다.

41 대법원 2005도3130 판결 (2006.12.08. 선고), “피사체의 선정, 구도의 설정, 빛의

방향과 양의 조절, 카메라 각도의 설정, 셔터의 속도, 셔터 찬스의 포착, 기타 촬영 방법, 현상 및 인화 등의 과정에서 촬영자의 개성과 창조성이 있으면 저작권법에 의하여 보호되는 저작물에 해당한다."

42 서울남부지방법원 2018나57023 판결 (2019.01.11. 선고)

43 서울중앙지방법원 2016나12747 판결 (2016.05.20. 선고)

44 대법원 2014다49180 판결 (2017.11.09. 선고)

45 대법원 2004도5350 판결 (2006.09.14. 선고), "시사 보도는 여러 가지 정보를 정확하고 신속하게 전달하기 위하여 간결하고 정형적인 표현을 사용하는 것이 보통이어서 창작적인 요소가 개입될 여지가 적다는 점 등을 고려하여, 독창적이고 개성 있는 표현 수준에 이르지 않고 단순히 '사실의 전달에 불과한 시사 보도'의 정도에 그친 것은 저작권법에 의한 보호 대상에서 제외한 것이다."

46 신상진, 《유튜법》, 이담북스, 2021, p.149.

47 「저작권법」 제100조 제1항, "영상 제작자와 영상저작물의 제작에 협력할 것을 약정한 자가 그 영상저작물에 대하여 저작권을 취득한 경우 특약이 없는 한 그 영상저작물의 이용을 위하여 필요한 권리는 영상 제작자가 이를 양도받은 것으로 추정한다."; 「저작권법」 제101조 제1항, "영상저작물을 복제, 배포, 공개 상영, 방송, 전송 그 밖의 방법으로 이용할 권리로 하며, 이를 양도하거나 질권의 목적으로 할 수 있다."; 실연(예: 연기자의 연기)에 대하여도 동일합니다(「저작권법」 제100조 제3항, 제101조 제2항).

48 서울고등법원 2010나35260 판결 (2010.10.13. 선고)

49 대법원 2011도5853 판결 (2013.02.15. 선고); 저작물의 공정이용을 규정한 저작권법 제35조의5가 신설되기 전 대법원은, '공표된 저작물의 인용' 판단에 있어 '부종성' 요건을 명시하지 않아 그 적용을 확장하는 취지로 평가되기도 했습니다(대법원 2005도7793 판결, (2006.02.09. 선고)). 그러나 일반조항 성격의 제35조의5 도입 이후 해당 판결과 같이 '부종성' 요건을 다시 명시하여 이를 요건으로 하고 있다고 볼 수 있습니다.

50 대법원 2012도10786 판결 (2014.08.26. 선고)

51 대법원 2012도10777 판결 (2014.08.26. 선고)

52 서울고등법원 2016나2018997 판결 (2017.01.26. 선고)

53 대법원 2012다73493, 73509 판결 (2014.01.29. 선고); 대법원 2011도3599 판결 (2013.08.22. 선고)

1　법인도 법인의 목적과 사회적 기능에 비추어 볼 때 그 성질에 반하지 않는 범위 내에서 인격권의 한 내용인 사회적 신용이나 명예 등의 주체가 될 수 있으며, 법인의 명예가 훼손된 경우에 그 법인은 상대방에 대하여 불법행위로 인한 손해배상과 함께 명예회복에 적당한 처분을 청구할 수 있고, 종중과 같이 소송상 당사자 능력이 있는 비법인 사단 역시 마찬가지입니다. 헌법재판소 2009헌가27 전원재판부, (2012.08.23. 선고); 대법원 96다17851 판결, (1997.10.24.)

2　언론중재위원회,《언론조정 실무가이드》, 2009, p.99.

3　대법원 85다카1973 판결 (1986.01.28. 선고)

4　단, 다른 법에 특별히 예외를 둔 경우를 제외하고는 자기 또는 배우자의 직계존속을 고소, 고발하진 못합니다(「형사소송법」 제224조, 제235조).

5　대법원 2007도4962 판결 (2007.10.11. 선고)

6　대법원 84도1579 판결 (1984.09.11. 선고)

7　방송사업자는 「방송법」 제2조 제3호에 따른 지상파방송사업자, 종합유선방송사업자, 위성방송사업자 및 방송채널사용사업자(「언론중재법」 제2조 제3호)를 말합니다. 신문사업자는 신문(일반일간신문, 특수일간신문, 일반주간신문, 특수주간신문)을 발행하는 사업자를 말하며, 「신문 등의 진흥에 관한 법률」 제2조 제3호에 따릅니다(「언론중재법」 제2조 제5호). 잡지 등 정기간행물사업자는 「잡지 등 정기간행물의 진흥에 관한 법률」 제2조 제2호에 따른 정기간행물사업자 중 잡지 또는 기타 간행물을 발행하는 자(「언론중재법」 제2조 제7호)를 말합니다. 또한 뉴스통신사업자는 「뉴스통신 진흥에 관한 법률」 제2조 제3호에 따른 뉴스통신사업자를(「언론중재법」 제2조 제9호), 인터넷신문사업자는 「신문 등의 진흥에 관한 법률」 제2조 제4호에 따른 인터넷신문사업자를(「언론중재법」 제2조 제11호) 말합니다.

8　인터넷 뉴스서비스 사업자는 언론의 기사를 인터넷을 통하여 계속 제공하거나 매개하는 전자간행물(인터넷 신문 등 제외)을 경영하는 자를 말합니다(「언론중재법」 제2조 제19호). 한편 인터넷 멀티미디어 방송사업자는 인터넷 멀티미디어 방송 제공사업자와 인터넷 멀티미디어 방송 콘텐츠사업자를 뜻합니다(「언론중재법」 제2조 제21호).

9　일부 언론사는 취재진 개인이 당사자인 소송에 대해선 별도의 금전적, 법률적 지원을 하지 않기도 합니다.

10　문화체육관광부 정기간행물 등록 관리시스템 정기간행물 등록현황 참고(2023.01.11.

기준) https://pds.mcst.go.kr/main/regstatus/selectRegStatusDetail.do

11 문화체육관광부 정기간행물 등록 관리시스템 제호검색 서비스(2022.11.17. 검색) https://pds.mcst.go.kr/main/pdssearch/selectPdsSearchList.do

12 「방송법」 제16조, 「방송법 시행령」 제16조 제1~2항

13 방송통신위원회, 〈「방송평가에 관한 규칙 개정(21.12.21)」에 따른 방송평가 세부기준〉 참조.

14 변휘, 〈'방송평가' 지상파 1위는 KBS1… 종편 1위 JTBC〉, 《머니투데이》, 2021.12.08. https://news.mt.co.kr/mtview.php?no=2021120815121058343

15 불응 시 저작권법상 1천만 원 이하의 과태료가 부과됩니다(제142조 제2항 제4호).

16 「네이버ㆍ카카오 뉴스 제휴 및 제재 심사 규정」(2022.04.22. 일부 개정) 제15조 제1항, 〈별표 7〉 부정행위의 유형 참조.

17 「방송통신위원회의 설치 및 운영에 관한 법률」 제18조

18 방송통신위원회는 일부 심의규정 항목의 준수에 대해 제재나 평가 불이익을 넘어 그 자체를 재승인 조건으로 부과하기도 합니다. 2017년 종편사들에 대해 공정성, 객관성 등 심의규정 위반으로 인한 법정 제재를 매년 4건 이하로 유지하라는 조건을 부과한 것이 그 예입니다.

19 「방송평가에 관한 규칙」(22.12.29 시행) [별표] 평가항목 및 척도에서 방송사업자 별로 심의규정 위반에 대한 감점을 두고 있고, 지상파, 종편 등은 아래와 같은 감점 항목을 두고 있습니다.

방송된 프로그램 및 광고에 대한 연간 제재조치 결과를 기준으로 제재조치 건당 ① 주의 1점/ ② 경고 2점/ ③ 해당 방송 프로그램의 정정ㆍ수정 또는 중지 4점/ ④ 방송편성책임자ㆍ해당 방송 프로그램의 관계자에 대한 징계 4점/ ②+③, ②+④ 5점/ ③+④, ②+③+④ 6점/ ⑤ 과태료 4점/ ⑥ 시정명령 8점/ ⑦ 방송법 제100조 위반으로 5천만 원 이하의 과징금 부과 시 10점/ ⑧ 방송법 제100조 위반으로 5천만 원 초과의 과징금 부과 시 15점 감점하되, 위반유형을 방송 심의에 관한 규정 제2장 10개 절, 선거방송심의에 관한 특별규정, 방송 광고 심의에 관한 규정, 방송법 제74조와 관련 규칙 및 고시 등으로 구분하여 3회 이상 동일 유형의 위반이 반복될 경우 3회 이상 제재조치 결과부터 방송 심의에 관한 규정 중 '제1절 공정성', '제2절 객관성' '제3절의2 재난 등에 대한 방송' 규정 위반과 '선거방송 심의에 관한 특별규정' 위반의 경우 2배 감점하고, 그 외 위반의 경우 1.5배 감점(단, 동일 사안에 대해 중복의 제재조치가 내려진 경우 과중한 것을 감점하고, 외주제작사가

방송법 제73조 제6항 및 제7항을 위반하여 간접광고를 판매한 경우로서 방송사의 귀책사유 없이 부과된 제재조치의 경우 감점하지 않음)

20 「방송통신심의위원회규칙」제150호 (2020.12.28. 일부 개정 기준)

21 대법원 2008다53812 판결 (2009.04.16. 선고), "보도 매체가 작성·보관하는 기사에 대한 인터넷 이용자의 검색·접근에 관한 창구 역할을 넘어서서, 보도 매체로부터 기사를 전송받아 자신의 자료저장 컴퓨터 설비에 보관하면서 스스로 그 기사 가운데 일부를 선별하여 자신이 직접 관리하는 뉴스 게시공간에 게재하였고 그 게재된 기사가 타인의 명예를 훼손하는 내용을 담고 있다면, 이는 단순히 보도 매체의 기사에 대한 검색·접근 기능을 제공하는 경우와는 달리 인터넷 종합 정보 제공사업자가 보도 매체의 특정한 명예훼손적 기사 내용을 인식하고 이를 적극적으로 선택하여 전파한 행위에 해당하므로, 달리 특별한 사정이 없는 이상 위 사업자는 명예훼손적 기사를 보도한 보도 매체와 마찬가지로 그로 인하여 명예가 훼손된 피해자에 대하여 불법행위로 인한 손해배상책임을 진다. […] 명예훼손적 게시물이 게시된 목적, 내용, 게시 기간과 방법, 그로 인한 피해의 정도, 게시자와 피해자의 관계, 반론 또는 삭제 요구의 유무 등 게시에 관련한 쌍방의 대응 태도 등에 비추어, 인터넷 종합 정보 제공사업자가 제공하는 인터넷 게시공간에 게시된 명예훼손적 게시물의 불법성이 명백하고, 위 사업자가 위와 같은 게시물로 인하여 명예를 훼손당한 피해자로부터 구체적·개별적인 게시물의 삭제 및 차단 요구를 받은 경우는 물론, 피해자로부터 직접적인 요구를 받지 않은 경우라 하더라도 그 게시물이 게시된 사정을 구체적으로 인식하고 있었거나 그 게시물의 존재를 인식할 수 있었음이 외관상 명백히 드러나며, 또한 기술적, 경제적으로 그 게시물에 대한 관리·통제가 가능한 경우에는, 위 사업자에게 그 게시물을 삭제하고 향후 같은 인터넷 게시공간에 유사한 내용의 게시물이 게시되지 않도록 차단할 주의 의무가 있고, 그 게시물 삭제 등의 처리를 위하여 필요한 상당한 기간이 지나도록 그 처리를 하지 아니함으로써 타인에게 손해가 발생한 경우에는 부작위에 의한 불법행위 책임이 성립한다."

22 정정보도 청구 등을 받은 인터넷뉴스서비스사업자(포털)는 정정보도 등 청구를 받은 경우 해당 기사에 그 사실을 알리는 표시를 할 의무가 있으나(법 제17조의2), 해당 의무에 대해 별도 벌칙 규정은 없음.

23 한국언론진흥재단,《2021 언론수용자 조사》, p.21.

1   언론중재위원회 홈페이지 '언론 피해 구제절차' 〉 '조정 사건 관련 각종 서식'
    https://www.pac.or.kr/kor/pages/?p=172
2   언론중재위원회 홈페이지 '언론 피해 구제절차' 〉 '조정신청방법' 〉 '조정 신청서 예
    문'에 게재된 예제 양식 중 '병합청구' 〉 '신문/잡지' 양식입니다.
    https://www.pac.or.kr/kor/pages/?p=192
3   정정·반론보도의 청구 기간은 언론 보도 등이 있음을 안 날로부터 3개월, 보도가
    있은 날로부터 6개월, 추후보도 청구는 무죄 판결 등을 안 날로부터 3개월입니다.
    그 외 소멸시효는 손해 및 가해자를 안 날(즉, 명예훼손 기사를 안 날)로부터 3년,
    불법행위를 한 날(기사가 나온 날)로부터 10년입니다.
4   「민사 소송 등 인지 규칙」 제18조의2
5   대법원 2009다52649 전원합의체 판결 (2011.09.02. 선고)
6   대법원 2005다58823 판결 (2008.01.24. 선고)
7   대법원 2009다52649 전원합의체 판결 (2011.09.02. 선고)
8   기소유예는 전과 기록이 남지 않지만, 수사기관의 '수사경력자료'에 일정 기간(범죄
    경중에 따라 5년 또는 10년) 보존됩니다.

언론을 상대하는 법

초판 1쇄 발행 2023년 02월 24일
초판 2쇄 발행 2023년 04월 20일

지은이 신상진
펴낸이 채종준
펴낸곳 한국학술정보(주)
주 소 경기도 파주시 회동길 230(문발동)
전 화 031-908-3181(대표)
팩 스 031-908-3189
홈페이지 http://ebook.kstudy.com
E-mail 출판사업부 publish@kstudy.com
등 록 제일산-115호(2000. 6. 19)

ISBN 979-11-6983-115-4 13330